Probleme der Härteklauseln im neuen Scheidungsunterhaltsrecht

Europäische Hochschulschriften
Publications Universitaires Européennes
European University Studies

Reihe II
Rechtswissenschaft

Série II Series II
Droit
Law

Bd./Vol. 5253

PETER LANG
Frankfurt am Main · Berlin · Bern · Bruxelles · New York · Oxford · Wien

Nicole Kapitza

Probleme der Härteklauseln im neuen Scheidungsunterhaltsrecht

PETER LANG
Internationaler Verlag der Wissenschaften

Bibliografische Information der Deutschen Nationalbibliothek
Die Deutsche Nationalbibliothek verzeichnet diese Publikation in der Deutschen Nationalbibliografie; detaillierte bibliografische Daten sind im Internet über http://dnb.d-nb.de abrufbar.

Zugl.: Hamburg, Univ., Diss., 2011

Gedruckt auf alterungsbeständigem,
säurefreiem Papier.

D 18
ISSN 0531-7312
ISBN 978-3-631-62106-6

www.peterlang.de

Vorwort

Die vorliegende Arbeit wurde im Sommersemester 2010 von der Juristischen Fakultät der Universität Hamburg als Dissertation angenommen.

Mein besonderer Dank gilt meinem Doktorvater, Herrn Prof. Dr. Gerhard Struck, der mir Anregungen zu dem Thema der Probleme der Härteklauseln im neuen Scheidungsunterhaltsrecht gab und stets die Fertigstellung der Arbeit gefördert hat. Bedanken möchte ich mich auch bei Frau Prof. Dr. Bettina Heiderhoff für die zügige Erstellung des Zweitgutachtens.

Besonderer Dank gilt außerdem meiner Familie.

Meine Eltern haben mich stets ermutigt und mir Rückhalt gegeben. Insbesondere meinem Vater danke ich für die finanzielle Unterstützung und seine wertvollen Hinweise.

Dies gilt in gleichem Maße für meine Großeltern.

Auch von meinen Freunden habe ich sehr viel Unterstützung erfahren.

Ich möchte meinen Eltern meine Arbeit widmen. Ihre liebevolle Unterstützung hat mich meinen Weg bestreiten lassen.

Im Juli 2011 Nicole Kapitza

Inhaltsverzeichnis

1. Teil: Einleitung

A. Einführung in die Problemstellung

Durch die Einführung des neuen Unterhaltsrechts sollte das Unterhaltsrecht grundlegend geändert werden. Ziel der Reform war vor allem die Stärkung des Prinzips der Eigenverantwortung nach der Scheidung, d.h., jeder soll nach einer Scheidung seinen eigenen Lebensbedarf erwirtschaften. Unterhaltsbegründend sind nur noch: der Unterhalt wegen Alters, Arbeitslosigkeit und Krankheit. Der „Mann“ soll also nicht mehr bis an sein Lebensende für seine „Ex-Frau“ zahlen müssen.

Bei manchem mag sich bei solchen Zielen Zuversicht und gute Laune einstellen, gehört er doch zu den männlichen Zahlern, die entlastet werden und eine zweite Chance nach der Ehe für die Gründung einer neuen Familie durch die Unterhaltsrechtsreform erhalten sollen. Die Unterhaltsrechtsreform soll ein Befreiungsschlag für den Unterhaltspflichtigen sein, auf dessen Kosten sich der Berechtigte ein bequemes Leben macht.[1]

Die bisherigen Pauschalisierungen sollen Einzelfallentscheidungen weichen. In Einzelfallentscheidungen sollen die Bedingungen einer Ehe, deren Nachteile, Kompromisse und Besonderheiten gewichtet und bewertet werden. Resultat sind sehr unterschiedliche Urteile, die teilweise aus nicht nachvollziehbaren Gründen divergieren.[2]

Eine Frau war in einem Beispielsfall nicht erwerbstätig und betreute einen neunjährigen Sohn. Ihr wurde Betreuungsunterhalt mit der Begründung zugesprochen, dass sie ohne Berufsausbildung nicht in der Lage sei, eine Anstellung zu finden, ohne einen Beweis von Seiten der Frau zu fordern.[3]

Im Gegensatz dazu wurde einer Frau mit einem Kind im gleichen Alter nur für acht Tage nach Rechtskraft der Scheidung Unterhalt zugesprochen, weil sie mit einem neuen Partner zusammenlebte und die Begründung der Bedürftigkeit unschlüssig war.[4]

---

1 Focus v. 23.3.2009, Titelblatt/S. 34 ff.

2 Rudolf Haibach, Rechtsanwalt in Gießen, zitiert in: Focus v. 23.3.2009, S. 38.

3 AG Crailsheim, 2 F 298/08.

4 OLG Celle, NJW 2008, 1456.

Gesetzesnormen können in verschiedenen Urteilen anders interpretiert werden, wie der Fall eines Software-Spezialisten Rolf Eichelmann zeigt. Zunächst wurde der Unterhaltsanspruch in der ersten Instanz vom AG Friedberg[5] begrenzt und befristet mit der Begründung, dass es bei einer völligen Entflechtung der Ehegatten unzumutbar sei, dem Pflichtigen eine Unterhaltslast aufzuerlegen. In der Berufung vor dem OLG Frankfurt[6] wurde durch einen Vergleich ein gering geminderter, vorerst begrenzter Unterhaltanspruch abgeurteilt, weil Männer eben zahlen müssten und es „schon immer so gewesen ist".

Teilweise werden starre Gewohnheiten verfolgt und seltsame Methoden angewandt, wie z.B. beim Urteil des AG Sinsheim[7], in dem ein Amtrichter zur Bemessung des Unterhalts nach einem alten Schema beide Einkommen in Tabellen auflistet und vergleicht.

Lücken und Ermessensspielräume enthält jedes Gesetz, dennoch sollte es nicht zu einer Deformierung des Gesetzes durch Richter kommen.[8]

Wenn ein Rechtsgebiet reformiert wird, entsteht eine Phase der Unsicherheit. Ob diese Phase überwunden wird und das neue Unterhaltsgesetz als „Revolution" gefeiert werden kann oder sich doch Überforderung, Genervtheit und Enttäuschung einstellt, ist abzuwarten. Zunächst stellt sich die Entwicklung schleichend und zäh dar. Zum jetzigen Zeitpunkt herrschen Chaos und Unsicherheit im deutschen Familienrecht.

Vor allem Anwälte beklagen die Beratungs- und Rechtsunsicherheit. Das Prozessrisiko sei extrem hoch und der Ausgang nicht abschätzbar, sodass Anwälte ihren Mandanten keine Aussichten auf Erfolg versprechen oder Empfehlungen geben.[9]

Viele Kleinigkeiten bedürfen vor einem Prozess der Klärung, damit dem Gericht ein klares Bild von der Ehe und den Lebensumständen dargebracht werden kann. Dies verlange eine genaue und intensive Vorbereitung, denn nach einer Trennung sind die Antworten der Parteien auf vom Gericht gestellte Fragen oft konträr.[10]

Prognostiziert wurde, dass Männer als Sieger und Frauen als Verlierer aus der Reform des Unterhaltsrechts herausgehen. Mit der Unterhaltsrechtsreform solle jedoch erreicht werden, dass die Rollen in und nach der Ehe nicht mehr so vor-

---

5 AG Friedberg, zitiert in: Focus v. 23.3.2009, S. 40.

6 OLG Frankfurt a.M., zitiert in: Focus v. 23.3.2009, S. 40.

7 AG Sinsheim, 20 F 223/07.

8 Haibach, Rechtsanwalt, zitiert in: Focus v. 23.3.2009, S. 40.

9 Doris Kloster-Harz, Anwältin für Familienrecht in München, zitiert in: Focus v. 23.3.2009, S. 36.

10 Margarete Fabrius-Brand, Rechtsanwältin und Psychologin in Hannover, zitiert in: Focus v. 23.3.2009, S. 37.

hersehbar sind, d.h., das klassische Rollenbild des Mannes als Versorger in und nach der Ehe soll aufgeweicht werden.[11]

Im Focus der Arbeit stehen der Ausschluss und die Beschränkung des nachehelichen Unterhalts durch die Härteklauseln der §§ 1578 b, 1579 BGB.

Durch die Einführung des § 1578 b BGB hat die Unterhaltsrechtsreform die Regelungen zur Begrenzung der Unterhaltsansprüche aus §§ 1573 Abs. 5, 1578 Abs. 1 S. 2 BGB a.F. zusammengefügt. Eine Kernvorschrift der Unterhaltsrechtsreform 2008 soll § 1578 b BGB sein. Mit der Einführung soll die Eigenverantwortung gestärkt werden und eine neue, alle Unterhaltstatbestände erfassende Möglichkeit, Unterhaltsansprüche in Bezug auf die Höhe oder den Unterhaltszeitraum zu beschränken, soll geschaffen werden.[12]

§ 1579 Nr. 1 BGB wurde neu gefasst, der Härtegrund der verfestigten Lebensgemeinschaft in § 1579 Nr. 2 BGB eingeführt und die Nummerierung geändert. Insbesondere bei der neu eingeführten § 1579 Nr. 2 BGB lässt sich aufzeigen, ob durch die Unterhaltsrechtsreform Änderungen eingetreten sind.

B. Gang der Arbeit

Ausgangspunkt der Arbeit ist die Historie des nachehelichen Unterhalts und die Unterhaltsrechtsreform 2008. Bei der Darstellung stellt sich insbesondere das Problem der Anwendung auf Altfälle.

Zu beleuchten sind dann die Probleme der Härteklauseln §§ 1578 b, 1579 BGB unter Betrachtung ihrer Grundsätze, nämlich der nachehelichen Solidarität und der nachehelichen Eigenverantwortung.

Differenziert wird nun zwischen § 1578 b BGB, der Herabsetzung und zeitlichen Begrenzung des Unterhalts wegen Unbilligkeit, und § 1579 BGB, der Beschränkung oder Versagung des Unterhalts wegen grober Unbilligkeit.

Dabei wird in dem Kapitel, welches sich mit § 1578 b BGB befasst, ein Schwerpunkt auf die Gründe der Zurückhaltung der bisherigen Rechtsprechung bei §§ 1573 Abs. 5, 1578 Abs. 1 S. 2 und 3 BGB a.F. gelegt. Auch durch die Unterhaltsrechtsreform 2008 wird sich wohl keine Änderung einstellen und § 1578 b BGB zurückhaltend angewendet werden. Zudem werden die Probleme erläutert, die sich im Einzelfall bei der Anwendung des § 1578 b BGB ergeben. Insbesondere gestaltet es sich schwer, eine Zukunftsprognose zu erstellen.

Das Kapitel, welches sich mit § 1579 BGB befasst, stellt zunächst die Neuerungen durch die Unterhaltsrechtsreform 2008 dar. Dabei wird insbesondere auf

11 Bundesjustizministerin Brigitte Zypries, zitiert in: Focus v. 23.3.2009, S. 40.

12 BT-Drucks. 16/1830, S. 2.

die Einführung der verfestigten Lebensgemeinschaft in § 1579 Nr. 2 BGB eingegangen. Es bestand ein Bedürfnis, dass eine Klarstellung erzielt wird, allerdings bleiben trotz der Einführung die Kriterien zu unbestimmt. Besonderes Augenmerk wird dabei auf die Bestimmung des Bildes in der Öffentlichkeit gelegt. Die Justiz dringt zur Bestimmung der Kriterien in die privatesten Angelegenheiten ein. Weiterhin wird u.a. darauf eingegangen, dass eine Klarstellung erreicht werden könnte, wenn statt der Auffangklausel die Einzelfälle normiert würden.

Am Schluss der Betrachtung werden Lösungsansätze diskutiert, die eine individuelle Konfliktlösung erwirken.

2. Teil: Hauptteil

Sowohl § 1578 b BGB als auch § 1579 BGB sind als Billigkeitsvorschrift ausgestaltet. § 1579 knüpft an eingegrenzte Fallkonstellationen an. Vor allem die Fälle, in denen dem Unterhaltsberechtigten ein Fehlverhalten gegen die eheliche Solidarität vorgeworfen wird (§ 1579 Nr. 3 bis 8 BGB), fallen darunter. Von § 1579 Nr. 1, 2 und 8 BGB werden die Fälle erfasst, in denen die Unterhaltsleistung aus objektiven Gründen unzumutbar ist.[13]

Dagegen fordert § 1578 b BGB eine Billigkeitsabwägung anhand bestimmter, vom Gesetzgeber vorgegebener Kriterien. Dabei handelt es sich allein um objektive Umstände, denen kein Unwerturteil oder eine subjektive Vorwerfbarkeit anhängen.[14]

Verstöße gegen die eheliche Solidarität finden allein nach § 1579 BGB Einfluss auf den Unterhaltsanspruch. Die Rechtsfolgen des § 1579 BGB reichen weiter, indem der Unterhaltsanspruch gänzlich versagt werden kann. Im Gegensatz dazu sieht § 1578 b BGB nur eine Herabsetzung oder zeitliche Begrenzung vor.[15]

Als Billigkeitsmaßstab werden ausdrücklich die „ehelichen Nachteile" genannt und die Umstände, die zu einem solchen Nachteil führen, konkretisiert. Dies macht deutlich, dass § 1578 b BGB im Gegensatz zu § 1579 BGB nicht auf ein Fehlverhalten oder Verschulden des Unterhaltsberechtigten abstellt, sondern auf eine wertende Würdigung objektiver Umstände.[16]

Trotz der Unterschiede erweist sich die Abgrenzung zwischen den Regelungen der §§ 1578 b, 1579 BGB als schwierig, denn beide Normen sind allgemeine Härteklauseln. Es wird auf den auszustreitenden Einzelfall ankommen und Jahre dauern, bis eine gesicherte Rechtsprechung vorliegt. Von einer Verfahrensvereinfachung, die durch die Unterhaltsreform erzielt werden sollte, kann daher nicht gesprochen werden.[17]

§ 1579 BGB setzt als Maßstab die grobe Unbilligkeit voraus, wohingegen bei § 1578 b BGB die einfache Unbilligkeit entscheidend ist. Dies sei nach Auffas-

13 BT-Drucks. 16/1830, S. 19.
14 BT-Drucks. 16/1830, S. 19.
15 BT-Drucks. 16/1830, S. 19.
16 BT-Drucks. 16/1830, S. 18 f.
17 Klein/Schechta, FPR 2005, 496 (501).

sung von Schwab[18] nur zu erklären, wenn die beiden Normen unterschiedliche Probleme behandeln würden. Doch bei § 1578 b BGB ist die Frage der ehebedingten Nachteile nur ein Aspekt der Billigkeitserwägungen und bei § 1579 BGB können aufgrund der Auffangklausel in § 1579 Nr. 8 BGB allgemeine Erwägungen gemacht werden, sodass es sich bei beiden Normen um allgemeine Härteklauseln handelt. Viele Fälle können über § 1579 Nr. 8 BGB gelöst werden, ohne dass sie § 1578 b BGB unterfallen.

Bei § 1578 b BGB wird eine Prognose vorausgesetzt, die die berufliche Entwicklung des Unterhaltsberechtigten vorhersehen soll, um danach den Unterhaltsanspruch zu begrenzen. § 1579 BGB begrenzt den Unterhaltsanspruch hingegen aufgrund eingetretener Tatsachen. §§ 1578 b, 1579 BGB weisen umgekehrte Modelle mit dem Umgang mit Zukunftsentwicklung auf.

A. Das nacheheliche Unterhaltsrecht und die Reform

Das Scheidungsfolgenrecht hängt nicht nur von den gesellschaftlichen Wertvorstellungen über die Institution Ehe und Familie ab, sondern wird auch durch die jeweilige Wirtschafts- und Sozialordnung beeinflusst.[19] Finden gesellschaftliche Veränderungen und Entwicklungen statt, muss sich das Recht anpassen, wenn es Akzeptanz erhalten will.

Die familiären Umstände haben sich in Deutschland gegenüber denen vor 50 Jahren gravierend geändert. Die reine Hausfrauenehe hat sich zumindest in eine Zuverdienerehe gewandelt. Die Zahl der Scheidungen ist in den letzten 30 Jahren drastisch angestiegen. Zudem sinkt die Dauer der Ehe bis zur Scheidung. Mehr als 50% der Scheidungen betreffen kinderlose Paare. Oft kommt es nach einer Scheidung zu einer erneuten Heirat. Die Zahl der nichtehelichen Lebensgemeinschaften, aus denen auch Kinder hervorgehen, steigt.[20]

Eine positive Tendenz zeichnet sich bei außerhäuslichen Kinderbetreuungsangeboten ab. Aus dieser Entwicklung resultiert eine Unterhaltsunabhängigkeit bei Scheidung der Ehe für den kinderbetreuenden Ehegatten, wenn sich durch die außerhäusliche Kinderbetreuung eine Möglichkeit bietet, Familie und Beruf zu vereinbaren. Dagegen ist die kritische Lage auf dem Arbeitsmarkt zu beachten, die es dem Unterhaltsberechtigten vielfach unmöglich macht, seinen Lebensunterhalt selbst zu erwirtschaften.[21]

18 Schwab, FamRZ 2005, 1417 (1420).
19 Schürmann, FPR 2005, 492 (493).
20 Willutzki, ZPR 2007, 5 (5).
21 Willutzki, ZPR 2007, 5 (5).

Bis jetzt steht die gesetzlich geforderte Einzelfallgerechtigkeit im Vordergrund der Unterhaltsrechtreform 2008. In der Praxis führt die Einzelfallgerechtigkeit dazu, dass kein sicherer Ausgang eines Prozesses zu prognostizieren ist. Bei Altfällen werde zunehmend eine Abänderungsklage in der Hoffnung zurückgestellt, dass sich eine klare Linie belastbarer Kriterien in der Rechtsprechung entwickelt.[22]

I. Historie des nachehelichen Unterhaltsrechts

Das heutige Recht des nachehelichen Unterhalts basiert auf dem 1976 geänderten Scheidungs- und Scheidungsfolgenrecht, welches an die Stelle des bis dahin geltenden Verschuldensscheidungsrecht trat. Das Erste Eherechtsreformgesetz (1. EheRG) wurde nach langjähriger politischer und weltanschaulicher Diskussion verabschiedet und trat am 1.7.1977 in Kraft.[23]

Das nacheheliche Unterhaltrecht ist untrennbar mit dem Scheidungsrecht verbunden. Eine Ehe kann nach dem 1. EheRG unabhängig davon geschieden werden, ob einer der Eheleute an der Ehe festhalten will oder nicht. Von dem Prinzip der Verschuldensscheidung wurde abgesehen, sodass die nachehelichen Unterhaltstatbestände nicht mehr von dem Verhalten der Eheleute innerhalb der Ehe abhängig sind.[24]

Vor 1976 galt das Prinzip der Schuldscheidung, welches dem schuldig geschiedenen Teil keinen Unterhalt zugestand, während der unschuldig geschiedene Teil standesgemäßen Unterhalt erhielt, wenn er nicht selbst für seinen Unterhalt aufkommen konnte. Wenn die Scheidung aus beiderseitigem, gleichmäßigem oder ohne Verschulden herrührte, wurde dem bedürftigen Ehegatten ein Billigkeitsunterhalt zugestanden.[25]

Das Inkrafttreten des 1. EheRG 1976 liegt zwei Generationen zurück, die nicht durch Kriegs- oder Nachkriegszeit geprägt sind. Ein anderes Bewusstsein hat sich eingestellt, auch das Bewusstsein, dass viele Ehen geschieden werden. Nicht nur bei Ehen von langer Dauer, die noch dem „Zeitalter der Hausfrauenehe" entstammen, sondern auch bei kurzen Ehen treten erhebliche Probleme nach der Scheidung beim nachehelichen Unterhalt auf, weil einer der Ehegatten nicht seinen eigenen Lebensbedarf bestreiten kann.[26]

---

22 Börger, FPR 2009, 71 (71).

23 BGBl I, 1421.

24 Peschel-Gutzeit, ZPR 2005, 177 (178).

25 Schlüter, FamR, Rdnr. 188; Peschel-Gutzeit, ZPR 2005, 177 (178).

26 Peschel-Gutzeit, ZPR 2005, 177 (178).

Die Tatsache einer manifesten millionenfachen Arbeitslosigkeit und der vielfach mangelnden Leistungsfähigkeit im Unterhaltsbereich, die damit einhergeht, erschwert das Recht des nachehelichen Unterhalts.[27]

II. Reform des Unterhaltsrechts

Das Gesetz zur Änderung des Unterhaltsrechts wurde bereits im April 2006 durch das Bundeskabinett beschlossen. Seit Juni 2006 wurde es im Bundestag beraten. Im Mai 2007 verkündete das Bundesverfassungsgericht in einer Grundsatzentscheidung, dass die gleiche zeitliche Dauer des Betreuungsunterhalts für geschiedene und nicht miteinander verheiratete Elternteile gelte, was zur Verzögerung der Verabschiedung des Gesetzes führte. Die Vorgaben des Bundesverfassungsgerichts wurden in dem Gesetzesentwurf in der vom Bundestag am 9. November 2007 beschlossenen Fassung berücksichtigt.[28]

In der Vergangenheit wurde meist die Position des ökonomisch schwächeren Ehegatten gestärkt (zumeist die der Frau). Durch die Unterhaltsrechtsreform 2008 werden die Interessen der Gegenposition stärker berücksichtigt.[29] Diskutiert wurden insbesondere die Änderung der Rangverhältnisse und die Möglichkeit einer moderaten Entlastung des Unterhaltspflichtigen.[30]

Die Reform des Unterhaltsrechts ist ein wichtiger Schritt zu einer modernen Familienpolitik. Die gesellschaftlichen Verhältnisse und Werte haben sich geändert. Angesichts der hohen Scheidungsrate und der zunehmenden Zahl an „Patchworkfamilien", d.h. Familien, bei denen mindestens ein Elternteil ein Kind aus einer früheren Beziehung oder Ehe in die neue Familie miteingebracht hat, sollen Geschiedene, vor allem Unterhaltspflichtige, eine zweite Chance bekommen, eine neue Familie zu gründen und zu finanzieren. Zudem hat sich die Rollenverteilung in der Ehe geändert. Immer häufiger sind beide Partner berufstätig. Die Stärkung des Kindeswohls, die Betonung des Grundsatzes der Eigenverantwortung nach der Ehe und die Vereinfachung des Unterhaltsrechts sind Ziele der Unterhaltsrechtsreform 2008. Durch die Verfolgung der Ziele soll den Veränderungen in der Gesellschaft Rechnung getragen werden. [31]

---

27 Peschel-Gutzeit, ZPR 2005, 177 (178).

28 Geleitwort, Gesetz zur Änderung des Unterhaltsrechts i.d.F. des Gesetzesbeschlussses des Deutschen Bundestages vom 9.11.2007, Beilage zu Schönfelder, Deutsche Gesetze. Eine Gegenüberstellung von altem und neuem Recht.

29 Schwab, FamRZ 2005, 1417 (1417).

30 Grußwort der Bundesministerin der Justiz Brigitte Zypries, in: Schwab/Hanha, S. 33 (35).

31 BT-Drucks. 16/1830, S. 18.

III. Problem der Anwendung auf Altfälle

In Art. 3 Abs. 2 des Gesetzes zur Änderung des Unterhaltsrechts[32] werden die Voraussetzungen geregelt, unter denen das neue Recht auf Unterhaltsrechtsverhältnisse anzuwenden ist. Dabei müssen in diesen Verhältnissen vor Inkrafttreten dieses Gesetzes Unterhaltsansprüche entstanden sein. Festgeschrieben wurden die entsprechenden Bestimmungen in § 36 EGZPO.

Das alte und das neue Recht sollen nicht dauerhaft nebeneinander bestehen. Im Interesse einer einheitlichen Rechtsanwendung und Rechtssicherheit wird eine alsbaldige und generelle Anwendung des neuen Rechts angestrebt. Zudem sollen die nach bisherigem Recht bestehenden unbilligen und ungerechten Ergebnisse nicht auf Dauer fortbestehen. So trifft den betreuenden Elternteil die gleiche Pflicht zur Erwerbstätigkeit bei Betreuung eines minderjährigen Kindes im Falle des § 1570 BGB und § 1615 Abs. 1 BGB. Nach der Ehe besteht keine dauerhafte Unterhaltspflicht, wenn keine ehebedingten Nachteile vorliegen.

Die Kinder stehen auf dem ersten Rang. Danach kommt auf dem zweiten Rang die zweite Ehefrau bzw. die mit dem Vater ihres Kindes nicht verheiratete Mutter, wenn diese jeweils ein minderjähriges Kind betreut.[33]

Voraussetzung zur Anwendung des neuen Unterhaltsrechts auf bereits bestehende Unterhaltsfestsetzungen ist nach § 36 Nr. 1 EGZPO eine wesentliche Änderung der Unterhaltsverpflichtung i.S.d. § 323 Abs. 1 und 4 ZPO. Diese Änderung muss durch Umstände eingetreten sein, die vor Inkrafttreten des Gesetzes zur Änderung des Unterhaltsrechts entstanden und nun rechtserheblich sind.[34]

Das neue Recht berücksichtigt das Vertrauen in den Fortbestand der Unterhaltsregelung. Um dies zu gewährleisten, ist eine flexible, an der Einzelgerechtigkeit orientierte Überleitung bestehender Unterhaltsregelungen auf die neue Rechtslage notwendig. Der Übergang vom alten zum neuen Recht muss möglichst schonend verlaufen.[35]

Besonders schutzwürdig ist das Vertrauen eines Unterhaltsberechtigten oder -verpflichteten dann, wenn die Unterhaltsvereinbarung Bestandteil einer größeren, umfassenderen Regelung ist, wie z.B. im Falle einer Einigung über die Scheidungsfolgen zum Unterhalt, Güterrecht, Versorgungsausgleich und Hausrat. Dabei ist zu prüfen, inwieweit die verbleibenden Bereiche betroffen sind. Ebenfalls ist zu berücksichtigen, ob eine Änderung die Geschäftsgrundlage der Gesamtvereinbarung berührt.[36]

32 BGBl 2007 I, 3189 ff.

33 BT-Drucks. 16/1830, S. 32/66.

34 BT-Drucks. 16/1830, S. 33 f.

35 BT-Drucks. 16/1830, S. 33 f.

36 Borth, FamRZ 2008, 105 (105).

Die Auswirkungen des neuen Rechts auf die bestehenden Unterhaltsregelungen müssen zumutbar sein. Dabei sind insbesondere die Fälle zu beachten, in denen durch den Vorrang des Unterhalts minderjähriger und volljähriger privilegierter Kinder der Unterhalt des getrennt lebenden oder geschiedenen Ehegatten ganz oder teilweise entfällt.

Die Maßstäbe der Vertrauensschutzprüfung sind im neuen Unterhaltsrecht nicht festgelegt. Es werden ausschließlich Sachverhalte benannt, bei denen eine Unzumutbarkeit für den Betroffenen vorliegen kann, wenn der Unterhalt wegfällt oder gekürzt wird. Der Vertrauensschutz wird auf der Grundlage der zu Art. 6 Abs. 1 und 2 GG entwickelten Grundsätze zum Schutz von Ehe und Familie geprüft.

1. Anwendung auf Altfälle

Bei der Anwendung auf Altfälle ist besonders die Dauer der Ehe von Bedeutung. Wenn eine Ehe nur eine kurze Zeit bestand, kann eine zeitliche Begrenzung oder Herabsetzung des Anspruchs nach § 1579 Nr. 1 BGB in Betracht kommen, auch bei der Anwendung des neuen Unterhaltsrechts auf bereits bestehende Unterhaltsfestsetzungen.

In diesem Fall kann nach neuem Recht die Dauer der Ehe im Rahmen der Prüfung einer Begrenzung nach § 1578 b BGB auch Bedeutung erlangen.[37] Wenn eine mögliche Begrenzung nach §§ 1573 Abs. 5, 1578 Abs. 1 S. 2 BGB a.F. im Falle eines Anspruchs nach § 1573 Abs. 1 BGB oder § 1573 Abs. 2 BGB nach altem Recht abgelehnt wurde, ist dennoch eine Prüfung der Begrenzung nach § 1578 b BGB zulässig, denn die einzelnen Tatbestandselemente der §§ 1573 Abs. 5, 1578 Abs. 1 S. 2 BGB a.F. decken sich nicht in allen Bereichen mit denjenigen des § 1578 b Abs. 1 S. 2, 3 BGB. In den Fällen, in denen inhaltlich dieselben Tatbestandselemente zum Bestehen eines Nachteilsausgleichs festgelegt wurden, die auch in § 1578 b Abs. 1 S. 3 BGB enthalten sind, entfällt allerdings eine erneute Prüfung. In der neuen Rechtsprechung des Bundesgerichtshofs[38] wurde der nun in § 1578 b Abs. 1 S. 2, 3 BGB enthaltene ehebedingte Nachteil in Bezug auf die Sicherung des eigenen Unterhalts bereits im Rahmen des § 1573 Abs. 1 BGB a.F. berücksichtigt und lässt damit die Prüfung des § 1578 b BGB entfallen.[39]

---

37 Borth, FamRZ 2008, 105 (105).

38 BGH, FamRZ 2006, 1006 (1007); FamRZ 2007, 200; 793 (799); 2049 (2052) m. Anm. Hoppenz.

39 Borth, FamRZ 2008, 105 (105).

Problematisch gestaltet sich der Fall, wenn in der Erstentscheidung die Voraussetzungen der Begrenzung nach §§ 1573 Abs. 1, 1578 Abs. 1 S. 2 BGB a.F. nicht geprüft wurden, aber Bezug genommen wurde auf diejenigen Tatbestandselemente, die auch in § 1578 b BGB enthalten sind.[40]

Gegen eine Abänderung der Erstentscheidung durch die Prüfung des § 1578 b BGB spricht, dass bereits bei der Prüfung der §§ 1573 Abs. 1, 1578 Abs. 1 S. 2 BGB a.F. auf die Tatbestandselemente Bezug genommen wurde und durch die Neuregelung keine neue Bewertung der Umstände in der Prüfung des § 1578 b BGB stattfinden sollen.

Durch die Rechtsprechung des Bundesgerichtshofs[41] wurden die Voraussetzungen einer Präklusion nach § 323 Abs. 2 ZPO allerdings gelockert. Die Voraussetzungen eines Nachteilsausgleichs dürfen nicht endgültig festgelegt worden sein. In der neuen Rechtsprechung wird der Begrenzung eines Unterhaltsanspruchs eine größere Bedeutung beigemessen, deshalb ist eine Abänderung grundsätzlich zuzulassen.

2. *Rückwirkungsverbot*

Durch die Einschränkungen der Dauer der Unterhaltsleistungen und in den Fällen der Änderung der Rangstufe durch die §§ 1570 Abs. 1 S. 2, 3, 1574 Abs. 1 und 2, 1578 b BGB, in denen im Ergebnis eine Versagung des nachehelichen Unterhalts vorliegt, könnte ein Verstoß gegen das verfassungsrechtliche Rückwirkungsverbot vorliegen.

Das Bundesverfassungsgericht[42] lehnte zur Anwendung des durch das 1. EheRG zum 1.7.1977 eingeführten neuen Rechts eine rückwirkende gesetzliche Regelung auf sog. Altehen ab, d.h. Ehen, die vor dem Inkrafttreten des 1. EheRG geschieden wurden. Die Ablehnung wurde mit dem Hinweis begründet, dass das Unterhaltsrecht des 1. EheRG erst eingreife, wenn die Ehe nach dem Inkrafttreten des Gesetzes geschieden wird, denn wenn das 1. EheRG auf Ehen, die vor dem 1.7.1977 geschieden wurden, Anwendung gefunden hätte, hätte es sich um eine echte Rückwirkung gehandelt, die ausdrücklich nach Art. 12 Abs. 2 Nr. 3 des 1. EheRG unzulässig war.[43]

Im Gegensatz dazu legt § 36 EGZPO fest, dass das neue Unterhaltsrecht auch auf Altehen, insbesondere schon geschiedene Ehen (Nr. 1), unter bestimmten Zumutbarkeitsvoraussetzungen Anwendung findet.[44]

40 Borth, FamRZ 2008, 105 (105).
41 BGH, FamRZ 2007, 798 (793).
42 BVerfGE 57, 361.
43 Borth, FamRZ 2008, 108 (105); Börger, FPR 2009, 71 (71).
44 BVerfGE 57, 361.

Es ist zu bedenken, dass das neue Unterhaltsrecht auch auf Ehen Anwendung findet, in denen die Frau nichts oder nur wenig gelernt hatte, weil ihre Eltern der Auffassung waren, „Du heiratest ja doch". Ebenso stellen die Ehen einen Problemfall dar, in denen es einen Hauptverdiener gab, entweder, weil es so erwünscht war (nach dem Motto: „Meine Frau muss nicht arbeiten und hinzuverdienen") oder weil sich eine zusätzliche Erwerbstätigkeit zu dem Verdienst des Hauptverdieners wegen der steuerlichen Auswirkungen kaum lohnte. Gerade in diesen Fällen darf der in den Übergangsvorschriften vorgesehene Vertrauensschutz nicht vernachlässigt werden.[45]

Die Rechtsstellung des Ehepartners, der die niedrigeren Einkünfte hat, also zumeist die der Ehefrau, ist nicht nur durch das neue Unterhaltsrecht, sondern auch durch die Entwicklung der Rechtsprechung des Bundesgerichtshofs zu den wandelbaren ehelichen Lebensverhältnissen[46] und zur maßgeblichen Beschränkung des Unterhaltsrechts auf den Ausgleich ehebedingter Nachteile[47] erheblich geschwächt worden. Der Selbstbedarf der Pflichtigen ist in der Regel gegenüber einem Anspruch auf nachehelichen Unterhalt auf den Betrag festzusetzen, der zwischen dem angemessenen Selbstbehalt (§ 1603 Abs. 1 BGB) und dem notwendigen Selbstbehalt (§ 1603 Abs. 2 BGB) liegt. Er ist nicht generell mit dem Betrag gleichzusetzen, der als notwendiger Selbstbehalt gegenüber Unterhaltsansprüchen minderjähriger oder ihnen nach § 1603 Abs. 2 S. 2 BGB gleichgestellter Kinder im Rahmen des Verwandtenunterhalts gilt.[48] Der Unterhaltsbedarf der geschiedenen Ehefrau verringert sich somit, z.B. wenn ihr früherer Ehemann nach Eheschließung ein weiteres Kind bekommt und wieder heiratet bzw. der Mutter des Kindes unterhaltsverpflichtet ist.

Nach der Rechtsprechung[49] ist entscheidend darauf abzustellen, ob sich eine nacheheliche Einkommensdifferenz als ein ehebedingter Nachteil darstellt und dieser Nachteil einen dauerhaften unterhaltsrechtlichen Ausgleich zugunsten des bedürftigen Ehegatten rechtfertigt. Folglich könnte auch bei einer länger als 20 Jahren andauernden Ehe der nacheheliche Unterhalt begrenzt werden.

Um die Rechtsstellung des Ehepartners mit den niedrigeren Einkünften nicht noch mehr zu schwächen, ist im Einzelfall sorgfältig zu prüfen, ob und inwieweit Vertrauensschutz zu gewähren ist.

Es erscheint dringend notwendig, dass das neue Unterhaltsrecht lediglich eingeschränkt auf die Ehen angewandt wird, die vor seinem Inkrafttreten geschlos-

---

45 Börger, FPR 2009, 71 (71 ff.).

46 BGHZ 166, 351 = BGH, FamRZ 2006, 683 = NJW 2006, 1654.

47 BGH, FamRZ 2004, 601; DNotZ 2005, 857; MittBayNot 2007, 405; NJW 2008, 148.

48 BGHZ 166, 351 = BGH, FamRZ 2006, 683 = NJW 2006, 1654; Gutdeutsch, FamRB 2008, 218.

49 BGH, FamRZ 2004, 601; DNotZ 2005, 857; MittBayNot 2007, 405; NJW 2008, 148.

sen wurden. Die gesetzgeberischen Voraussetzungen für die Anwendung des neuen Rechts sind einzuhalten, auch wenn sie keine genauen Formulierungen bieten. Grundsätzlich sollte das Vertrauen auf die bisherige Rechtslage bei der Anwendung der neuen Begrenzungsmöglichkeiten berücksichtig werden.

Die Übergangsvorschriften sind sogar geeignet, das Vertrauen der Bevölkerung in die Grundstabilität der Rechtsordnung zu enttäuschen. Die rechtsstaatlichen Bedenken resultieren daraus, dass eine reformbedürftige Abänderung von Unterhaltstiteln und -vereinbarungen ermöglicht wird, wenn das neue Unterhaltsrecht auf Altehen Anwendung findet.[50]

Der geschiedene Partner kann nicht mehr auf die Veränderungen der rechtlichen Verhältnisse reagieren. Die Entscheidungen über die berufliche Perspektive, den beruflichen Rückzug oder eine Erwerbsunterbrechung zugunsten von Kinderbetreuung dürfen sich schon nachteilig für die finanzielle Eigenständigkeit ausgewirkt haben.[51] Daher ist aus Gründen des Vertrauensschutzes eine Einzelfallabwägung geboten.

Die gleiche Argumentation ist bei den Ehen von langer Dauer anzuführen. Auch in diesem Fall können sich die Partner nicht auf das geänderte Gesetz einstellen, wenn z.B. der Mann in der Ehe den Lebensunterhalt allein erwirtschaftet hat und die Frau die Kinder betreut und den Haushalt geführt hat. Sowohl bei der schon vor dem Inkrafttreten geschiedenen Ehe als auch bei der Ehe von langer Dauer, in der eine einseitige Erwirtschaftung des Lebensunterhalts vorlag, ist der Vertrauensschutz besonders zu beachten.

Dennoch kann man nicht allein auf den Schutz des Vertrauens abstellen, denn dadurch würde man jegliche Änderung der Verhältnisse im nachehelichen Unterhaltsrecht hemmen. Trotzdem muss das Vertrauen der Ehegatten in die bestehenden Regelungen nach der Scheidung geschützt werden, indem eine Übergangsfrist eingeräumt wird.

B. Grundsätze der Härteklauseln

Unbestimmte Rechtsbegriffe beherrschen das nacheheliche Unterhaltsrecht.

In der Vergangenheit diente das Privatrecht überwiegend der Sicherung der subjektiven Rechte.[52] Im Gegensatz dazu bringt das heutige Privatrecht die ethischen Grundlagen der Rechtsordnung in stärkerem Maße zur Geltung. Durch die unbestimmten Rechtsbegriffe ist das Recht flexibler. Es kann somit auf schnellen

50 Schwab, FamRZ 2007, 1057 (1053).
51 Berghahn/Wersig, FPR 2005, 508 (509).
52 Müller-Freienfels, Ehe und Recht, S. 266.

Fortschritt und den Wandel der Werte eingehen. Zudem schafft es Einzelfallgerechtigkeit.[53]

Im Familienrecht ist diese individuelle Betrachtungsweise besonders wichtig, weil es sich um personenbezogene Rechtsverhältnisse handelt.[54] Deshalb sind gerade im Familienrecht die unbestimmten Rechtsbegriffe vorherrschend.

Durch unbestimmte Rechtsbegriffe werden Aufgaben des Gesetzgebers an den Richter delegiert, indem die Begriffe erst durch die Rechtsanwendung bestimmt werden.[55]

Der nacheheliche Unterhalt basiert auf der fortwirkenden Verantwortung der Ehegatten füreinander. Grundsätzlich gilt nach der Scheidung die Eigenverantwortung jedes Ehegatten. Gleichwertig steht jedoch neben der Verpflichtung, sich selbst zu unterhalten, der Grundsatz, dass dann, wenn einem Ehegatten diese Selbstverantwortung nicht möglich oder nicht zumutbar ist, die eheliche Solidarität fortwirkt. Das Scheitern des gemeinsamen Lebensplanes soll nicht allein zu Lasten eines Ehegatten gehen. Somit stehen die nacheheliche Eigenverantwortung und die nacheheliche Solidarität insofern gleichberechtigt nebeneinander und sind in einen Ausgleich zu bringen.[56]

Entscheidende Grundsätze der Härteklauseln sind somit die nacheheliche Solidarität und die nacheheliche Eigenverantwortung.

I. Grundsatz der nachehelichen Solidarität

„Solidarität" ist eines der Grundprinzipien des menschlichen Zusammenlebens, nämlich das Zusammengehörigkeitsgefühl von Individuen und Gruppen, das sich in gegenseitiger Unterstützung und Hilfe äußert. Es wird zwischen der Solidarität der Gesinnung (Einheitsbewusstsein), der Solidarität des Handelns (gegenseitige Hilfsbereitschaft) und der Solidarität der Interessen, die durch Interessengleichheit in einer bestimmten Situation wirksam ist und nach dem Erreichen des gemeinsamen Zieles endet, unterschieden.[57]

53 Müller-Freienfels, S. 265 ff; Engisch, S. 79.

54 Müller-Freienfels, Ehe und Rcht, S. 265 ff.

55 Gernhuber, FamRZ 83, 1069 (1071).

56 Langenfeld, Rdnr. 364.

57 Bundeszentrale für politische Bildung „Solidarität"; Schubert, Klaus/Martina Klein, Das Politiklexikon, 4. Aufl. 2006 (http://www.bpb.de/popup/popup_lemmata.html?guid=4XMSQC); Duden, Deutsches Universalwörterbuch „Solidarität".

1. Historie des Begriffs der nachehelichen Solidarität

Die Arbeiterbewegung etablierte das Wort „Solidarität" als Tugend der Arbeiterklasse. Im 19. Jahrhundert trat die Forderung nach internationaler Solidarität von Seiten der Arbeiterklasse vor allem in der Unterstützung des polnischen Freiheitskampfes durch die Internationale Arbeiterassoziation hervor. Als internationale Solidaritätsaktion verhinderte die englische Arbeiterbewegung im Jahre 1920 die Intervention Englands in den polnisch-russischen Krieg durch Androhung des Generalstreiks. Heute werden immer noch aktuell die Fragen der internationalen Solidarität unter den Bedingungen und Auswirkungen der Globalisierung diskutiert.[58]

Im römischen Recht wurde mit dem Begriff der „Solidarität" der Fall umschrieben, wenn mehrere eine Leistung so schulden, dass jeder von ihnen die ganze Leistung erbringen muss, der Gläubiger sie aber insgesamt nur einmal fordern kann, also eine besondere Form der Haftung. Hier hatte die Solidarität nicht die Bedeutung der Zusammengehörigkeit der Beteiligten, sondern dass jeder „in solidum" (wörtliche Übersetzung: „auf das Ganze", „für die Gesamtsumme") haftet. Statt des Fremdwortes „Solidarität" wird der deutsche Begriff „Gesamtschuld" verwendet. Dies zeigt sich z.B. in älteren Gesetzestexten wie § 43 Abs. 2 GmbHG: „Geschäftsführer, welche ihre Obliegenheit verletzen, haften der Gesellschaft solidarisch für den entstandenen Schaden."

Der Grundsatz der nachehelichen Solidarität wurde im Zusammenhang mit dem nachehelichen Unterhalt zum ersten Mal in der Reformdebatte zum 1. EheRG in der im November 1969 erschienenen Denkschrift der Familienrechtskommission der Evangelischen Kirche in Deutschland[59] verwandt. Dort wurde beschrieben, wie Vergebung auch zwischen geschiedenen Ehegatten herrscht, denn der gemeinsame Weg und die Lebensgeschichte bleiben trotz der Scheidung bestehen, sodass auch die Verantwortung füreinander andauert. Das Prinzip der fortwirkenden Verantwortung der Ehegatten nach der Scheidung wurde befürwortet.[60] Durch das 1. EheRG wurde der Grundsatz der fortwirkenden ehelichen Solidarität betont. Der Grundsatz der nachehelichen Solidarität sollte die erleichterte Scheidbarkeit der Ehe kompensieren. Vertreten wurde, dass

58 Wissen Digital – Lexikon „Solidarität" (http://www.wissen-digital.de/lexikon/Solidarität).

59 Evangelische Kirche in Deutschland/Familienrechtskommission, Zur Reform des Ehescheidungsrechts in der Bundesrepublik Deutschland – Denkschrift, S. 1 ff.

60 Rechtsausschuss der Evangelischen Frauenarbeit in Deutschland, FamRZ 1970, 74 (74); Arbeitsgemeinschaft der katholischen deutschen Frauen, FamRZ 1970, 76 (76); Zentralkomitee der deutschen Katholiken, FamRZ 1970, 364; FamRZ 1970, 616.

durch den Grundsatz der nachehelichen Solidarität eine die Scheidung überdauernde „Unterhaltsehe“ entstehe.[61]

Für den nachehelichen Unterhalt ohne eine Verschuldensscheidung sollte ein Grundsatz gefunden werden, wonach der Unterhaltsanspruch ausgedehnt werden kann und die Unterhaltsberechtigung des wirtschaftlich Schwächeren zur Regel wird. Da der Grundsatz der nachehelichen Solidarität nur selten in der Literatur behandelt worden war,[62] gab es keine Definition und die rechtlichen Folgen für das nacheheliche Unterhaltsrecht blieben offen. Es gab keine Antworten auf die Frage, wozu die nacheheliche Solidarität im Einzelnen verpflichtet.[63]

Nun wird der Grundsatz der nachehelichen Solidarität in der Begründung des Regierungsentwurfs[64] zur Unterhaltsrechtsreform 2008 aus Art. 6 GG hergeleitet. Die nacheheliche Solidarität ist die fortwirkende Verantwortung, dem bedürftigen Partner die Nachteile auszugleichen. Die Nachteile sind zumeist in der Ehe dadurch entstanden, dass der Unterhaltsberechtigte wegen der Aufgabenverteilung, was insbesondere die alleinige Kinderbetreuung betrifft, nicht ausreichend für seine eigene finanzielle Absicherung sorgen konnte.[65] Der Begriff der nachehelichen Solidarität wurde nun definiert.

2. Irreführender Solidaritätsbegriff im nachehelichen Unterhaltsrecht

Fraglich ist weiterhin, welche Folgen der Solidaritätsbegriff im Sinne des geltenden Grundsatzes der nachehelichen Solidarität für das nacheheliche Unterhaltsrecht mit sich bringt.

Der Begriff der Solidarität im Sinne der nachehelichen Solidarität im Unterhaltsrecht ist irreführend. Die Bedeutung des Begriffs der Solidarität als Zusammengehörigkeitsgefühl von Individuen und Gruppen, das sich in gegenseitiger Unterstützung und Hilfe äußert, passt nicht in das heutige Verständnis des nachehelichen Unterhaltsrechts. Das Zusammengehörigkeitsgefühl nach der Ehe wird von der Stärkung des Grundsatzes der Eigenverantwortung verdrängt. Auch die Prägung des Begriffs der Solidarität durch die Arbeiterbewegung als Tugend scheint missverständlich.

Die fortwirkende Verantwortung, die der Grundsatz der nachehelichen Solidarität im nachehelichen Unterhaltsrecht bewirken soll, ist wohl mehr mit dem Verständnis des Begriffs der Solidarität des römischen Rechts gleichzusetzen. Im

61 Menne, FPR 2005, 323 (325 in Fn. 17/18).

62 Els, FamRZ 1992, 625 (628).

63 Els, FamRZ 1992, 625 (628); Knöpfel, AcP 1991, 107 (110); Gernhuber, Familienrecht, 3. Aufl., S. 383; Rolland, 1. EheRG, § 1569 Rdnr. 6.

64 BT-Drucks. 16/1830, S. 21.

65 BT-Drucks. 16/1830, S. 21.

nachehelichen Unterhaltsrecht wird nicht durch den Grundsatz der nachehelichen Solidarität das Zusammengehörigkeitsgefühl gestärkt, sondern eine Art Gesamtschuld gefordert, und zwar in der Form, dass der wirtschaftlich Bessergestellte für den Schwächeren haftet, wenn dieser seinen eigenen Lebensbedarf nicht erwirtschaften kann.

Im Begriff der Solidarität werden Tugenden und Rechtspflichten durch den irreführenden Begriff vereinigt und rechtsethisch nicht begründbare einklagbare Rechtspflichten kreiert. Die Ehe wird im Namen der Solidarität zu einer die Lebensgemeinschaft langfristig überdauernden Versorgungseinrichtung.

Die Basis eines guten Zusammenlebens ist jedoch die Bereitschaft zur freiwilligen Übernahme von Tugenden. Das nacheheliche Unterhaltsrecht hält nicht dazu an, das Bewusstsein für die Notwendigkeit freiwilliger Leistungen zu stärken, sondern ruft eine Abwehrhaltung hervor, obwohl das Bedürfnis nach umfänglicher Verbindlichkeit insbesondere im nachehelichen Unterhaltsrecht besteht. Zu beachten ist jedoch bei der Forderung nach Verbindlichkeit, dass sich nicht alle Lebensrisiken und Gefahren rechtlich absichern lassen. Das Unterhaltsrecht hätte nach Maßgabe eines als Rechtsbegriff ausgelegten Solidaritätsbegriffs neu formuliert und vereinheitlicht werden müssen.[66]

Die Unterhaltsrechtsreform 2008 hat die Folgen der nachehelichen Solidarität für das nacheheliche Unterhaltsrecht nicht zutreffend festgelegt.

II. Grundsatz der nachehelichen Eigenverantwortung

Die unveränderten nachehelichen Unterhaltstatbestände (§§ 1570-1573 BGB und § 1575 BGB) erhielten mit der Unterhaltsrechtsreform 2008 durch die Änderung der Überschrift und die Neufassung des Normtextes des § 1569 BGB ein vorangestelltes Leitmotiv, den Grundsatz der Eigenverantwortung.[67] Nach der Scheidung muss jeder Ehegatte selbst für seinen Unterhalt sorgen. Wenn er dies nicht kann, hat er einen gesetzlichen Anspruch auf Unterhalt gegen den anderen Ehegatten (§ 1569 BGB). Der Fall der Unterhaltsgewährung stellt damit eine Ausnahme und nicht die Regel dar.[68] Nicht bei jeder nach der Scheidung eintretenden Bedürftigkeit kann also Unterhalt verlangt werden.[69]

§ 1569 BGB stellt nach wie vor keine eigene Anspruchsgrundlage dar, erhält jedoch durch die Neufassung eine neue Rechtsqualität. Er wird nun in stärkerem

66 Brudermüller, S. 133 f.
67 Menne, FPR 2005, 323 (325), Fn. 17/18.
68 BGH, NJW 1981, 978 = FamRZ 1981, 242 (243).
69 MüKo/Maurer, § 1569 Rdnr. 9.

Maße herangezogen als Auslegungsgrundsatz für die einzelnen Unterhaltstatbestände.[70]

Durch die Stärkung der nachehelichen Eigenverantwortung wird versucht, den veränderten gesellschaftlichen Rahmenbedingungen Rechnung zu tragen. Damit soll ein zeitgemäßes und ein dem Einzelfall gerechter werdendes Verhältnis erreicht werden.[71]

Durch die Änderung der Überschrift und Neufassung des Normtextes von § 1569 BGB allein werden sich die Rechtsqualität und die Anwendung nicht maßgeblich ändern. Allerdings wird das Augenwerk auf § 1569 BGB gerichtet und die Stärkung der Eigenverantwortung als Ziel der Reform hervorgehoben. Es liegt nun an der Rechtsprechung, den Grundsatz umzusetzen.

Das Unterhaltsrecht würde vereinfacht, wenn die Unterhaltsleistungen allein dem Zweck der Notfallhilfe oder Subsistenzsicherung dienten. Neben dem Güterrecht und dem Versorgungsausgleich sollte das Unterhaltsrecht als Instrument die wirtschaftlichen Folgen einer Ehe ausgleichen. Das Unterhaltsrecht würde nicht länger einen gewissen Lebensstandard absichern, sondern Voraussetzungen schaffen, um dem Berechtigten nach der Ehe die Möglichkeit zu geben, seinen eigenen Lebensbedarf zu erwirtschaften. Die Ehegesetzgebung setzte negative Anreize hinsichtlich der nachehelichen Eigenverantwortung, indem sie die Gleichwertigkeit von Haushalts- und Erwerbstätigkeit anerkannte, bzw. positive Anreize, die eigene Subsistenzfähigkeit zu vernachlässigen, ohne zu berücksichtigen, dass die eigenverantwortliche Unterhaltssicherung nach der Ehe nicht nur eine rechtliche Obliegenheit darstellt, sondern auch eine Grundvoraussetzung gelebter Selbstbestimmung.[72]

Die gesetzlichen Vorschriften der nachehelichen Unterhaltstatbestände müssen für eine Stärkung der Eigenverantwortung konkretisiert werden. So kann der Grundsatz von den Ehegatten in einer vertraglichen Regelung fixiert werden. Dies kann entweder in einem selbstständigen Unterhaltsvertrag oder einem unterhaltsrechtlichen Teil eines Ehevertrags oder einer Scheidungsvereinbarung geschehen. Zweckmäßig legt man fest, dass für den nachehelichen Unterhalt die gesetzlichen Vorschriften gelten und jeder Ehegatte nach der Scheidung verpflichtet ist, selbst für seinen Unterhalt zu sorgen. Nur wenn er dazu außerstande ist und er sich auf einen Unterhaltsbestand gem. §§ 1570 ff. BGB berufen kann, hat er ausnahmsweise gegen den anderen Ehegatten einen Unterhaltsanspruch.[73]

---

70 BT-Drucks. 16/1830, S. 16.

71 Menne, FPR 2005, 323 (325).

72 Brudermüller, S. 133 f.

73 Bergschneider, DNotZ 2008, 95 (96).

C. § 1578 b BGB – Herabsetzung und zeitliche Begrenzung des Unterhalts wegen Unbilligkeit

§ 1578 b BGB gilt für alle Unterhaltsansprüche als Billigkeitsregelung, mit der nach Maßgabe der in der Regelung aufgeführten Billigkeitskriterien Unterhaltsansprüche herabgesetzt oder zeitliche begrenzt werden können.

Die Stärkung der Eigenverantwortung und der Raum für Einzelfallgerechtigkeit soll durch die Einführung des § 1578 b BGB in Anknüpfung an die Ziele der §§ 1573 Abs. 5, 1578 Abs. 1 S. 2 und 3 BGB a.F. fortgeführt werden, so die Gesetzgebungsorgane.[74] Durch § 1578 b BGB sollen die Unterhaltsansprüche anhand objektiver Billigkeitsmaßstäbe beschränkt werden, insbesondere anhand des Maßstabs der ehebedingten Nachteile. Einzubeziehen ist, dass die Arbeitsleistungen der Ehegatten, die sie innerhalb der Rollenverteilung während der Ehe erbringen, wie z.B. Berufstätigkeit, Haushaltsarbeiten und Kindererziehung, gleichwertig sind. Daraus ergibt sich, dass auch ein grundsätzlich gleich hoher Teilhabeanspruch am gemeinsam Erwirtschafteten besteht. Allerdings ist keine zeitlich unbegrenzte und in der Höhe unabänderbare Lebensstandardsgarantie dadurch zu begründen.[75]

Aus dem Grundsatz der nachehelichen Solidarität wird ein Ausgleich der Nachteile, die durch die Rollenverteilung in der Ehe, insbesondere durch die Kinderbetreuung, entstanden sind, hergeleitet. Die Nachtteile werden dem Partner ausgeglichen, der nach der Scheidung nicht oder nicht ausreichend für seinen eigenen Unterhalt sorgen kann und damit bedürftig ist.

Eine lebenslange nacheheliche Unterhaltspflicht kann gerechtfertigt sein, insbesondere in dem Fall, in dem die Ehe lange angedauert hat und somit die Partner persönlich und sozial eng verflochten waren. Je geringer die ehebedingten Nachteile sind, desto eher ist eine Beschränkung des Unterhaltsanspruchs geboten.

Die gesetzlichen Unterhaltstatbestände der §§ 1570 ff. BGB stellen nicht auf den Grund ab, wieso ein Ehegatte mit Unterhaltszahlungen zugunsten des anderen belastet werden kann. Dennoch fließt der Grundsatz der Eigenverantwortung ein. Bei der Prüfung des § 1578 b BGB wird unter Billigkeitsgesichtspunkten abgewogen, ob die Auferlegung der Unterhaltslast zumutbar ist.

§ 1578 b BGB legt in Abs. 1 die Herabsetzung, in Abs. 2 die zeitliche Begrenzung und in Abs. 3 die Kombination von Herabsetzung und zeitlicher Begrenzung gesetzlich fest. § 1578 b BGB ist keine Generalklausel, sondern gibt

74 BT-Drucks. 16/1830, S. 18 f.

75 BT-Drucks. 16/1830, S. 18 f.

der Rechtsprechung Vorgaben für die vorzunehmenden Billigkeitserwägungen an die Hand.[76]

Der Unterhaltsanspruch ist zeitlich zu begrenzen und herabzusetzen, wenn es unbillig wäre, dass der Unterhaltsanspruch zeitlich unbeschränkt besteht oder sich nach den ehelichen Lebensverhältnissen bemisst. Als Ersatzmaßstab sieht das Gesetz in § 1578 b Abs. 1 S. 1 BGB, wie bisher in § 1578 Abs. 1 S. 2 BGB, für die Herabsetzung die Höhe des angemessenen Lebensbedarfs vor.[77]

Zu berücksichtigen ist – bei der Herabsetzung und zeitlichen Begrenzung gleichermaßen – die Wahrung der Belange des vom Berechtigten betreuten gemeinschaftlichen Kindes, wodurch eine Beschränkung des Anspruchs auf Betreuungsunterhalt, die über die immanente Begrenzung des § 1570 BGB hinausgeht, nur selten in Betracht kommt. Der Betreuungsunterhalt soll nicht soweit abgesenkt werden, dass ein erheblicher Niveauunterschied zwischen dem Lebensstandard des Ehegatten, der die Kinder betreut, und demjenigen der Kinder, die ungeschränkten Kindesunterhalt erhalten, besteht.[78]

§ 1578 b Abs. 1 S. 2 BGB legt einen Maßstab für die Abwägung der Unbilligkeit fest. Dabei ist maßgeblich, inwieweit durch die Ehe Nachteile eingetreten sind, die sich darin zeigen, dass der eine Ehegatte keine Möglichkeit hat, für den eigenen Unterhalt zu sorgen.[79] Der Wortlaut „durch die Ehe" lässt darauf schließen, dass der Nachteil, der den einen Partner zum Bedürftigen macht, ganz überwiegend auf die vereinbarte Aufgabenverteilung in der Ehe zurückzuführen ist. Im Wesentlichen sind die Nachteile auf die Dauer der Pflege oder Erziehung eines gemeinschaftlichen Kindes, die Gestaltung von Haushaltsführung und Erwerbstätigkeit während der Ehe sowie die Dauer der Ehe zurückzuführen. Die Dauer der Ehe führt allerdings nicht unmittelbar zu einem ehebedingten Nachteil, jedoch erhöht sich in der Regel der Nachteil für den Ehegatten, der sich durch die Rollenverteilung bei einer Ehe von langer Dauer überwiegend um die Kindererziehung oder die Hausarbeit gekümmert hat.[80]

Wenn die Unbilligkeit festgestellt wurde, besteht kein Ermessen. Der Unterhaltsanspruch muss dann in Höhe und/oder Dauer begrenzt werden.

Zusätzlich werden von § 1578 b BGB die Fälle erfasst, die über die Kompensation ehebedingter Nachteile hinausgehen und die nacheheliche Solidarität erfassen. Problematisch ist der Fall, wenn ein Ehegatte unabhängig von der Ehe erkrankt oder aufgrund der Arbeitsmarktlage erwerbslos ist. Die Herabsetzung oder zeitliche Begrenzung des Unterhalts muss im Sinne der nachehelichen Soli-

---

76 BT-Drucks. 16/1830, S. 18.
77 BT-Drucks. 16/1830, S. 18.
78 BT-Drucks. 16/1830, S. 18.
79 BT-Drucks. 16/1830, S. 18.
80 BT-Drucks. 16/1830, S. 18.

darität unter Einwirkung des Grundsatzes der Eigenverantwortung billig sein.[81] Dabei sind die maßgeblichen Indizien, wie etwa die Dauer der Ehe, in § 1578 b Abs. 1 S. 3 BGB zu berücksichtigen.

I. Zurückhaltung der bisherigen Rechtsprechung

Das Unterhaltsrecht nach dem 1. EheRG ließ nur wenig Raum für Billigkeitsgesichtspunkte. Der Unterhaltsanspruch konnte zeitlich nicht begrenzt werden. Daran wurde Kritik geübt, weil eine Billigkeitsprüfung zwingend notwendig sei, um Folgen einer Trennung und Scheidung festzulegen, die zumeist einschneidend und wirtschaftlich weitreichend sind.[82]

Durch die Einführung der rechtsvernichtenden Einwendung des § 1573 Abs. 5 BGB im Zuge des Unterhaltsänderungsgesetzes (UÄndG) 1986 wurde erstmals die Möglichkeit geschaffen, den Unterhalt wegen Erwerbslosigkeit zeitlich zu begrenzen. Ebenso konnte der Aufstockungsunterhalt aufgrund von Billigkeitserwägungen nun zeitlich begrenzt werden. Zusätzlich wurde § 1578 Abs. 1 S. 2 und 3 BGB als rechtsvernichtende Einwendung eingeführt. Das Maß des Unterhalts konnte bei allen 29 Unterhaltstatbeständen auf den angemessenen Lebensbedarf herabgesetzt werden. Die Eigenverantwortung sollte gestärkt und der Einzelfallgerechtigkeit mehr Raum gegeben werden.[83] Die Rechtsprechung hat von diesen Möglichkeiten jedoch kaum Gebrauch gemacht.[84]

Nun wurde durch die Unterhaltsrechtsreform § 1578 b BGB ins Gesetz eingeführt. Der nacheheliche Unterhalt kann nach § 1578 b BGB nur befristet oder begrenzt werden, wenn eine Beibehaltung des ehelichen Lebensstandards unbillig ist. Dies ist zumeist der Fall, wenn es sich um eine Ehe von langer Dauer handelt, gemeinsame Kinder, die der Unterhaltsberechtigte betreut oder betreut hat, aus der Ehe hervorgegangen sind, erhebliche berufliche Nachteile durch die Ehe entstanden sind oder sonstige Gründe vorliegen, die eine dauerhafte Lebensstandardgarantie indizieren. Maßgeblich ist, ob die Einkommensdivergenz auf dem vorliegenden ehelichen Nachteil beruht. Dadurch würde dann im Einzelfall ein dauerhafter unterhaltsrechtlicher Ausgleich zugunsten des bedürftigen Ehegatten gerechtfertigt.[85] Im Einzelfall kann es dem unterhaltsberechtigten Ehegatten zumutbar sein, sich nach einer Übergangszeit mit dem Lebensstandard zu be-

---

81 BT-Drucks. 16/1830, S. 18.
82 BT-Drucks. 16/1830, S. 18.
83 BT-Drucks. 16/1830, S. 18.
84 Gerhardt, FamRZ 2000, 134 (136).
85 Strohal, FPR 2009, 87 (89); BGH, NJW 2007, 1961.

gnügen, den er auch ohne die Ehe erreicht hätte, wenn die nacheheliche Einkommensdifferenz nicht auf ehebedingten Nachteilen beruht.[86]

Fraglich ist, ob sich durch die Einführung des § 1578 b BGB eine regere Anwendung der Begrenzung und der Befristung des nachehelichen Unterhalts durchsetzt.

1. Gründe für die zurückhaltende Anwendung von §§ 1573 Abs. 5, 1578 Abs. 1 S. 2 und 3 BGB a.F.

In der Praxis kommt weder § 1573 Abs. 5 BGB a.F. BGB noch § 1578 Abs. 1 S. 2 BGB a.F. in großem Umfang zur Anwendung, was sich an der vergleichsweise geringen Anzahl der Urteile zeigt, die eine Befristung beinhalten.

Es gibt fünf Gründe für die Zurückhaltung der Anwendung der §§ 1573 Abs. 5, 1578 Abs. 1 S. 2 und 3 BGB a.F. in der Rechtsprechung.

a) Ungelöste Grundsatzfragen

Die zurückhaltende Anwendung der §§ 1573 Abs. 5, 1578 Abs. 1 S. 2 und 3 BGB a.F. basiert zum einen auf ungelösten Grundsatzfragen. Kriterium für die Beschränkung des nachehelichen Unterhalts ist die Unbilligkeit, welche als unbestimmter Rechtsbegriff nicht gesetzlich festgelegt ist. Für deren Auslegung der §§ 1573 Abs. 5, 1578 Abs. 1 S. 2 BGB ist jedoch eine tragfähige rechtsethische Legitimation unerlässlich.[87]

Der Unterhalt wegen Arbeitslosigkeit nach § 1573 BGB ist von dem Gesetzgeber als ein vorübergehender Unterhaltsanspruch konzipiert worden.[88] Durch die Möglichkeit der Beschränkung in § 1573 Abs. 5 BGB sollten lebenslange Unterhaltsansprüche wegen Arbeitslosigkeit vermieden und sachgerechte Lösungen geschaffen werden, weil sich die Situation auf dem Arbeitsmarkt so verschlechtert hatte, dass es schwer war, eine neue Tätigkeit zu finden. Der Unterhaltsanspruch wegen Arbeitslosigkeit bestand nicht nur vorübergehend.[89] Trotz nicht ehebedingter Erwerbslosigkeit wäre der Pflichtige einer lebenslänglichen Unterhaltspflicht ausgesetzt worden. Das Arbeitsmarktrisiko sollte von dem Unterhaltspflichtigen auf den Berechtigten nach einer Übergangsfrist übergehen und damit der Unterhaltsanspruch trotz Arbeitslosigkeit beschränkt werden können.[90]

---

86 BGH, FPR 2008, 48 m. Anm. Fiedler.

87 Grandel, FPR 2005, 320 (320).

88 BT-Drucks. 10/2888, S. 17.

89 BT-Drucks. 10/2888, S. 17; Grandel, FPR 2005, 320 (321).

90 Gernhuber/Coester-Waltjen, FamR, § 30 V Rdnr. 54 f.

Jedoch konnten Einwendungsvorschriften nicht korrigieren, was dem Anspruchsgrund an Bestandskraft durch die nur vorübergehend gedachte Einführung fehlte.[91]

b) Problem der systematischen Gestaltung und Normstruktur

Das zweite Problem, aufgrund dessen die §§ 1573 Abs. 5, 1578 Abs. 1 S. 2 und 3 BGB a.F. zurückhaltend angewandt wurden, stellen die systematische Gestaltung und die Normstruktur dar. Ausnahmen, wie die rechtsvernichtenden Einwendungen der §§ 1573 Abs. 5, 1578 Abs. 1 S. 2 und 3 BGB a.F., haben es regelmäßig schwerer vor Gericht. Das Recht des nachehelichen Unterhalts wies Brüche auf: So räumten Unterhaltstatbestände zunächst großzügig eine eheliche Lebensstandardgarantie ein, die dann durch Härteklauseln wieder eingeengt werden. Dies ist rechtstechnisch wenig gelungen.[92]

Zwei Fälle sind zu unterscheiden: In einem Fall muss der Ehemann seiner geschiedenen Ehefrau wegen ehebedingter Aufgabe ihrer beruflichen Tätigkeit Unterhalt bezahlen, solange sie keinen Arbeitplatz findet; im anderen Fall wird der Ehemann mit einer von vornherein begrenzten Unterhaltspflicht belastet, obwohl die geschiedene Ehefrau nichtehebedingt keiner Tätigkeit nachgeht, weil ihr der bisherige Arbeitgeber genau im Moment der Scheidung geschäftsbedingt kündigt.

Aufgabe des § 1573 Abs. 5 BGB a.F. wäre es, eine Unterscheidung zwischen ehebedingter und nicht ehebedingter Bedürftigkeit im Falle des Unterhalts wegen Arbeitslosigkeit (§ 1573 Abs. 1 BGB) vorzunehmen.[93]

Schwächen in der systematischen Gestaltung und Normstruktur der §§ 1573 Abs. 5, 1578 Abs. 1 S. 2 und 3 BGB a.F. zeigten sich auch bei den Rechtsfolgen des nachehelichen Unterhalts.

Die ehelichen Lebensverhältnisse waren maßgebend für die Bestimmung des Maßes des Unterhalts bei allen Unterhaltsansprüchen, § 1578 Abs. 1 S. 1 BGB.

aa) Maß des Unterhalts

Das Maß des Unterhalts wurde bestimmt durch die Gestaltung der Haushaltsführung und der Erwerbstätigkeit. Geregelt wurde dadurch in erster Linie der Fall der einvernehmlichen alleinigen Übernahme der Haushaltsführung, bei der typi-

---

91 Grandel, FPR 2005, 320 (320/322).

92 Schwab, FamRZ 1997, 521 (523 f.).

93 Schwab, FamRZ 1997, 521 (523 f.).

scherweise eine berufliche Benachteiligung eintrat.[94] Entscheidend war, ob die Bedürftigkeit ehebedingt war.

Wenn ein Unterhaltsberechtigter einvernehmlich eigene Berufs- und Erwerbsaussichten zurückgestellt hat und der andere Ehegatte so sich voll beruflich entfalten konnte, sollte der Unterhalt nicht zeitlich begrenzt werden, sofern die beruflichen Nachteile fortbestehen.[95] Einseitig getroffene Entscheidungen führten jedoch nicht zu einer ehebedingten Bedürftigkeit.[96]

Beim Unterhalt nach den ehelichen Lebensverhältnissen waren die Verhältnisse in der konkreten Ehe maßgebend. Der Ehegatte sollte nach einer Scheidung weder besser noch schlechter als während der Ehe stehen. Die ehelichen Lebensverhältnisse waren damit Unter- und Obergrenze des Unterhalts. Aufgrund der individuellen Bezugnahme auf die konkrete Ehe wurde der Unterhalt nicht mit absoluten Größen, wie Mindest- oder Höchstbedarfssätzen, bestimmt. Ebenso wenig wurde die Veränderung der Unterhaltshöhe allein nach der Veränderung eines allgemeinen Lebenshaltungsindexes bestimmt. Für die Beurteilung der Frage, inwieweit Einkommen für die Bemessung des Ehegattenunterhalts herangezogen wurde, konnte ein objektiver Maßstab angelegt werden. Dabei war der angemessene Lebensstandard aus der Sicht eines vernünftigen Betrachters maßgebend.[97]

Die strikte Rechtsanwendung des Bundesgerichtshofs, ob überhaupt Einkommen als prägend anzusehen, und in billiger Rechtsanwendung, in welchem Umfang es für den Ehegattenunterhalt heranzuziehen ist, führte in der Praxis dazu, dass nach der Scheidung andere als gewöhnliche berufliche Einkommenssteigerungen des Unterhaltsverpflichteten sich nicht zugunsten des Unterhaltsberechtigten auswirkten. Im Gegensatz dazu wirkt sich in billiger Rechtsanwendung eine Einkommensminderung auf Seiten des Verpflichteten aus auf den Unterhalt nach den ehelichen Lebensverhältnissen.[98]

Einkommensänderungen, die nach der Scheidung eingetreten waren, waren nur ausnahmsweise von Bedeutung in dem Fall, in dem die Änderung auf einer Entwicklung beruhte, die aus der Sicht des Scheidungszeitpunkts mit hoher Wahrscheinlichkeit zu erwarten war. Zudem mussten durch die Erwartung die ehelichen Lebensverhältnisse bereits mitgeprägt worden sein.[99] Es genügte nicht, dass der Eintritt des Wegfalls der Verbindlichkeiten sich mehr oder weniger genau vorhersehen ließ. Es bedurfte solcher Umstände, die den Ehegatten schon im

---

94 Büte, FPR 2005, 316 (317).

95 BGH, NJW 1986, 2832 = FamRZ 1986, 886 (888).

96 Hahne, FamRZ 1986, 305.

97 Graba, NJW 1989, 2786 (2787).

98 BGH, NJW-RR 1988, 519 = FamRZ 1988, 256 (257).

99 BGH, NJW 1988, 2034 = FamRZ 1988, 701 (702).

Voraus erkennbar waren und denen die Ehegatten noch während des Bestehens der Ehe einen Einfluss beigemessen hatten, der die ehelichen Lebensverhältnisse prägte. Entscheidendes Indiz war dafür der enge zeitliche Zusammenhang mit der Scheidung.[100]

bb) Dauer der Ehe

Der Dauer der Ehe kam eine entscheidende Rolle bei der Billigkeitsabwägung zu. Aus einer langen Ehedauer konnten sich enge Verflechtungen der beiderseitigen Abhängigkeiten ergeben.[101]

Die Zeit der Kindesbetreuung stand nach dem Gesetzeswortlaut der Ehedauer gleich und wurde zu der Ehedauer addiert. Abzustellen war auf die tatsächliche Betreuungsbedürftigkeit des Kindes, die in der Regel 15 oder 16 Jahre betrug.[102]

Es wurde keine zeitliche feste Grenze bestimmt, von der ab Unterhaltsansprüche nicht mehr begrenzt werden konnten. Allerdings wurde bei der Dauer einer Ehe von zehn Jahren unter Berücksichtigung der Umstände des Einzelfalls angenommen, dass eine Begrenzung oder Beschränkung des Unterhalts unbillig ist.[103] Eine zeitliche Begrenzung war regelmäßig ab einer Ehedauer von 20 Jahren ausgeschlossen.[104]

Der Maßstab der ehelichen Lebensverhältnisse sollte die beiderseitigen Interessen nach dem Grundsatz von Treu und Glauben ausgleichen. Entscheidend waren solche Lebensverhältnisse, insbesondere Einkommensverhältnisse beider Ehegatten, die während der Ehe dauernden Bestand gewonnen hatten oder wenigstens die Gewähr der Stetigkeit in sich trugen.[105]

An den Unterhaltspflichtigen wurden Anforderungen bis an die oberste Grenze der zumutbaren Belastung gestellt. Das mit dem Inkrafttreten des 1. EheRG geltende Ehegattenunterhaltsrecht hat das früher geltende Recht verschärft. Das Scheidungszerrüttungsprinzip, das mit dem Grundsatz des billigen Unterhalts verbunden war (§ 61 EheG a.F.), wurde mit der vollen Unterhaltspflicht kombiniert, die ihrerseits nur bei überwiegend verschuldeter Scheidung galt (§ 58 EheG a.F.).[106] Ein Richter konnte diese Kombination nicht im Wege der berichtigenden Auslegung des Begriffs „Unterhalt nach den ehelichen Lebensverhältnissen" korrigieren. Der Leitgedanke war, dass durch den Unterhalt ein sozialer

100 Graba, NJW 1989, 2786 (2788).
101 BGH, NJW 1986, 722 = FamRZ 1986, 443 (444).
102 BGH, NJW 1997, 1851 = FamRZ 1997, 671 (673).
103 BGH, NJW 1990, 2810.
104 BGH, NJW 1994, 935 = FamRZ 1994, 228.
105 BGH, NJW 1983, 933 = FamRZ 1983, 147 (149).
106 Diekmann, FamRZ 1977, 83.

Abstieg des Geschiedenen vermieden werden sollte (sog. Lebensstandardgarantie).[107]

cc) Problem des Maßes und der Dauer des Unterhaltsanspruchs bei Familien mit Kindern

Ein Problem stellte sich bei der zeitlichen Begrenzung oder Beschränkung des Unterhaltsanspruchs bei Familien mit Kindern.

Eine zeitliche Begrenzung des Unterhaltsanspruchs kam nur in Betracht, soweit ein zeitlich unbegrenzter Unterhaltsanspruch unbillig war. Dabei wurde insbesondere die Dauer der Ehe sowie der Gestaltung von Haushaltsführung und Erwerbstätigkeit berücksichtigt.[108]

Beim Unterhalt wegen Kindesbetreuung war die Orientierung des Unterhaltsmaßes an den ehelichen Lebensverhältnissen damit zu begründen, dass die „Restfamilie" unterhalten werden muss. Die Restfamilie sollte so gestellt werden wie in der Ehe, damit kein Bruch zum ehelichen Auskommen bestand.

Einer betreuenden Mutter konnte nicht zugemutet werden, auf einem niedrigeren Niveau zu leben als ihre Kinder. Ihr Auskommen sollte zum Wohl der Kinder nicht sinken. Der Bedarf der gemeinschaftlichen Kinder fiel zwar nicht unter den Unterhalt des Berechtigten und war vorab zu befriedigen (§ 1609 BGB a.F.). Allerdings war wohl anzunehmen, dass durch einen gesunkenen Unterhalt der Mutter auch für die Kinder weniger Geld blieb, denn die Einkommen der Mutter und der Kinder flossen wohl zusammen.

Die Lebensverhältnisse der Ehegatten mussten genau ermittelt werden, um den Lebensstandard der Familie zu bestimmen. Als Vergleich wurde der Standard einer Familie mit einer gleichen Zahl an Mitgliedern und gleichen Einkommen hinzugezogen. Damit wurde ein objektiver Lebensstandard ermittelt und nicht der individuelle Standard der betroffenen Familie.[109]

Eine Befristung des Unterhaltsanspruchs setzte eine alle Umstände des Einzelfalls berücksichtigende Billigkeitsabwägung voraus, insbesondere musste dabei die Dauer der Ehe und die Gestaltung der Haushaltsführung und der Erwerbstätigkeit während der Ehe berücksichtigt werden. Grundsätzlich galt, dass dem Unterhaltsberechtigten ermöglicht werden musste, sich auf die Änderung einzustellen.[110]

---

107 BVerfGE 57, 361 = NJW 1981, 1771 = FamRZ 1981, 745 (751); BGH, NJW 1983, 1733 = FamRZ 1983, 678.

108 BT-Drucks. 16/1830, S. 19.

109 Kemper, in: Schulze/Döner, § 1578 Rdnr. 2 f.

110 Kemper, in: Schulze/Döner, § 1578 Rdnr. 10 f.

Der Kindesunterhalt, der zwei Jahre und acht Monate nach der Scheidung entfiel, floss nicht in die Bemessung ein.[111] Frauen, die in der Ehe Kinder großgezogen und ihre berufliche Entwicklung zurückgestellt hatten, waren benachteiligt.[112] Zumeist trafen die Ehegatten eine persönliche Entscheidung, die Befriedigung eigener Bedürfnisse in engen bis durchschnittlichen wirtschaftlichen Verhältnissen zurückzustellen. Durch den Kindesunterhalt wurden die Eheleute stark belastet, insbesondere mit den langjährigen Ausbildungskosten. Ob und in welcher Weise der Wegfall von Unterhaltslasten gegenüber gemeinschaftlichen Kindern schon im Voraus auf die wirtschaftlichen Verhältnisse der Ehegatten eingewirkt hatte, wurde verkannt.[113]

dd) Vertrauen in den Bestand der Ehe

Keine Probleme gab es beim nachehelichen Unterhalt, wenn in der Ehe keine Nachteile entstanden waren. Dies war zumeist der Fall, wenn die Ehe kinderlos war und beide Ehegatten gleichermaßen erwerbstätig waren. Fraglich ist, inwiefern das Vertrauen in den Bestand der Ehe zu schützen war.

Das Abstellen auf das Maß der ehelichen Lebensverhältnisse schien bei Unterhaltspflichten, die sich nicht aus einer ehebedingten Bedürfnislage ergeben, nicht zwingend.

Allerdings trat in dieser Konstellation das Problem des Vertrauens auf den Bestand der Ehe auf.

Wenn die Ehe zu keinen Nachteilen geführt hatte und es nach der Lebensstellung der Ehepartner zu einer weitgehend selbstständigen Lebensführung beider gekommen war, wurde die Grenze der zeitlichen Dauer der Ehe erhöht.[114] Denn gerade bei Ehen von langer Dauer erwächst das Vertrauen auf ihren Bestand.

Im Vertrauen auf den Fortbestand einer einmal getroffenen gemeinsamen Planung sollte der wirtschaftlich schwächere Ehepartner vor nachteiligen tatsächlichen Veränderungen der wirtschaftlichen Verhältnisse geschützt werden.[115] Wenn es allerdings keinen wirtschaftlich schwächeren Ehepartner gab, weil beide Partner erwerbstätig waren und die Haushaltführung zu gleichen Teilen über-

---

111 BGH, NJW 1988, 2034 = FamRZ 1988, 701 (703) m. Anm. Ewers.

112 BGH, FamRZ 1988, 701 (704) m. Anm. Ewers; Hampel, FamRZ 1989, 113 (114).

113 Graba, NJW 1989, 2786 (2789).

114 OLG Düsseldorf, FamRZ 1987, 945; OLG Köln, NJW-RR 1993, 566 = FamRZ 1993, 565; OLG Köln, NJW-RR 1995, 1157; OLG Hamm, FamRZ 1995, 1204; OLG Frankfurt a.M., FamRZ 1999, 97.

115 BGH, NJW 1981, 1214 (1215).

nommen hatten, konnte auch das Vertrauen in die Ehe und insbesondere die Versorgung in der Ehe beim nachehelichen Unterhalt vernachlässigt werden.

Voraussetzung für das Berufen auf den Vertrauensgrundsatz war eine wechselseitige Abhängigkeit.

ee) Fazit

Sowohl die Voraussetzungen als auch die Folgen der §§ 1573 Abs. 5, 1578 Abs. 1 S. 2 BGB a.F. trafen nicht den Kern, sodass der Unterhaltsanspruch begrenzt werden konnte.

c) Anrechnungsmethode

Die Anrechnungsmethode wurde bis 2002 vertreten. Diese stellte als drittes Problem ein Hemmnis für die Anwendung der §§ 1573 Abs. 5, 1578 Abs. 1 S. 2 BGB a.F. dar.

Bei der Anrechnungsmethode reduzieren die zusätzlichen Einkünfte des Unterhaltsberechtigten nach der Trennung oder Scheidung den Unterhaltsanspruch in entsprechender Höhe.[116]

Im Jahre 2002 hat das Bundesverfassungsgericht[117] die Anrechnungsmethode für die Fälle der Aufnahme einer Erwerbstätigkeit nach Beendigung oder Einschränkung der Kinderbetreuung für verfassungswidrig erklärt. Die Erwerbstätigkeit und Kinderbetreuung sei gleichwertig bei der Bemessung des nachehelichen Unterhalts, denn die Ansicht über die Rollenverteilung in der Ehe habe sich verändert. Bereits zuvor hat der Bundesgerichtshof[118] in seiner grundlegenden Entscheidung vom 13.6.2001 in diesen Fällen nicht mehr die Anrechnungsmethode, sondern die Differenz- oder Additionsmethode angewandt.[119]

Ein Hinderungsgrund für die Anwendung der §§ 1573 Abs. 5, 1578 Abs. 1 S. 2 BGB a.F. war die Anrechnungsmethode. Meist führte sie nach einer Scheidung dazu, dass schon rein rechnerisch kein Unterhaltsanspruch mehr bestand oder dieser jedenfalls deutlich reduziert wurde. Dadurch entfiel häufig die praktische Relevanz der Beschränkung des Unterhaltsanspruchs nach §§ 1573 Abs. 5, 1578 Abs. 1 S. 2 BGB a.F., und die Probleme bei der Anwendung der Beschränkungsvorschriften blieben verdeckt.[120] Nach Abkehr von der Anrechnungsme-

116 Grandel, FPR 2005, 320 (322).
117 BVerfG, NJW 2002, 1185.
118 BGH, NJW 2001, 2254.
119 MüKo/Maurer, § 1578 Rdnr. 59.
120 Grandel, FPR 2005, 320 (322).

thode war dieses Hemmnis für die Anwendung der §§ 1573 Abs. 5, 1578 Abs. 1 S. 2 BGB a.F. zugleich beseitigt.

d) Verharren in der Konturlosigkeit

Wesentlicher Grund des vierten Problems war die mangelnde praktische Relevanz der Anwendung der §§ 1573 Abs. 5, 1578 Abs. 1 S. 2 BGB a.F., nach der die Rechtsprechung keine hinreichenden Konturen herausgearbeitet hatte.[121]

Bei der Bestimmung der Ehedauer als wesentliches Billigkeitskriterium für einen dauerhaften Unterhaltsanspruch formuliert der Bundesgerichtshof nur wage, dass sich eine Ehezeit von zehn Jahren „dem Grenzbereich nähern dürfte".[122]

Seit der Abkehr von der Anrechnungsmethode stellte sich nach Ansicht des Bundesgerichtshofs[123] die Frage nach einer zeitlichen Begrenzung oder Herabsetzung zwar in verstärktem Maße; dennoch erfolgte keine Konkretisierung zur Anwendung der Vorschrift.[124] Unklar war, ob bei der Billigkeitsabwägung zwischen den einzelnen Unterhaltstatbeständen zu differenzieren war, ob ein Unterschied zwischen Stamm- und Anschlusstatbestand zu machen war, und ob bei Teilansprüchen eine Differenzierung[125] z.B. dahingehend möglich war, dass der Teilanspruch wegen Kinderbetreuung unbefristet blieb, der damit häufig zusammentreffende Teilanspruch auf Aufstockungsunterhalt zeitlich befristet werden konnte.[126]

e) Abgrenzungsschwierigkeiten zwischen §§ 1573 Abs. 5, 1578 Abs. 1 S. 2 BGB und § 1579 BGB

Als fünftes Problem verursachte die dogmatische Stellung der Begrenzungsvorschriften der §§ 1573 Abs. 5, 1578 Abs. 1 S. 2 BGB a.F. Anwendungshemmnisse im Verhältnis zur Verwirkung nach § 1579 BGB. Die Abgrenzung zur gewohnten und im Mittelpunkt der Rechtsprechung stehenden Billigkeitsrechtsprechung zu § 1579 BGB war konturlos.[127] § 1579 BGB war ebenfalls eine Härteklausel, die Unterhaltsansprüche herabsetzt und befristet. Im Gegensatz zu den §§ 1573 Abs. 5, 1578 Abs. 1 S. 2 BGB a.F., die eine einfache Unbilligkeit voraussetzen, wurde bei § 1579 BGB eine grobe Unbilligkeit verlangt. § 1579 BGB

121 Grandel, FPR 2005, 320 (322).
122 BGH, NJW 1990, 2810 (2811); FPR 2004, 579 (581).
123 BGH, NJW 2001, 2254 (2258); FPR 2004, 579 (581).
124 Grandel, FPR 2005, 320 (322).
125 Grandel, FPR 2005, 320 (323).
126 OLG München, NJW-RR 2000, 1243 (1245).
127 Maier, NJW 2003, 1631 (1632); Grandel, FPR 2005, 320 (323).

galt als Sondervorschrift für die Verwirkung von Ansprüchen unter dem Gesichtspunkt von Treu und Glauben.[128]

§§ 1573 Abs. 5, 1578 Abs. 1 S. 2 BGB a.F. und § 1579 BGB wurden nebeneinander angewandt,[129] doch § 1579 BGB stellte als maßgebliches Kriterium auch auf die Ehedauer und das sich daraus ergebende Ausmaß der wirtschaftlichen Abhängigkeiten zwischen den Ehegatten ab,[130] sodass der Anwendungsbereich, in dem eine grobe Unbilligkeit zu verneinen und eine einfache Unbilligkeit aber zu bejahen war, eng war.[131]

Es hatte sich nicht durchgesetzt, dass die §§ 1573 Abs. 5, 1578 Abs. 1 S. 2 BGB a.F. eigenständige, verschuldensunabhängige Beschränkungsvorschriften im Rahmen der Abwägung der widerstreitenden Interessen der geschiedenen Eheleute darstellen.[132]

2. Änderung durch die Einführung des § 1578 b BGB

Wenn man die Ausgangslage der Rechtsprechung zu §§ 1573 Abs. 5, 1578 Abs. 1 S. 2 BGB a.F. betrachtet, ist es zweifelhaft, ob sich durch die Zusammenfassung der beiden Paragraphen in Form des § 1578 b BGB eine regere Begrenzung oder Befristung durchsetzt,[133] denn die Rechtsprechung, die zu den §§ 1573 Abs. 5, 1578 Abs. 1 S. 2 BGB a.F. ergangen ist, wird zu § 1578 b BGB fortgeführt.[134] § 1578 b BGB selbst lehnt sich an das bisherige Recht an und setzt nur teilweise neue Akzente.[135] § 1578 b BGB umfasst alle Tatbestände des nachehelichen Unterhalts. Dies unterscheidet § 1578 b BGB von den früheren Vorschriften der §§ 1573 Abs. 5, 1578 Abs. 1 S. 2 BGB a.F.[136] Allerdings wird nach wie vor bei einer Begrenzung oder Befristung des Unterhalts eine Abwägung im Einzelfall zugrunde gelegt. Somit ist kein grundlegender Wandel in der Rechtsprechung zu erwarten.[137]

In der Grundstruktur lässt die Unterhaltsrechtsreform das bisherige Unterhaltsrecht unberührt. Die ineinander greifenden Tatbestände gewähren einen

---

128 Johannsen/Henrich/Brudermüller, EheR, § 1579 Rdnr. 62.
129 Johannsen/Henrich/Brudermüller, EheR, § 1579 Rdnr. 63.
130 AnwK-BGB/Hohloch, § 1579 Rdnr. 88.
131 Grandel, FPR 2005, 320 (323).
132 Grandel, FPR 2005, 320 (323).
133 Schürmann, FPR 2005, 492 (493); Born, NJW 2008, 1 (6); Büte, FPR 2005, 316 (320).
134 BGH, FPR 2008, 379 m. Anm. Schwolow = NJW 2008, 2581 m. Anm. Born = FamRZ 2008, 1325; FPR 2008, 449 m. Anm. Weil = NJW 2008, 2644 = FamRZ 2008, 1508 (1511) m. Anm. Borth; Strohal, FPR 2009, 87 (89).
135 Schwab, FamRZ 2005, 1417 (1419); Schürmann, FPR 2005, 492 (493).
136 Born, FPR 2009, 138.
137 Schürmann, FPR 2005, 492 (493).

lückenlosen unbegrenzten Anspruch in Höhe der ehelichen Lebensverhältnisse, welcher dann mit Hilfe von Billigkeitsabwägungen beschränkt oder befristet werden soll.[138] Der nacheheliche Unterhalt ist als Ausnahme konzipiert, aber zum Regelfall geworden. Diese Struktur stellt an sich eine Schwierigkeit dar.[139]

Die Grundsatzfrage, ob und unter welchen Voraussetzungen sich aus einer als Ausnahme gestalteten Norm eine lebenslange Unterhaltspflicht begründen lässt, bleibt bestehen. Es fehlen klare Vorgaben und Konturen, insbesondere eine gesellschaftliche Wertentscheidung, um eine Anwendung des § 1578 b BGB problemlos zu ermöglichen. Der Gesetzgeber legt die Konkretisierung des Anwendungsbereichs weiterhin in die Hände der Rechtsprechung.[140]

Zudem ist angesichts der wirtschaftlichen Situation zu bezweifeln, dass die Intention des Gesetzgebers, die Eigenverantwortung der Ehegatten zu fördern und der Einzelfallgerechtigkeit mehr Raum zu geben, sich durchsetzt. Voraussetzung dafür ist die tatsächliche Möglichkeit der Erwerbstätigkeit.[141] Der Berechtigte kann sich nicht eigenverantwortlich unterhalten, wenn er keine reale Erwerbschance hat.

II. Anwendung des § 1578 b BGB

Seit dem 1.1.2008 können nun alle nachehelichen Unterhaltsansprüche vom eheangemessenen Lebensbedarf auf den angemessenen Lebensbedarf des Unterhaltsberechtigten aus Billigkeitsgründen herabgesetzt und/oder zeitlich begrenzt werden, gem. § 1578 b BGB.

Der angemessene Lebensbedarf i.S.d. § 1578 b Abs. 1 BGB stellt ein Minus gegenüber dem eheangemessenen Bedarf i.S.d. § 1578 Abs. 1 BGB dar.[142] Der Bedarf i.S.d. § 1578 b BGB richtet sich nach der eigenen Lebensstellung des Unterhaltsberechtigten. Allerdings ist als untere Grenze der Bedarf festgesetzt, den der Berechtigte vor der Ehe hatte oder ohne die Ehe gehabt hätte. Die Mindesthöhe des angemessenen Lebensbedarfs ist der angemessene Eigenbedarf, der sich nach den Unterhaltsleitlinien, insbesondere der Düsseldorfer Tabelle, bestimmt.[143] Der eheangemessene Bedarf kann auf einen Betrag, der zwischen dem

---

138 Schürmann, FPR 2005, 492 (493).
139 Schwab, FamRZ 1997, 521 (524).
140 Schürmann, FPR 2005, 492 (493).
141 Büte, FPR 2005, 316 (320).
142 BGH, NJW 1986, 2832 = FamRZ 1986, 886 (889).
143 Ehinger, FPR 2009, 105 (106).

eheangemessenen und dem angemessenen Bedarf liegt, nach Billigkeitserwägungen abgesenkt werden.[144]

Fraglich ist, welche Kriterien die Rechtsprechung bei der Billigkeitsprüfung des neuen § 1578 b BGB anwendet, welche Gesichtspunkte für die Anordnung der Rechtsfolgemaßnahmen entscheidend sind, wie § 1578 b BGB ausgelegt und im Rahmen der einzelnen nachehelichen Unterhaltsansprüche gewichtet wird.

Eine Beschränkung des nachehelichen Unterhaltsanspruchs nach § 1578 b BGB wird gemessen an der Unbilligkeit einer lebenslangen, unbeschränkten Unterhaltsbelastung zu Lasten des Pflichtigen. Entscheidend ist, welche Mittel dem Pflichtigen verbleiben und ob die Belange des Berechtigten und eines ihm zur Pflege und Erziehung anvertrauten Kindes gewahrt werden.[145] Dabei wird das „Ob" und „Wie" einer Unterhaltsbeschränkung vom Tatrichter in jedem Einzelfall umfassend geprüft, indem die Interessen des Unterhaltspflichtigen und des Berechtigten gegeneinander abgewogen werden.[146]

Der Stellenwert der Anspruchsgrundlage im System der Unterhaltsansprüche beeinflusst die Abwägung. Ansprüche wegen Kindesbetreuung, Krankheit und Alter (§§ 1570 – 1572 BGB) haben eine besonders wichtige Schutzfunktion für die Absicherung des Unterhaltsberechtigten und rangieren daher höher im System der Unterhaltsansprüche als die anderen Ansprüche auf Unterhalt.[147] Die Kernbereichstheorierechtsprechung des Bundesgerichtshofs[148], auf die der Stellenwert der Anspruchsgrundlage zurückzuführen ist, besagt, dass eine Abstufung bis zum Kernbereich des Scheidungsfolgenrechts vorzunehmen ist. Ein Unterhaltsanspruch ist somit leichter zu beschränken, je weiter der Anspruch vom Kern des Scheidungsfolgenrechts entfernt ist.

Im Grundsatz ist es auch unter Berücksichtigung der Bedeutung des Anspruchs nach der Kernbereichstheorie des Bundesgerichtshofs richtig, den während der Betreuungsbedürftigkeit des Kindes entstandenen Krankheitsunterhaltsanspruch zu beschränken.[149] Nicht nur der Nachteilsausgleich, sondern auch die nacheheliche Solidarität und der Umstand, dass im Rahmen von § 1572 BGB wegen der Erkrankung geringere Anforderungen an die Eigenverantwortung zu

144 OLG Karlsruhe, FamRZ 2008, 2206.

145 Ehinger, FPR 2009, 105 (105).

146 BGH, FPR 2008, 379 m. Anm. Schwolow = NJW 2008, 2581 m. Anm. Born = FamRZ 2008, 1325 (1328); FPR 2008, 48 (50) m. Anm. Fiedler = NJW 2008, 151 = FamRZ 2008, 134 (135).

147 Ehinger, FPR 2009, 105 (106).

148 BGH, FPR 2004, 209 = NJW 2004, 930 = FamRZ 2004, 601.

149 BGH, FPR 2004, 209.

stellen sind,[150] sind von Bedeutung für die Beschränkung und müssen abgewogen werden.[151]

§ 1578 b BGB ermöglicht einen Ausgleich der eingetretenen ehelichen Nachteile. Nicht ehebedingte Nachteile können unter dem Gesichtspunkt einer fortwirkenden Solidarität berücksichtigt werden.[152]

Bei der Begrenzung des Unterhalts kommt es maßgeblich auf das Vorliegen ehebedingter Nachteile an. Dafür sind die Dauer der Ehe und der Kindesbetreuung sowie die zunehmende Verflechtung der gemeinsamen Verhältnisse Indizien. Diese fließen also nur mittelbar ein.[153] Nach der Scheidung soll dem Berechtigten eine Übergangsfrist eingeräumt werden, um sich auf die Kürzung des eheangemessenen Unterhalts einzustellen. [154] Diese orientiert sich an den individuellen Bedürfnissen des Berechtigten.

Entscheidend für die Herabsetzung oder Befristung des Unterhalts ist die Begründung der Differenz der Einkommen der Parteien. Festzustellen sind die ehebedingten Nachteile und die Möglichkeit des Ausgleichs der ehebedingten Nachteile, ggf. die Frist, innerhalb welcher die ehebedingten Nachteile ausgeglichen werden können. Weitere Kriterien für die Überprüfung der Unbilligkeit eines unbeschränkten nachehelichen Unterhaltsanspruchs sind vor allem das Alter und die Gesundheit der beiden Parteien, die individuelle Erwerbsfähigkeit des Berechtigten, die Möglichkeiten des Berechtigten, die Reduzierung oder den Verlust des Unterhalts auszugleichen, die Zeiträume, die der Berechtigte benötigt, um ehebedingte Nachteile auszugleichen (z.B. durch Aus- und Fortbildung; Arbeitsmarktchancen), die durch die Ehe erlangten Vorteile des Unterhaltspflichtigen, die wirtschaftlichen Verhältnisse beider Parteien und die Belange eines vom Unterhaltsberechtigten betreuten gemeinsamen Kindes.[155]

Mit dem Unterhaltsrechtsänderungsgesetz hat der Gesetzgeber das Ende der Lebensstandardgarantie gesetzt.[156] Die Ansicht „einmal Chefarztgattin – immer Chefarztgattin" ist überholt.[157]

In dem nicht unbedingt typischen Fall einer phasenverschobenen, kinderlosen Ehe, in der der Ehemann bereits Rentner war und die Ehefrau das Rentenalter in

---

150 Borth, FamRZ 2009, 58 (Anm. zu OLG Celle, NJW 2009, 521 = FamRZ 2009, 56).

151 Ehinger, FPR 2009, 105 (108).

152 Born, NJW 2008, 1 (6).

153 BGH, FPR 2008, 379 (383) m. Anm. Schwolow.

154 Born, FPR 2009, 138.

155 Ehinger, FPR 2009, 105 (106).

156 BGH, NJW 2007, 839; NJW 2006, 2401 = FamRZ 2006, 1006 m. Anm. Born; BGH, FPR 2008, 449 (452) m. Anm. Weil.

157 Born, NJW 2008, 1 (8).

drei Jahren erreichte, hat der Bundesgerichtshof[158] ausdrücklich hervorgehoben, dass es eine grundsätzliche Lebensstandardgarantie für den Unterhaltsberechtigten nicht gäbe. Ausnahmen würden bei ehebedingten Nachteilen eingeräumt.

Der Unterhaltsberechtigte soll auch nach der Ehe an dem Wirtschaftsstandard der Ehe beteiligt werden. Das Alter des Berechtigten kann eine Beibehaltung des ehelichen Lebensstandards rechtfertigen. Dagegen kann nicht darauf abgestellt werden, dass die Unterhaltskette nicht unterbrochen werden soll, d.h. dass durch Unterhalt die Zeit überbrückt werden soll, bis der Berechtigte in wenigen Jahren die Möglichkeit hat, den Altersunterhalt geltend zu machen.[159] In der Praxis ist die Erwerbsbiographie der beteiligten Eheleute entscheidend.[160]

Wenn die Ehegatten bei Eingehung der Ehe einen unterschiedlichen Lebensstandard erreicht hatten, wirkt sich der Lebensstandard des Mehrverdieners nicht auf den Ehepartner mit dem geringeren Einkommen aus. In der Regel sollte der angemessene Unterhaltsbedarf nicht niedriger liegen als der angemessene Eigenbedarfssatz nach den Leitlinien.[161]

Wenn ein Unterhaltsanspruch nach § 1578 b BGB befristet wird und nach Ablauf der Frist erlischt, lebt er nicht wieder auf, auch wenn sich nach der Befristung die Umstände ändern und ein Anschlussunterhalt geboten wäre.[162]

1. Einschränkung des Unterhalts bei Unbilligkeit

Der Maßstab für die Einschränkung des Unterhalts ist die Unbilligkeit. Für eine dauerhafte Lebensstandgarantie müssen besondere Gründe vorliegen, denn die Angemessenheit der lebenslangen Beibehaltung des ehelichen Lebensstandards soll nur eine Ausnahme darstellen.[163] Dennoch besteht diese Möglichkeit weiterhin, wenn auch noch restriktiver angewendet.

Bei der Billigkeitsabwägung des § 1578 b BGB soll nicht mehr die wirtschaftliche Abhängigkeit des Berechtigten, die infolge der Rollenverteilung in der Ehe eingetreten ist, im Vordergrund stehen. Ebenso sollen die Indizien nicht mehr nach der Reihenfolge Dauer der Ehe, Gestaltung der Haushaltsführung, Erwerbstätigkeit und Kinderbetreuung berücksichtigt werden.[164] Vielmehr soll zunächst das Wohl des Kindes maßgebend sein. Danach soll der Unterhalt we-

---

158 BGH, FPR 2008, 449 (452) m. Anm. Weil.

159 BGH, FPR 2008, 449 (452) m. Anm. Weil.

160 BGH, FPR 2008, 449 (449) m. Anm. Weil.

161 Ehinger, FPR 2009, 105 (109).

162 BGH, FPR 2008, 449 (449) m. Anm. Weil = NJW 2008, 2644 (2644) = FamRZ 2008, 1508 (1511) m. Anm. Borth.

163 BGH, NJW 2006, 2041 = FamRZ 2006, 1106.

164 BGH, NJW 1990, 2810 = FamRZ 1990, 857.

gen ehebedingten Nachteilen beschränkt werden können. Die Indizien fließen nun in umgekehrter Reihenfolge ein, sodass zunächst die Dauer der Kindesbetreuung, dann die Gestaltung der Haushaltsführung und Erwerbstätigkeit sowie die Dauer der Ehe beachtet werden.[165]

Alle in Betracht kommenden Gesichtspunkte müssen abgewogen werden, wobei eine Entscheidung über eine Einschränkung in jedem Fall eine ausreichende Prognose der künftigen Entwicklung voraussetzt.[166]

2. Grundsatz der ehebedingten Nachteile

Die ehebedingten Nachteile sind der maßgebliche Gesichtspunkt für die Befristung oder Beschränkung des nachehelichen Unterhaltsanspruchs gem. § 1578 b BGB.

Durch die Unterhaltsrechtsreform ist der ehebedingte Nachteil zu einem neuen „Schlüsselwort" des nachehelichen Unterhalts geworden.[167] Bei der Prüfung der ehebedingten Nachteile ist zwischen solchen Nachteilen zu unterscheiden, die nicht mit der Ehe in Verbindung stehen (z.B. allgemeine Lebensrisiken wie Krankheit, Verlust der Arbeitsstelle aus betrieblichen Gründen, Pflege von Angehörigen), und solchen, die auf die Ehe zurückzuführen sind (z.B. Verzicht auf Abschlussprüfung wegen Heirat oder Beförderung wegen Wegzugs aufgrund beruflicher Veränderung des Mannes, einvernehmlich lange Pause in der eigenen Berufstätigkeit wegen Kindererziehung und/oder Versorgung des Haushalts).

Das Interesse des Unterhaltspflichtigen an der Vermeidung einer lebenslangen Unterhaltslast ist gegen das Interesse des Berechtigten an einem unbeschränkten Unterhaltsanspruch abzuwägen. Bei der Abwägung sind individuelle Eigenschaften der Beteiligten zu berücksichtigen. So sind zum Beispiel beim Pflichtigen sein Alter, eine eigene erhöhte Bedürftigkeit, andere Unterhaltsverpflichtungen, die Zeit, die seit der Scheidung vergangen ist, die Tilgung gemeinsamer Schulden sowie die Zugewinnausgleichshöhe zu berücksichtigen, die der Berechtigte bekommen hat. Beim Berechtigten sind die fehlende Berufstätigkeit, die zum Teil durch einen fehlenden oder nicht mehr nachholbaren berufsqualifizierenden Abschluss, der unsichere Arbeitsplatz und Aufgaben, die der Berechtigte für den Pflichtigen erledigt hat, beispielsweise die Pflege der Schwiegereltern, anzuführen.

Ehebedingte Nachteile können sich aus der Rollenverteilung in der Ehe, d.h. die Gestaltung der Haushaltsführung und der Erwerbstätigkeit sowie die

---

165 BGH, FamRZ 2009, 406.

166 OLG Brandenburg, FamRZ 2008, 1947.

167 BGH, NJW 2008, 2581 (2586) m. Anm. Born; Born, NJW 2008, 1 (8).

Betreuung der gemeinsamen Kinder, und der Dauer der Ehe ergeben, § 1578 b Abs. 1 S. 3 BGB. Dadurch werden die Erwerbsfähigkeit des Unterhaltsberechtigten und das potentielle Einkommen beeinflusst. Beispiele dafür sind der Verzicht auf eine Berufsausbildung oder Weiterqualifizierung oder die mangelnde berufliche Erfahrung wegen langjähriger Berufspause durch Ehe oder Kinder.[168]

Die Nachteile müssen unter Billigkeitsgesichtspunkten so abgewogen werden, dass eine Beschränkung des Unterhaltsanspruchs eher geboten ist, wenn die ehebedingten Nachteile geringer sind. Die Belange eines gemeinsamen Kindes, das vom Berechtigten betreut wird, sind dabei besonders zu beachten.[169] Je weniger man sich nach der Scheidung aufgrund der Gestaltung des ehelichen Lebens selbst unterhalten kann, desto eher kommt eine Herabsetzung in Betracht.[170]

Die Aufgabenverteilung während einer Ehe kann das Fortkommen eines Partners im Erwerbsleben behindern. Die Rollenverteilung an sich ist aber allenfalls einer von vielen Gründen. Maßgeblicher sind die gesellschaftlichen Verhältnisse, z.B. das mangelnde Arbeitsplatzangebot und die nicht ausreichenden Möglichkeiten der Kinderbetreuung. Mit dem bloßem Abzielen auf die ehebedingten Nachteile verkennt man oft Ursache und Wirkung. Das Institut der Ehe könnte auch als Versorgungseinrichtung wegen der beschränkten Erwerbsmöglichkeiten in der Gesellschaft gedacht sein.[171]

Die Vorstellung von der Ehe und insbesondere von der Beruftätigkeit der Frauen in der Ehe und neben der Betreuung von Kindern hat sich, gerade bei jüngeren Menschen, im Vergleich zu früher gewandelt. Paare, die in einer sog. Doppelverdienerehe leben, in der beide Ehegatten nach ihren Möglichkeiten ihren eigenen Lebensbedarf erwirtschaften, fällt es nicht schwer, sich auf die neue Rechtslage einzustellen. Ein Umdenken der Einstellung zur Begrenzung des Unterhalts auf den Ausgleich ehebedingter Nachteile findet statt. Die Erkenntnis sollte sich einstellen, dass längere Berufspausen wegen der Unsicherheiten des Unterhaltsrechts zu vermeiden sind. Zudem sollte man sich vor der Ehe über einen Ehevertrag verständigen, der die Ehegatten im Falle einer Trennung oder Scheidung mit einer Erweiterung von Unterhaltsansprüchen absichert.[172]

Die Ziele des neuen Unterhaltsrechts stellen wohl insbesondere ein Problem für die Ehen dar, die vor dem Wandel der Basis der gesellschaftlichen Vorstellungen geschlossen worden sind und in denen die Hausfrauenehe gelebt wurde.

Bestärkt wird diese These dadurch, dass noch bis zum Jahre 1977 eine lebenslange Versorgung für Ehefrauen galt, sofern sie schuldlos geschieden wur-

---

168 Ehinger, FPR 2009, 105 (106).

169 BT-Drucks. 16/1830, S. 19.

170 Schwab, FamRZ 2005, 1417 (1419).

171 Dieckmann, FamRZ 1984, 946 (949).

172 Böger, FPR 2009, 71 (72).

den. Im verschuldensunabhängigen Unterhaltsrecht nach 1977 wurde nach einer Scheidung an den gemeinsam erreichten Lebensstandard der Eheleute bei der Berechnung des Unterhalts angeknüpft. Frauen, die zu diesen Zeiten eine Ehe eingegangen waren, waren auch nach der Scheidung versorgt und mussten ihren Lebensunterhalt nicht selbst erwirtschaften.

In den Urteilen zu § 1578 b BGB vermisst man eine hinreichende Berücksichtigung des Ziels der Unterhaltsrechtsreform 2008.

Beide Ehegatten hatten während der Ehe gearbeitet. Aus der Ehe sind keine Kinder hervorgegangen. Die Frau hatte zeitweise sogar mehr Einkommen als der Unterhaltsspflichtige. Ehebedingte Nachteile waren somit nicht ersichtlich. Der ehemalige 47-jährige Transportlogistiker ist nach der Scheidung arbeitslos. Trotzdem urteilte das AG Sinsheim, dass er seiner geschiedenen Frau Unterhalt bezahlen muss.[173] Es besteht wohl auf Seiten des Unterhaltspflichtigen Unverständnis über ein solches Urteil. Die Ehegatten hatten zusammen ein gutsituiertes Leben geführt und es ist nicht nachzuvollziehen, welche Nachteile die Unterhaltsberechtigte durch die Ehe erlitten haben soll.[174]

Einige Konstellationen lassen sich herausarbeiten und abstrahieren.

a) Kinderlose Vollzeit-Doppelverdiener-Ehe

Bei einer kinderlos gebliebenen Ehe, in der der unterhaltsberechtigte Ehegatte seinen erlernten Beruf in Vollzeit ausgeübt hat, wird der Unterhalt in der Regel befristet.[175] Kein Unterschied macht dabei, ob die Ehe von langer oder kurzer Dauer war, denn der Unterhaltsberechtigte hat in der Regel keinen ehelichen Nachteil erlitten. Das Einkommen des Berechtigten nach der Scheidung unterscheidet sich nicht von dem Einkommen, das der Berechtigte erreicht hätte, wenn er nicht verheiratet gewesen wäre. Er ist beruflich voll integriert und verfügt über ein seinen persönlichen Kenntnissen und Fähigkeiten entsprechendes Einkommen.

b) Hausfrauenehe

Die Hausfrauenehe stellt den häufigsten Fall der ehebedingten Bedürftigkeit dar. Bei der Hausfrauenehe hat meist die Frau ihre eigenen Berufs- und Erwerbsaussichten zurückgestellt, um die Kinder zu betreuen und den Haushalt zu führen. Damit wird in der Regel dem anderen Ehegatten ermöglicht, eine volle Berufstä-

173 AG Sinsheim, 20 F 223/07.

174 Heinz Jakoby, zitiert in: Focus v. 23.3.2009, S. 38.

175 BGH, Beck RS 2007, 17614.

tigkeit auszuüben.[176] Durch diese Aufgabenverteilung in der Ehe ist meist nach der Scheidung die eigene Erwirtschaftung des Lebensbedarfs für den Berechtigten nicht mehr möglich.[177]

Zumeist ist anzunehmen, dass es sich bei der Hausfrauenehe um eine Hausfrauen-Mutter-Ehe handelt. In dieser Konstellation liegen in der Regel immer ehebedingte Nachteile vor, denn durch die Kinder blieb die Mutter zu Hause und kümmerte sich um den Haushalt und die Familie. Sie verfolgte keine berufliche Karriere. Ein beruflicher (Wieder-)Einstieg nach der Scheidung ist in den meisten Fällen sehr schwierig, denn die Berufsausbildung wurde nicht beendet oder die Berufstätigkeit liegt schon Jahre zurück und der Beruf wurde nur kurze Zeit ausgeübt.

Die Hausfrauenehe ist allerdings heute rückläufig, dennoch ist das Problem des nachehelichen Unterhalts ebenso bei der Zuverdienerehe zu finden, die wohl die Hausfrauenehe heutzutage abgelöst hat. Viele Frauen wollen oder müssen zum Lebensunterhalt der Familie beitragen, in dem sie halbtags arbeiten und nachmittags sich um den Haushalt und die Kinder kümmern. Allerdings arbeiten die Frauen in diesem Ehemodell ebenfalls nicht Vollzeit. Dementsprechend haben sie berufliche Nachteile durch weniger Arbeitspraxis. Zudem liegt die Hauptverantwortung der Kinderbetreuung bei ihnen, sodass in den meisten Fällen sie zu Hause bleiben, wenn das Kind z.B. krank ist.

c) Absicherung über Kindesbetreuung

Durch die Unterhaltsrechtsreform hat die Absicherung über Kindesbetreuung an Stellenwert verloren.[178] Die Stärkung der Stellung des Kindes beinhaltet auch die Stärkung der Stellung der Mutter. Die Kinderbetreuung nach der Scheidung behindert regelmäßig den betreuenden Elternteil in der Wiedererlangung der wirtschaftlichen Selbstständigkeit. Wenn nun der Unterhalt des betreuenden Berechtigten befristet oder beschränkt wird, steht auch dem Kind weniger Mittel für den Lebensunterhalt zur Verfügung, denn sowohl der Kindesunterhalt als auch der nacheheliche Unterhalt des Betreuenden fließen zusammen in den Familienunterhalt. Der Familienunterhalt ist als Ganzes zu betrachten und dient dazu, sowohl das Kind als auch die Mutter zu finanzieren.

Mit einer Schwächung der Stellung des betreuenden Berechtigten (in den meisten Fällen der Mutter), wird indirekt auch die Stellung des Kindes ge-

---

176 Pauling, in: Wendl/Staudigl, § 4 Rdnr. 593.

177 Berghahn/Wersing, FRP 2005, 508 (508).

178 Born, NJW 2008, 1 (8).

schwächt. Je besser die Mutter finanziell gestellt wird, desto besser ist auch das Kind finanziell gestellt.

Man sollte vielmehr die ehelichen Absprachen berücksichtigen und bei der Befristung oder Begrenzung auf die Rollenverteilung innerhalb der Ehe abstellen. Wenn eine Mutter ihre Berufstätigkeit zugunsten der Kinderbetreuung beschränkt hat, sollte dies als ehebedingter Nachteil ausgeglichen werden. Die Kindesbetreuung muss durch den nachehelichen Unterhalt abgesichert werden.

d) Berücksichtigung ehebedingter Vorteile

Fraglich ist, warum nur ehebedingte Nachteile und keine ehebedingten Vorteile Berücksichtigung bei der Beschränkung des nachehelichen Unterhaltsanspruchs finden.

Dem Unterhaltspflichtigen können Vorteile aus der Ehe erwachsen sein. Diese können z.B. darin begründet sein, dass der Pflichtige durch die Rollenverteilung in der Ehe dadurch so entlastet wird, dass der Berechtigte die Haushaltsführung sowie die Betreuung der Kinder übernimmt, dass der Pflichtige sich einzig seinem beruflichen Werdegang widmen kann.

Nach einer langjährigen Ehe ist es schwierig zu rekonstruieren, wie sich die Karriere des Unterhaltsberechtigten ohne die Ehe entwickelt hätte; ebenso ist schlecht nachzuvollziehen, in welchen Umfang die Karriere des Unterhaltspflichtigen sich ohne die Übernahme der Haushaltsführung und der Kindesbetreuung von Seiten des Unterhaltsberechtigten in der Ehe entwickelt hätte. So hat der Unterhaltspflichtige beispielsweise Erfolg im Beruf gehabt, weil der Unterhaltsberechtigte während der Ehe die Karriere durch entsprechende Kontakte, die Organisation gesellschaftlicher Aktivitäten oder die gelungene Bewirtung des Vorgesetzten unterstützt hat.

Es gibt keinen Vergleichsfall; zumindest würde man zum Vergleich jede erdenkliche Situation hinzuziehen können, wie z.B. eine andere Ehe, sowohl eine solche über einen langen Zeitraum, mit oder ohne Karriere beider Ehegatten, oder sogar das Junggesellentum.

Es ist davon auszugehen, dass das bis zur Ehescheidung erreichte Einkommen zumindest partiell auf der Mitwirkung des Unterhaltsberechtigten basiert.

Parallel könnte man dazu die gesetzlichen Bestimmungen im Zugewinnausgleichsrecht betrachten. Gemäß § 1377 Abs. 3 BGB ist im Zweifel das bei Ehescheidung vorhandene Vermögen als gemeinsam in der Ehe erwirtschaftet und dementsprechend als dem Zugewinnausgleich unterliegend zu betrachten.[179]

179 Böger, FPR 2009, 71 (75).

In einem neueren Urteil des OLG Karlsruhe[180] zu § 1578 b BGB wurde als Argument für den Ausgleich der Einkommensdifferenz durch Unterhaltszahlungen nach einer Ehe von 23 Jahren Dauer angeführt, dass der Ehemann in seinem beruflichen Fortkommen aufgrund der Entlastung durch die Ehefrau bevorteilt worden ist.

Es scheint nicht gerechtfertigt, zwischen den ehebedingten Nach- und Vorteilen zu unterscheiden, insbesondere nicht bei Ehen von langer Dauer. Nicht nur die Nachteile, die in einer Ehe entstanden sind, sollten ausgeglichen werden, sondern es sollten vor allem die Tugenden in einer Ehe, nämlich die Unterstützung, die Hilfe und der Rückhalt, belohnt werden. Daher sollten nicht nur ehebedingte Nachteile, sondern auch ehebedingte Vorteile bei der Beschränkung des nachehelichen Unterhalts berücksichtigt werden.

e) Möglichkeit der lebenslangen Unterhaltspflicht aufgrund ehebedingter Nachteile

Fraglich ist, ob sich aus den ehebedingten Nachteilen auch eine lebenslange Unterhaltspflicht herleiten lässt.

Es wird vertreten, z.B. von Schürmann[181], dass es keine lebenslangen Unterhaltspflichten geben sollte. Dies wird vor allem damit begründet, dass keine privatrechtliche Verbindung das Prinzip einer lebenslangen Verpflichtung kennt.

Demgegenüber ist aber zu sehen, dass im Schadensersatzrecht eine lebenslange Verpflichtung eintreten kann, wenn eine Verletzung eingetreten ist, die lebenslang nachwirkt.

Die Aufgabe der Berufstätigkeit ist sowohl eine kinder- oder familien- als auch eine ehebezogene Entscheidung. Die während der Ehe getroffene Entscheidung für die Aufgabe des Berufs kann Nachteile herbeiführen, welche dem Begriff der ehebedingten Nachteile unterfallen und bei der Beschränkung des Unterhaltsanspruchs zu berücksichtigen sind. Wenn die ehebedingten Nachteile für den Unterhaltsberechtigten entstanden sind, kann sich daraus auch eine lebenslange Unterhaltsverpflichtung ergeben, wie beispielsweise Büttner und Braeuer[182] vertreten. Allerdings ist die Berufspause wegen Kindesbetreuung in ihrer dauerhaften Auswirkung zu relativeren und maßgeblich bei der Prüfung eines ehebedingten Nachteils auf den zeitlichen Abstand zur Scheidung abzustellen.[183]

---

180 OLG Karlsruhe, FamRZ 2008, 2206.

181 Schürmann, FPR 2005, 492 (495).

182 Büttner, FamRZ 2007, 773 (775).

183 Braeuer, FamRZ 2006, 1489 (1494 f.).

Gerade bei Ehen von langer Dauer ist anzunehmen, dass die Kinderbetreuung schon einen längeren zeitlichen Abstand zur Scheidung hat. Somit würde die Berufspause wegen der Kinderbetreuung als ehebedingter Nachteil nicht mehr ausreichend gewichtet. Doch auch eine länger zurückliegende Berufspause kann die berufliche Entwicklung des Unterhaltsberechtigten beeinträchtigt haben, sodass je nach Einzelfall zu prüfen ist, ob ein ehebedingter Nachteil durch eine Berufspause vorliegt.

Maßgeblich ist der Einzelfall. Festzuhalten ist aber, dass – trotz der Stärkung des Grundsatzes der nachehelichen Eigenverantwortung in der Unterhaltsrechtsreform – eine lebenslange Unterhaltspflicht nach wie vor möglich bleibt.

3. Beschränkung des Betreuungsunterhalts (§ 1570 BGB)

Maßgebend ist bei der Beschränkung des Betreuungsunterhalts, gem. § 1570 BGB, ob die Voraussetzungen für die Geltendmachung eines verlängerten Unterhaltsanspruchs ab Vollendung des dritten Lebensjahres des Kindes weiterhin vorliegen. Der verlängerte Anspruch kann zeitlich bis zur Aufnahme einer Vollzeittätigkeit des Betreuenden zeitlich beschränkt werden.[184]

Eine sichere Prognose lässt sich kaum treffen, daher wird eine Befristung des Anspruchs oft abgelehnt. Der Zeitpunkt und Umfang einer vollständigeren Kinderbetreuung kann ohne Unsicherheiten, die auf der Kindesentwicklung basieren, nicht vorhergesagt werden.[185] Wenn eine Prüfung der Voraussetzungen von § 1578 b BGB erfolgt, dann wird in der Regel darauf abgestellt, dass zukünftige Entwicklungen nicht mit der erforderlichen Sicherheit voraussehbar sind und somit wird auch eine Beschränkung abgelehnt.[186]

Der Betreuungsunterhalt wurde vom OLG Brandenburg[187] nach § 1578 b BGB nicht herabgesetzt oder befristet, um die Belange des Kindes zu wahren und die ehebedingten Nachteile auszugleichen. Die 47-jährige Frau hatte diese nämlich durch die Rollenverteilung während der 13-jährigen Ehe in ihrer beruflichen Entwicklung zurückgesteckt. Sonst wären die Nachteile nicht ausreichend gewürdigt worden. Die Frau hatte ihre Tätigkeit als Bürokauffrau und den zusätzlich erlernten Beruf als Kosmetikerin wegen der Familie und der Betreuung des an ADS erkrankten und zum Zeitpunkt der Scheidung elfjährigen Kindes aufgegeben. Erst nach guter Entwicklung des Kindes und bei günstigem Ar-

184 Ehinger, FPR 2009, 105 (106).
185 Ehinger, FPR 2009, 105 (106).
186 KG, FamRZ 2008, 1942 (1945) = BeckRS 2008, 25060; OLG Brandenburg, FamRZ 2008, 1947 (1948 f.) = BeckRS 2008, 14280; AG Tempelhof-Kreuzberg, FamRZ 2008, 1862 = BeckRS 2008, 21226; OLG Hamm, NJW-RR 2009, 294; Born, FPR 2009, 62 (63).
187 OLG Brandenburg, FamRZ 2008, 1947 (1948 f.) = BeckRS 2008, 14280.

beitsmarkt käme ggf. eine Befristung bzw. Herabsetzung des Unterhaltsanspruchs in Betracht.

Eine Anwendung des § 1578 b BGB auf § 1570 BGB kommt nach dem OLG Hamm[188] nicht in Betracht, weil es aus Gründen der Billigkeit geboten ist, nach § 1578 b BGB einen gewährten Betreuungsunterhalt nicht zu begrenzen oder herabzusetzen. Der Anspruch auf Betreuungsunterhalt beinhalte eine durch Kinderbetreuung eingeschränkte wirtschaftliche Eigenständigkeit; diese Ansicht wird vom OLG München vertreten.[189] Gerade während der Zeit der Kinderbetreuung ergeben sich typischerweise die ehebedingten Nachteile, die zum Anschlussunterhalt nach § 1573 Abs. 2 BGB führen; dann ist eine Begrenzung des Betreuungsunterhalts abgeschnitten.[190] Eine Anwendung des § 1578 b BGB auf den Betreuungsunterhalt nach § 1570 BGB verstößt gegen die Systematik des Gesetzes.[191] So wird eine Entscheidung der Frage von Seiten des Bundesgerichtshofs erwartet. Bisher hat er lediglich mit Urteil vom 25.6.2008[192] entschieden, dass der Unterhalt nach § 1578 b BGB befristet werden könne, um den Berechtigten den Anschlussunterhalt zu sichern.

4. Herabsetzung und Befristung des Altersunterhalts (§ 1571 BGB)

Eine Herabsetzung und Befristung des Altersunterhalts nach § 1571 BGB findet bei einer Ehe von langer Dauer und wenn der Unterhaltsberechtigte ehebedingte Nachteil erlitten hat, in der Regel nicht statt.[193] Auch wenn keine ehebedingten Nachteile vorliegen, ist eine Ehe von langer Dauer zumeist Grund genug, auf eine starke Verflechtung der wirtschaftlichen Verhältnisse zu schließen. Daraus wird gefolgert, dass der Unterhalt nicht zu beschränken ist, weil das Vertrauen in den Bestand der Ehe schutzwürdig ist.[194] Ebenso wird der Unterhaltsanspruch nicht beschränkt in dem besonderen Fall, in dem der Unterhaltsberechtigte bereits Altersrente bezieht, denn dann kann nicht mehr angenommen werden, dass er sein Einkommen erhöhen kann.[195]

---

188 OLG Hamm, NJW-RR 2009, 294 (299).

189 OLG München, FamRZ 2008, 1945 (1947) = BeckRS 2008, 12076.

190 KG, FamRZ 2008, 1942 (1945) = BeckRS 2008, 25060; OLG München, FamRZ 2008, 1945 (1947) = BeckRS 2008, 12076.

191 Ehinger, FPR 2009, 105 (106).

192 BGH, FPR 2008, 449 (451) m. Anm. Weil = NJW 2008, 2644 = FamRZ 2008, 1508 (1511) m. Anm. Borth.

193 OLG Zweibrücken, FuR 2009, 60 = BeckRS 2009, 03306.

194 Peschel-Gutzeit, UnterhaltsR aktuell, Rdnr. 75 ff.

195 OLG Naumburg, FamRZ 2008, 2120 = BeckRS 2008, 08358.

Bei einer Ehe von kurzer Dauer geht man grundsätzlich nicht von einem schützenswerten Vertrauen in den Bestand der wirtschaftlichen Situation aus; daher ist es dem Unterhaltsberechtigten zumutbar, nach der Ehe wieder einen niedrigeren Lebensstandard einzunehmen.

Unabhängig von der Dauer der Ehe können ehebedingte Nachteile nicht auf eine Unterbrechung der Erwerbstätigkeit und einen dadurch bedingten geringeren Erwerb von Rentenanwartschaften während der Ehe gestützt werden, denn diese Einbußen werden bereits durch den Versorgungsausgleich bei der Scheidung ausgeglichen.[196]

5. Herabsetzung und Befristung des Krankheitsunterhalts (§ 1572 BGB)

Bei der Anwendung der Befristung oder Beschränkung des Unterhalts im Falle einer Krankheit (§ 1572 BGB) ist zu differenzieren zwischen ehebedingten und nicht ehebedingten Krankheiten sowie zwischen langer und kurzer Ehedauer. Probleme treten in den Fällen auf, in denen nicht nur ehebedingte Nachteile eingetreten sind, z.B. im Falle einer nicht ehebedingten Krankheit, und in dem Fall, in dem ein Ehegatte seine Krankheit bei der Eheschließung verschweigt.

In der Praxis ist die Ehebedingtheit einer Krankheit schwer festzustellen.[197] Es werden Unterschiede bei nicht ehebedingten Erkrankungen bezüglich der Ehedauer gemacht.

In einem Einzelfall wurde eine Befristung und Herabsetzung des Unterhaltsanspruchs abgelehnt, in dem die Erkrankung der Frau anlässlich der Geburt gemeinsamer Kinder das erste Mal aufgetreten ist.[198] In den meisten Fällen ist von einer nicht ehebedingten Erkrankung auszugehen. Eine nicht ehebedingte Krankheit würde demnach bei der Abwägung für eine Befristung oder Begrenzung des Unterhalts nicht für einen längeren und höheren Unterhalt berücksichtigt werden.

Häufig wird bei einer nicht ehebedingten Erkrankung und einer Ehe von langer Dauer der eheangemessene Bedarf bei der Bemessung des Unterhalts auf den angemessenen Bedarf herabgesetzt. Der Berechtigte soll sich mit dem Lebensstandard begnügen, den er ohne die Erkrankung bei Ausübung einer vollschichtigen Tätigkeit erlangt hätte, wenn die berufliche Entwicklung zusätzlich nicht durch ehebedingte Nachteile beeinträchtigt worden ist.[199]

---

196 BGH, FPR 2008, 379 m. Anm. Schwolow = NJW 2008, 2581 m. Anm. Born = FamRZ 2008, 1325 (1328 f.) m. Anm. Borth.

197 Ehinger, FPR 2009, 105 (107).

198 OLG Braunschweig, FamRZ 2008, 999 = BeckRS 2008, 10337.

199 Ehinger, FPR 2009, 105 (107).

Jegliche Beschränkung des Anspruchs der Ehefrau im Hinblick auf eine über 20-jährige Ehedauer und eine drohende Verschlechterung ihres Gesundheitszustands, der auf weitere berufliche Einschränkungen der noch teilzeitbeschäftigten Ehefrau schließen ließ, ist in einem Fall abgelehnt worden.[200] Gegensätzlich dazu setzte das OLG Celle[201] in einem Urteil eine Befristung des Unterhalts trotz Erkrankung nach 21 Ehejahren auf drei Jahre fest.

Bei nicht ehebedingter Erkrankung und einer Ehe von kurzer Dauer wird im Gegensatz zu einer Ehe von langer Dauer der Unterhaltsanspruch wegen Krankheit (§ 1572 BGB) oftmals befristet, gem. § 1578 b BGB.

Nach 4 ¾ Jahren Ehe hat ebenfalls das OLG Celle[202] einer erwerbsunfähigen Ehefrau den Anschlussunterhalt auf drei Jahre befristet. Fünf Jahre nach der Scheidung hatte sie mehrere Bandscheibenvorfälle und konnte daher nicht mehr vollerwerbstätig sein. Die Frau übernahm die Betreuung des 17-jährigen Sohns und übte deshalb statt ihres erlernten Berufs als Möbelverkäuferin eine weniger qualifizierte Teilzeittätigkeit aus.

Entschieden wurde, bei einer Ehedauer von acht Jahren und neun Monaten der erwerbsunfähigen Ehefrau, die das gemeinsame 12-jährige Kind betreute, den Krankheitsunterhalt auf drei Jahre zu befristen.[203]

In einem weiteren Fall[204] wurde bei einer Ehedauer von acht Jahren entschieden, dass der erwerbsunfähigen Frau, die ein 15-jähriges Kind betreute, ein auf drei Jahre befristeter Anspruch nach §§ 1572 Nr. 2, 1573 BGB zustehe.

Das OLG Koblenz[205] hat in einem Abänderungsverfahren geurteilt, dass einer erwerbsunfähigen Frau fünf Jahre befristeter Krankheitsanspruch zuzusprechen ist, obwohl die sechsjährigen Ehe kinderlos blieb und es nach der Scheidung einen rein zeitlichen Zusammenhang zwischen der Ehe und dem Auftreten der Krankheit gab.

Im Falle einer nach acht Jahren geschiedenen, kinderlos gebliebenen Ehe, in der die Ehegatten drei Jahre zusammengelebt hatten, wurde der Krankenunterhalt auf drei Jahre befristet. Hinzu kam, dass der Unterhaltspflichtige schon wieder verheiratet und ein Kind aus dieser Ehe hervorgegangen war.[206]

In den meisten Fällen wird eine Krankheit als nicht ehebedingt beurteilt, sodass der Unterhaltsanspruch ohne Berücksichtigung der Krankheit befristet oder begrenzt wird. Eine Ehe von langer Dauer kann allerdings bei einer nicht ehebe-

---

200 OLG Nürnberg, NJW 2008, 2444 = FamRZ 2008, 1256 (1257).
201 OLG Celle, NJW 2009, 521 = FamRZ 2009, 56.
202 OLG Celle, NJW 2008, 3575 m. Anm. Triebs.
203 OLG Bremen, NJW 2009, 449.
204 OLG Frankfurt a.M., NJW 2008, 3440.
205 OLG Koblenz, BeckRS 2008, 24575.
206 OLG München, FamRZ 2008, 1959 (1960).

dingten Krankheit eine Ausnahme darstellen. Bei einer langen Ehedauer wird eher davon ausgegangen, dass das Schicksal des einen Ehegatten in Form einer Erkrankung vom anderen teilweise auch nach der Ehe mitgetragen werden sollte.

So ist eine gewisse Schicksalsgemeinschaft zu bejahen, die aus einer langen Ehe hervorgeht.

a) Nicht – nur – ehebedingte Nachteile durch nicht ehebedingte Krankheit

Wenn Nachteile, die dem Berechtigten entstanden sind, nicht nur ehebedingt sind, ist die Einordnung der Nachteile zur Begrenzung des Unterhalts problematisch. Es handelt sich um Fälle, in denen ein ehebedingter und ein nicht ehebedingter Nachteil zusammenkommen.

Ein Beispielfall könnte sein, dass eine Frau in der Ehe den Haushalt geführt, die Kinder betreut hat und deshalb keiner Tätigkeit nachgegangen ist. Hinzu käme die Tatsache, dass sie nach der Scheidung schicksalhaft erkrankt ist. Die Frau könnte daher nach der Scheidung ihren Lebensunterhalt nicht allein bestreiten. In diesem Fall sind die Nachteile der Frau mehr oder minder ehebedingt.

Zu prüfen ist, was ehebedingte Nachteile und welche Nachteile nicht ehebedingt sind. Dazu gilt es zu unterscheiden: Nachteile aufgrund des Verzichts auf eine Berufstätigkeit und Nachteile aufgrund einer Krankheit. Die Nachteile, die der Ehefrau durch den Verzicht auf eine Berufstätigkeit zugunsten der Kinderbetreuung und der Haushaltsführung entstanden sind, würden als ehebedingte Nachteile bei der Beschränkung des Unterhaltsanspruchs berücksichtigt. Die schicksalhafte Krankheit hingegen, die nach der Scheidung aufgetreten ist, müsste durch den unterhaltspflichtigen Mann nicht mit einer Unterhaltszahlung ausgeglichen werden, weil sie nicht ehebedingt ist bzw. wenn ein Zusammenhang zur Ehe, insbesondere ein zeitlicher Zusammenhang, abzulehnen ist.

Jeder Einzelfall ist abzuwägen. In der Regel werden nur die ehebedingten Nachteile durch den nachehelichen Unterhalt auszugleichen sein.

b) Verschweigen einer Krankheit bei der Eheschließung

Ein Problem entsteht in dem Fall, in dem ein Ehegatte bei der Eheschließung eine voreheliche Erkrankung verschweigt.[207]

Die Ehegatten teilen während der Ehe bis zur Scheidung ein gemeinsames Schicksal. Eine schicksalhafte Krankheit wird daher in der Regel auch nach der Scheidung bei einer Ehe von langer Dauer mitgetragen, wenn die Krankheit

---

207 LM-Hohloch, § 1572 Nr. 5 Bl. 4.

schon vor der Ehe bestand oder angelegt war und über die Scheidung hinaus ein Krankheitsbild darstellt.[208]

Auch eine Krankheit, die bei der Hochzeit verschwiegen wurde, müsste durch den nachehelichen Unterhalt ausgeglichen werden, wenn sie vorehelich angelegt ist und nach der Scheidung fortwirkt. Fraglich ist jedoch, ob das Verschweigen eine Unterhaltspflicht ausschließen kann.

Wenn ein Ehegatte bei Heirat eine Erkrankung verschweigt, könnte ein Aufhebungsgrund der Ehe[209] gem. § 1314 Nr. 3 BGB vorliegen. Wenn die Ehe aufgehoben würde, schuldet der Unterhaltspflichtige dem Berechtigten keinen Unterhalt. Wenn auf konkrete Nachfrage die vererbliche schwere Krankheit verschwiegen wird, wird dadurch der Aufhebungsgrund der arglistigen Täuschung verwirklicht.[210] Zudem besteht eine gesetzliche Pflicht zur Mitteilung über Geschlechtskrankheiten gem. § 6 Abs. 2 GeschlKrankhG.

Wenn ein solcher Fall gegeben ist, muss zudem die Antragsfrist des § 1317 BGB gewahrt sein, damit die Ehe aufgehoben werden kann. Die Befreiung von der Verpflichtung zum nachehelichen Unterhalt ergibt sich dann schon aus der Regelung des § 1318 Abs. 2 BGB.

Man kann die Vermutung aufstellen, dass die Ehegatten auch mit beidseitigem Wissen von der Krankheit geheiratet hätten; gleichwohl hätte dem Unwissenden die Entscheidung darüber überlassen werden müssen. Eine Ehe sollte auf einem Vertrauensverhältnis und auf Ehrlichkeit beruhen. Das Verschweigen einer Krankheit bei der Hochzeit widerspricht dem Institut der Ehe auf einer Vertrauensbasis.

Die Grenzen zwischen der unterhaltsausschließenden Täuschung und der Intimsphäre des Erkrankten sind fließend. Als Beispiel kann man den Fall anführen, in dem die zukünftige Ehefrau vor der Hochzeit einen depressiven Schub hatte, nun aber davon ausgeht, dass dieser Schub eine einmalige Ausnahme bleibt.

Von diesen Fällen sind jedoch die Fälle abzugrenzen, in denen eine schwere Krankheit, vor allem eine vererbliche schwere Krankheit, diagnostiziert wurde.

Man könnte zur Abgrenzung auf die Definition der arglistigen Täuschung im Sinne der Aufhebungsgründe der Ehe abstellen. Grundsätzlich kann jede Tatsache eine Täuschung darstellen, wenn der getäuschte Ehegatte mit Wissen des Umstands nicht die Heirat eingegangen wäre.[211] Auf den Unterhaltsanspruch bezogen, kann man als Anforderung festlegen, dass der Unterhaltspflichtige bei

---

208 BGH, NJW 1994, 1286 (1286).

209 BGH, NJW 1982, 40 = LM § 1569 Nr. 3 = FamRZ 1981, 1163 (1265).

210 BeckOK/Hahn, BGB, § 1314 Rdnr. 5.

211 BeckOK/Hahn, BGB, § 1314 Rdnr. 5.

Wissen über die Krankheit nicht bereit gewesen wäre, das Schicksal des Erkrankten, insbesondere in finanzieller Hinsicht, mit zu tragen.

Arglist ist dabei eine zusätzliche Voraussetzung für die Eheaufhebung. Damit wird eine vorsätzliche Täuschung verlangt. Fahrlässigkeit, auch grobe Fahrlässigkeit, genügt nicht.[212]

Im ersten Beispiel ist kein Vorsatz gegeben. Der Unterhaltsanspruch darf daher nicht beschränkt werden nach § 1578 b BGB, wobei der Betroffene im zweiten Beispiel um die schwere Erkrankung wusste und sie trotzdem vor dem zukünftigen Ehepartner verschwiegen hat. Somit ist Vorsatz gegeben.

Bei einer schweren Krankheit könnte man noch argumentieren, dass das Verschweigen der Erkrankung wegen der Intimsphäre des Betroffenen gerechtfertigt sein könnte. Allerdings ist die Intimsphäre des Erkrankten im Hinblick auf die Ehe und den nachehelichen Unterhaltsanspruch einzuschränken.

Eindeutiger ist der Fall zu beurteilen, bei dem der zukünftige Ehegatte an einer schweren vererblichen Krankheit oder einer Geschlechtskrankheit leidet. Gerade im Hinblick auf die Ehe und die eventuelle Familienplanung erscheint es nicht zulässig, diese zu verschweigen und nach der Scheidung unbeschränkten Unterhalt zu bekommen.

Entscheidende Kriterien für die Abgrenzung sind die Schwere der Krankheit, das Wissen um den Krankheitswert und das vorsätzliche Verschweigen.

6. Herabsetzung und Befristung des Aufstockungsunterhalts (§ 1573 Abs. 2 BGB)

Die meisten Entscheidungen zu § 1578 b BGB befassen sich mit der Beschränkung des Aufstockungsunterhalts.

Insbesondere mit der Problematik der Beschränkung eines Aufstockungsunterhaltsanspruchs nach § 1578 b BGB in dem klassischen Fall einer Hausfrauenehe gilt es sich auseinanderzusetzen. Die Hausfrauenehen von langer Dauer müssen besondere Beachtung finden, da eine andere Rechtslage bei der Heirat bestand und das Vertrauen in die Rechtslage schützenswert ist. Zudem ist eine Prognose gerade in diesen Fällen schwer zu treffen, da durch die Ehe und deren Ausgestaltung typischerweise Nachteile über lange Zeit entstanden sind und der berufliche Werdegang wenig beschritten wurde.

Der Aufstockungsunterhalt gleicht dem Schadensersatzanspruch. Er sichert nicht die Teilhabe an dem Gesamteinkommen, das in der Ehezeit erwirtschaftet wurde.[213]

---

212 BeckOK/Hahn, BGB, § 1314 Rdnr. 7.

213 BGH, FPR 2008, 449 (452) m. Anm. Weil.

Eine nacheheliche Einkommensdifferenz kann nicht nur auf ehebedingte Nachteile zurückzuführen sein, sondern aufgrund der Berufsausbildung der beiden Ehegatten auch auf einen unterschiedlichen vorehelichen Lebensstandard. Nach einer Übergangszeit ist es dem Unterhaltsberechtigten zuzumuten, dass sein Lebensstandard dem entspricht, welchen er auch ohne die Ehe erreicht hätte. Ihm ist nicht der Lebensstandard zuzubilligen, den er nach den ehelichen Lebensverhältnissen gehabt hätte.[214]

Der Anspruch auf nachehelichen Aufstockungsunterhalt kann trotz des Entfalls des Einsatzzeitpunkts für einen späteren Anspruch auf Altersunterhalt (§ 1571 Nr. 3 BGB) befristet werden.[215]

a) Ehen von langer Dauer mit ehebedingten Nachteilen

Zurückhaltung ist bei der Befristung des Aufstockungsunterhalts bei Ehen von langer Dauer geboten. Doch auch bei langjährigen Ehen kann der Anspruch auf Aufstockungsunterhalt grundsätzlich befristet werden. Dies ist der Fall, wenn die Differenz der Einkommen nicht auf ehebedingten Nachteilen zurückzuführen ist.[216]

In dem Beispielsfall[217] einer Ehefrau, die auf ihre berufliche Karriere verzichtet hatte, wurde der Unterhaltsanspruch nach 19 Ehejahren nicht befristet. Während der Ehe hatte sie wegen der Betreuung und Versorgung des gemeinsamen Kindes lediglich ehrenamtliche und geringfügige Beschäftigungen ausgeübt. Vor der Ehe hatte sie als Marketing-Assistentin ein annähernd gleich hohes Einkommen wie der zukünftige Ehemann erzielt; diese Berufsqualifikation hatte sie nach ihrem ersten Beruf als Lehrerin in einem Fernstudium erworben.

Ebenso wurde der Anspruchsanspruch einer 49-jährigen Frau unbeschränkt gewährt, die ihren Beruf als Rechtsanwalts- und Notargehilfin und Justizangestellte zugunsten der Betreuung zweier Kinder und der Haushaltsführung während der Ehe nicht ausgeübt hat. Argumentiert wurde in diesem Fall, dass es für sie nach 25-jähriger Ehe schwer sein dürfte, ein Einkommen zu erzielen, mit dem sie den angemessenen Eigenbedarf von 1.000 Euro verdienen könne.[218]

Nach einer 18-jährigen Ehe, aus der nachhaltige ehebedingte Nachteile entstanden sind, wurde die Höhe des Unterhalts nach einer Übergangsfrist von acht Jahren herabgesetzt. Die Herabsetzung wurde allerdings wegen mangelnder zu-

214 BGH, FPR 2008, 449 m. Anm. Weil = NJW 2008, 2644.

215 BGH, FPR 2008, 449 m. Anm. Weil = NJW 2008, 2644.

216 BGH, FPR 2008, 48 m. Anm. Fiedler.

217 OLG Karlsruhe, FamRZ 2008, 1187 (1188).

218 OLG Köln, NJW 2008, 2448.

verlässiger Vorhersehbarkeit der dann gegebenen Einkommensverhältnisse letztendlich abgelehnt.[219]

Für die Schätzung des Einkommens der 57-jährigen Ehefrau wurde der Beruf der technischen Zeichnerin als Ausgangspunkt genommen, obwohl sie diesen Beruf vor der Ehe ausgeübt hatte und während der Ehe Hausfrau war. Nach 23-jähriger Ehedauer waren ehebedingte Nachteile festzustellen. Dennoch war die Einkommensdifferenz zwischen den Ehegatten nicht nur auf diese zurückzuführen. Der geringer verdienende Ehegatte hatte auch eine andere berufliche Ausbildung. Der Bedarf wurde höher als das geschätzte Einkommen einer technischen Zeichnerin zwischen dem angemessenen und eheangemessenen Bedarf angesetzt. Dieses Ausgleichs bedurfte es, weil der Ehemann in seinem beruflichen Fortkommen aufgrund der Entlastung durch die Ehefrau bevorteilt worden ist.[220]

b) Ehen von langer Dauer ohne ehebedingte Nachteile

Ehen von langer Dauer, in denen der Ehegatte keine beruflichen Nachteile in der Ehe erlitten hat, werden unterschiedlich beurteilt. Der Aufstockungsunterhalt wird in der Regel befristet, wobei häufig der Anspruch zunächst auf die Höhe des eheangemessenen Bedarfs für eine Übergangszeit herabgesetzt und dann befristet wird.

In einem Beispielsfall einer Ehe von langer Dauer, in der der 49-jährigen Ehefrau keine ehebedingten Nachteile entstanden sind, wurde nach 18-jähriger Ehedauer der Unterhaltsanspruch auf fünf Jahre und zwei Monate befristet. Hinzuzufügen ist, dass die Differenz der bereinigten Einkommen nur 257,- Euro betrug.[221]

Wenn keine ehebedingten Nachteile dem Unterhaltsberechtigten in der Ehe entstanden sind, fallen die Übergangsfristen nach § 1578 b Abs. 2 BGB trotz langer Ehedauer relativ kurz aus.[222] So wurde einer Ehefrau nach 15-jähriger Ehe bei einer Einkommensdifferenz von 357,- Euro eine Übergangsfrist von fünf Jahren zugestanden.[223] Einer Ehefrau nach 21 Jahren Ehe wurde eine Übergangsfrist von 6 ½ Jahre eingeräumt, weil der wiederverheiratete Unterhaltspflichtige über einen längeren Zeitraum gemeinsame Schulden zu tilgen hatte.[224]

219 OLG Brandenburg, FPR 2008, 388 m. Anm. Ehinger.
220 OLG Karlsruhe, FamRZ 2008, 2206.
221 BGH, FPR 2008, 48 m. Anm. Fiedler = NJW 2008, 151 = FamRZ 2008, 134.
222 Ehinger, FPR 2009, 105 (109).
223 OLG Celle, FamRZ 2008, 1448.
224 OLG Stuttgart, OLG-Report 2008, 742 (745) = BeckRS 2008, 19457.

Eine Befristung des Unterhalts wurde abgelehnt, weil der angemessene Bedarf des Berechtigten bei einem erzielbaren Einkommen von 920,- Euro niedriger lag als der angemessene Eigenbedarfssatz in Höhe von 1.000,- Euro nach der Düsseldorfer Tabelle. Die Höhe des Unterhalts wurde wegen Fehlens ehebedingter Nachteile nach einer Übergangsfrist auf 1.000,- Euro unbefristet herabgesetzt.[225]

c) Übergangsfristen bei Ehen von kurzer Dauer ohne ehebedingte Nachteile

Im Falle einer Ehe von kurzer Dauer und keinen ehebedingten Nachteilen werden grundsätzlich kurze Übergangsfristen angenommen.

Der Unterhalt wurde bei einer 13-jährigen Ehedauer, wobei die Ehe kinderlos blieb, auf vier Jahre ab der Rechtskraft der Scheidung befristet. Während der Ehe war die Ehefrau Vollzeit als Küchenhilfe beschäftigt.[226]

Auf drei Jahre wurde der Anspruch einer 53-jährigen Ehefrau ab Zustellung des Scheidungsantrags nach einer kinderlos gebliebenen neunjährigen Ehe befristet.[227]

In diesem Sinne wurde ein Anspruch nach kinderloser achtjähriger Ehe auf ein Jahr ab Rechtskraft der Scheidung befristet, weil bereits 2 ½ Jahre Trennungsunterhalt gezahlt worden war. Die Ehefrau hatte den Beruf einer Friseurin gelernt und während des ehelichen Zusammenlebens als geringfügig Beschäftigte gearbeitet.[228]

Der Unterhaltsanspruch wurde auf 2 ½ Jahre nach 9 ½-jähriger Ehedauer mit der Begründung befristet, dass trotz Kinderbetreuung keine ehebedingten Nachteile vorlägen.[229]

7. Fazit

Von § 1578 b BGB werden in erster Linie der Unterhaltsanspruch wegen Arbeitslosigkeit, gem. § 1573 Abs. 1 BGB, und der Aufstockungsunterhalt, gem. § 1573 Abs. 2 BGB, beschränkt. Jedoch ist dies keine Neuerung zur bisherigen Rechtslage und Rechtsprechung. Der Anspruch auf Gewährung einer Ausbildung wegen ehebedingter Ausbildungsnachteile (§ 1575 BGB) kann herabgesetzt, allerdings schwer befristet werden, denn er besteht nur für die Zeit, bis die Ausbildung im Allgemeinen abgeschlossen ist. Die Herabsetzung dabei ist ebenso keine Neuerung. Keine große Rolle wird § 1578 b BGB bei dem Billigkeitsunterhalt

225 OLG Bremen, BeckRS 2008, 09226.
226 BGH, FPR 2008, 449 m. Anm. Weil = NJW 2008, 2644 = FamRZ 2008, 1508.
227 OLG München, NJW 2008, 2447 (2448) = FamRZ 2009, 52.
228 OLG Bremen, NJW 2009, 373 = OLG-Report 2008, 942.
229 OLG Celle, FamRZ 2008, 1949.

nach § 1576 BGB spielen. Ein Anspruch lässt sich nicht aus einer zu vermeidenden groben Unbilligkeit herleiten, um dann der Höhe oder Dauer nach unbillig zu sein. Deutlich wird dabei, dass sich Tatbestandselemente der §§ 1570 ff. BGB und Billigkeitserwägungen mischen können, was zu Problemen führt.

Neuerungen ergeben sich nur im Rahmen des Geschiedenenunterhalts wegen Alters und Krankheit (§§ 1571, 1572 BGB). Eine Einschränkung des nachehelichen Unterhalts auf ein vertretbares Maß und eine tragbare Zeitspanne entsprechen der gesellschaftlichen Anschauung: aus einer relativ kurzen Ehe sollten keine womöglich lebenslangen Unterhaltspflichten resultieren.[230]

Ein Satz hätte zur Klarstellung in den Gesetzestext von § 1578 b BGB aufgenommen werden sollen: „Wenn der Unterhaltsberechtigte nicht nur vorübergehend ein gemeinschaftliches Kind allein oder überwiegend betreut hat oder betreut, wird der Unterhaltsanspruch in der Regel nicht begrenzt oder befristet."[231]

Die meisten Entscheidungen, die zu § 1578 b BGB bis jetzt ergingen, befassten sich mit der Beschränkung des Betreuungs-, Krankheits- und Aufstockungsunterhalts. Die Gerichte urteilten wenig in Fragen zum Alters- und Arbeitslosenunterhalt.[232]

Der Unterhaltsanspruch kann auf den angemessenen Bedarf des Berechtigten herabgesetzt werden. Dabei ist abzuschätzen, wann der Berechtigte die Benachteiligung überwunden haben wird.[233] Die Ehedauer ist gemäß dem Bundesgerichtshof[234] kein schematisch anzuwendender Maßstab für die Befristung des Unterhalts; maßgeblich sind vielmehr die ehebedingten Nachteile. Dem Unterhaltsberechtigten soll es nach der Scheidung durch eine Übergangszeit erleichtert werden, sich auf die Unterhaltskürzung einzustellen.[235]

Durch die Neuregelung erhalten die Gerichte gerade bei nicht besonders langen Ehen mehr Gestaltungsspielraum bei der Beschränkung des Unterhaltsanspruchs. Der Berechtigte soll nach der Scheidung in seinen erlernten und ausgeübten Beruf zurückkehren, auch wenn sich daraus für ihn ein geringerer Lebensstandard als in der Ehe ergibt.[236]

Die Rechtsprechungsbeispiele zeigen auf, dass der nacheheliche Unterhalt wegen Krankheit eines Ehegatten, der während oder im Anschluss an die Kinderbetreuung erkrankt, durch die Reform des Unterhaltsrechts eingeschränkt

230 Schwab, FamRZ 2005, 1417 (1419 f.).

231 BGH, NJW 2008, 148.

232 Ehinger, FPR 2009, 105 (106).

233 Ehinger, FPR 2009, 105 (108).

234 BGH, NJW 1986, 2832 = FamRZ 1986, 886 (889); FPR 2008, 449 m. Anm. Weil = NJW 2008, 2644 = FamRZ 2008, 1508 (1511) m. Anm. Borth.

235 FamRZ 2008, 134.

236 BGH, FPR 2008, 449 m. Anm. Weil.

wurde. Der Gesetzgeber bedachte auch den Fall, in dem durch die Möglichkeit der Befristung des Alters und des Krankenunterhalts durch die Einführung der Unterhaltsanspruch gegen den Pflichtigen wegfällt. Dann wäre der Unterhaltsberechtigte auf ergänzende staatliche Leistungen angewiesen.[237] Doch gerade in diesen Fällen ist eine Rückkehr in den erlernten oder ausgeübten Beruf zumeist ausgeschlossen. Der Staat muss eingreifen, obwohl die nacheheliche Bindung der ehemaligen Ehepartner Unterstützung bieten könnte.

III. Probleme bei der Erstellung einer Zukunftsprognose

Aufgrund der Vielfältigkeit der Fallgruppen ist eine flexible Handhabung geboten.[238] Das Billigkeitskorrektiv soll einer offenen, auf gleitender Skala erfolgenden Abwägung der wirtschaftlichen Abhängigkeit aufgrund ehebedingter Umstände, der Bedürfnislage und der möglichen alternativen Gestaltungen des bisher wirtschaftlich Abhängigen dienen.[239]

§ 1578 b BGB setzt eine vorausschauende Prognose für die Herabsetzung oder/und die Befristung des Unterhalts voraus. Dabei werden prozessuale Schwierigkeiten auftreten,[240] denn die Einschätzung zukünftiger Entwicklungen, die vor allem bei einer Entscheidung über die Rechtsfolgen erforderlich ist, ist problematisch.

Zu der Einschätzung, ob der Anspruch zu befristen und/oder herabzusetzen ist, bedarf es in jedem Einzelfall einer Prognose darüber, ob ehebedingte Nachteile des Berechtigten überhaupt ausgeglichen werden können. Wenn eine Möglichkeit zur Kompensation besteht, ist vorauszusehen, innerhalb welchen Zeitraums der Berechtigte unter Berücksichtigung seines Alters, seiner Qualifikation und der Arbeitsmarktlage wieder eigenverantwortlich für seinen Unterhalt aufkommen kann.[241]

Schwierige, nachvollziehbare und seriöse Prognosen müssen ebenfalls bei der Bemessung, ob und ab wann der Anspruch nicht mehr nach dem eheangemessenen, sondern dem angemessenen Bedarf zu bewerten ist, gemacht werden. Dabei ist vorauszusehen, wie das Einkommensniveau ohne ehebedingte Nachteile aussähe und ab wann eine Herabsetzung für den Berechtigten zumutbar sei. Das Gericht muss in der Lage sein, eine umfassende Billigkeitsabwägung vorzunehmen,

---

237 OLG Celle, FamRZ 2008, 1449 ff., 1452; OLG Koblenz, BeckRS 2008, 24575.
238 Gernhuber/Coester-Waltjen, FamR, § 30 V Rdnr. 56-59.
239 Scholz, FamRZ 2003, 265 (267).
240 OLG Brandenburg, FPR 2008, 388 m. Anm. Ehinger.
241 OLG Brandenburg, FPR 2008, 388 m. Anm. Ehinger.

wofür der Sachverhalt zu den nachehelichen Unterhaltsansprüchen möglichst konkret und differenziert aufzubereiten ist.[242]

Nach der Unterhaltsrechtsreform 2008 werden die Gerichte mehr als zuvor durch die Einführung des § 1578 b BGB problematische Zukunftsprognosen erstellen müssen. Die Grundsatzfrage ist dabei, wie der Berechtigte ohne die Ehe gestellt wäre. Angebliche „Traum-Karrieren" des Berechtigten sind kritisch zu überprüfen. Je mehr die Vergangenheit und die Rollenverteilung in der Ehe berücksichtigt werden und maßgeblichen Einfluss auf die Entscheidungen erlangen, desto genauer muss der bisherige Lebenslauf der Ehegatten festgestellt werden. Dabei ist zu differenzieren zwischen „Wunschdenken" und realen Tatsachen.[243]

1. Analogie zum Fortkommensschaden

Man könnte eine Analogie für die Prognose nach § 1578 b BGB zu derjenigen des Fortkommensschadens ziehen. Beim Fortkommensschaden ist für die Bemessung eine Prognose der Zukunft vorgesehen. Der Fortkommensschaden entstammt dem Ersatz von entgangenem Gewinn. Der entgangene Gewinn wird vom Schadensersatz umfasst, §§ 249 S. 1, 252 S. 1 BGB. Im Deliktsrecht werden neben den Nachteilen für den Erwerb des Verletzten auch die Nachteile für das Fortkommen ausdrücklich genannt, § 842 BGB.[244]

Bei der Ermittlung des Fortkommensschadens geraten die Gerichte leicht in den Bereich der Spekulation.[245] Fortkommensschäden müssen möglichst individuell erfasst werden; insbesondere bei Kindern oder Jugendlichen gestaltet sich die Bestimmung schwierig. Zunächst ist festzustellen, welchen Beruf der Verletzte ergriffen und wie sich sein berufliches Fortkommen entwickelt hätte. Als Indizien können dabei eine begonnene Berufsausbildung, bisher gezeigte Leistungen, eine bestehende Familientradition, das Ergebnis der allgemeinen Schulausbildung oder die berufliche und soziale Stellung der Eltern sein. Das erzielbare Einkommen aus dem hypothetischen Beruf ist dann zu schätzen (§ 287 Abs. 1 S. 1 ZPO und § 252 BGB).[246]

Im Falle eines achtjährigen Kindes, das verletzt wurde, wurden als Indizien für dessen hypothetische berufliche Zukunft der Beruf, die Vor- und Weiterbildung der Eltern, ihre Qualifikation in der Berufstätigkeit, die beruflichen Pläne für das Kind, schulische und berufliche Entwicklungen von Geschwistern und

242 OLG Brandenburg, FPR 2008, 388 m. Anm. Ehinger.
243 Born, NJW 2008, 1 (8).
244 ADAJUR Dok. Nr. 24048.
245 Born, NJW 2008, 1 (8).
246 Medicus, DAR 1994, 442 (442); Steinert, NZV 1995, 177 (178).

seine erkennbaren Begabungen und Fähigkeiten und die Entwicklung des Kindes nach seiner Verletzung herangezogen.[247]

Spätere Veränderungen der Prognose für den Fortkommensschaden durch tatsächliche Gegebenheiten sind als Reserveursachen zu beachten. Durch eine Abänderungsklage eines vorliegenden Titels sind sie vorzutragen. Auszunehmen sind dabei die Fälle, in denen sich die Parteien verglichen haben.[248]

Vor der Abkehr vom Verschuldensprinzip im materiellen Scheidungsrecht galt die Auffassung[249], dass die Grundlage der Unterhaltsverpflichtung in einer Schadensersatzverpflichtung nach verschuldeter Scheidung zu sehen sei. Allerdings wurde diese Ansicht durch die Abkehr vom Verschuldensprinzip revidiert.

Der nacheheliche Unterhaltsanspruch basiert auf der fortwirkenden Verantwortung der Ehegatten füreinander. Dagegen gilt im Schadensersatzrecht der Grundsatz, dass der Gläubiger so zu stellen ist, wie er stünde, wenn die verletzte Pflicht ordnungsgemäß erfüllt worden wäre.[250] Im Schadensersatzrecht ist eine Pflichtverletzung Voraussetzung für einen Anspruch, wohingegen im nachehelichen Unterhaltsrecht eine gegenseitige Verantwortung der Ehegatten fortwirkt. Voraussetzungen für den nachehelichen Unterhaltsanspruch sind die Bedürftigkeit und die Leistungsfähigkeit, also schadensfremde Gesichtspunkte.

Das Unterhaltsrecht und das Schadensersatzrecht basieren auf verschiedenen Interessenlagen.

Eine Analogie ist daher nicht zu ziehen, allerdings sollten Indizien auf die Begrenzung des nachehelichen Unterhaltsanspruchs übertragen werden.

2. Große Verantwortung für die Rechtsprechung

In einem Unterhaltsprozess muss das Gericht, um den Unterhaltsanspruch zu beschränken, die zukünftige Entwicklung für die Ehegatten, in erster Linie den Unterhaltsberechtigten, vorhersehen, sodass auf dieser Grundlage der Unterhaltsanspruch ggf. beschränkt werden kann. Fraglich ist, ob eine Prognose überhaupt eine Begrenzung rechtfertigt und die Rechtsprechung dieser Aufgabe gerecht werden kann.

Schon im Ausgangsprozess müssen zumeist alle Tatsachen vorgetragen werden, die später für eine Befristung des Unterhalts Bedeutung erlangen. Das Gericht soll unter Berücksichtigung aller Umstände eine Prognose treffen.[251] Es be-

247 OLG Karlsruhe, r + s 1989, 114 (115).

248 Medicus, DAR 1994, 442 (442); Steinert, NZV 1995, 177 (178).

249 Holle, S. 19; Müller-Freienfels, S. 186.

250 BeckOK, BGB, § 280 Rdnr. 41.

251 BGH, NJW 2007, 2628 = FamRZ 2007, 1232.

steht für die Gerichte die Schwierigkeit, aus den Vorträgen der Parteien entsprechende Konsequenzen für die Zukunft zu ziehen.

Als Beispielfall könnte eine frühe Heirat, direkt nach der Schulzeit, angeführt werden, wo noch keine Berufsausbildung begonnen und durch die Betreuung der gemeinsamen Kinder bis zur Scheidung nicht aufgenommen wurde.

Wegen der Unsicherheiten über die andauernden ehebedingten beruflichen Nachteile und die Erkrankung der Unterhaltsberechtigten, deren Verlauf auch ein Sachverständiger nicht zuverlässig vorhersagen konnte, wurde der Unterhalt nicht begrenzt oder befristet.[252]

Der Anspruch auf Aufstockungsunterhalt wurde nicht nach § 1578 b Abs. 1 BGB herabsetzt, weil sich die erforderliche Prognose nicht treffen ließ, ob und ggf. wann die zukünftige Entwicklung des Unterhaltsberechtigten dazu führt, dass der Unterhaltsberechtigte selbst seinen Lebensunterhalt erwirtschaften und dann der Unterhaltsanspruch der Höhe nach begrenzt werden kann. [253]

Eine Befristung des Unterhaltsanspruchs kommt nicht in Betracht, weil der Unterhaltsberechtigte bei Abschluss des Vergleichs über die Scheidungsfolgen nur in Teilzeit berufstätig und die weitere berufliche Entwicklung nicht abzusehen war. Eine Prognose darüber, ob der Unterhaltsberechtigte jemals eine Vollzeitstelle erhalten würde und auf diese Weise die ehebedingten Nachteile vollständig und auf Dauer würde ausgleichen können, war nicht zu treffen.[254]

Der Unterhaltsanspruch wird nach § 1578 b Abs. 2 BGB auf drei Jahre befristet, weil Nachteile wegen der Eheschließung nicht ersichtlich waren. Bei dem Unterhaltsberechtigten haben sich psychische Probleme und körperliche Einschränkungen während der Ehe gezeigt. Laut amtsärztlichem Ergänzungsgutachten des Gesundheitsamtes ist die gesundheitliche Prognose als günstig einzuschätzen. Der erfolglos unternommene Versuch einer Verselbstständigung hat allerdings gezeigt, dass es noch erheblicher Anstrengungen zum Führen eines eigenständigen Lebens ohne Unterstützung für den Unterhaltsberechtigten bedarf.[255]

Wenn ein Anspruch auf künftig fällig werdende Unterhaltsleistungen für eine bestimmte Zeit zugesprochen und erst ab einem in der Zukunft liegenden Zeitpunkt aberkannt wird, kann dieser mit einer Abänderungsklage nach § 323 ZPO geltend gemacht werden. Die dem Urteil zugrunde gelegten zukünftigen Verhältnisse müssen tatsächlich anders eingetreten sein, als in der früheren Prognose

252 OLG Schleswig, NJW 2009, 1216 (1218).
253 OLG Brandenburg, FPR 2008, 388 (393).
254 OLG Stuttgart, BeckRS 2009, 04683 (Urteil vom 20.8.2008 – 18 UF 256/07).
255 OLG Frankfurt a.M., BeckRS 2008, 20041 (Urteil vom 13.8.2008 – 5 UF 185/07).

angenommen wurde[256] oder wenn im Zeitpunkt der Erstentscheidung eine sichere Prognose nicht möglich war.[257]

Fraglich ist, ob die Gerichte überhaupt in der Lage sind, eine Prognose zu stellen. Einen sicheren Lebensverlauf des Unterhaltsberechtigten werden die Gerichte wohl nicht voraussehen können, denn der Verlauf zur Eigenverantwortung ist nicht allein von der Person des Unterhaltsberechtigten, sondern auch von äußeren Einflüssen abhängig, wie z.B. der Lage auf dem Arbeitsmarkt. Man kann lediglich nach bestem Gewissen mutmaßen, wie sich das Leben für den Unterhaltsberechtigten nach der Scheidung entwickeln könnte. Erfahrungswerte können der Prognose zugrunde gelegt werden; dennoch gleicht ein Lebensverlauf selten einem anderen. Die Unvorhersehbarkeit nimmt zu, je länger der Verlauf prognostiziert werden soll und je unerprobter die berufliche Ausbildung des Unterhaltsberechtigten ist.

Zudem hat sich die gerichtliche Entscheidungspraxis noch nicht gefestigt. Die Rechtsprechung wendet § 1578 b BGB zurückhaltend an. Dies ist wohl auf die schwierige Stellung der Prognose zurückzuführen. Meist wird eine Prognose für zu vage gehalten, um darauf eine Befristung oder Begrenzung zu stützen. Darum tut die Rechtsprechung wohl gut daran, den § 1578 b BGB zurückhaltend anzuwenden.

Die Rechtsprechung kann der Aufgabe in Form der Stellung einer Prognose, aufgrund welcher der Unterhalt beschränkt wird, nur schwerlich gerecht werden.

3. Einführung einer Ausübungskontrolle

Die Rechtsprechung könnte nun starre Vorgaben, beispielsweise eine stufenweise Staffelung von Berufen und Einkommen festsetzen, doch dies wird wohl kaum dem Einzelfall gerecht.

Ein Lösungsansatz für die Begrenzung des Unterhaltsanspruchs, ohne dass das Gericht eine vage Prognose treffen müsste, könnte eine Ausübungskontrolle wie bei Eheverträgen sein.

Bei Eheverträgen hat der Bundesgerichtshof[258] eine zweistufige Inhaltskontrolle entwickelt: Auf der ersten Stufe steht die Wirksamkeitskontrolle und auf der zweiten die Ausübungskontrolle.[259]

---

256 Pauling, in: Wendl/Staudigl, § 4 Rdnr. 46.

257 BGH, NJW 2000, 3789 = FamRZ 2000, 1499; OLG Düsseldorf, NJW-RR 1996, 1348 = FamRZ 1996, 1416.

258 BGH, NJW 2004, 930, (935); NJW 2005, 137 (138); NJW 2005, 2386 (2388); NJW 2006, 2331 (2333); NJW 2006, 3142 (3144); FamRZ 2007, 1310 (1311).

259 BeckOK/Mayer, BGB, § 1408 Rdnr. 30.

Auf der ersten Stufe wird geprüft, ob eine einseitige Lastenverteilung bereits im Zeitpunkt des Zustandekommens der Vereinbarung vorlag. Diese müsste zudem offenkundig gewesen sein und im Scheidungsfall gegen die guten Sitten i.S.d. § 138 Abs. 1 BGB verstoßen. Bei dieser Wirksamkeitskontrolle werden die individuellen Verhältnisse der Ehegatten insgesamt im Zeitpunkt des Vertragsschlusses gewürdigt.[260]

Nach der Wirksamkeitskontrolle wird in einem zweiten Schritt anhand von § 242 BGB die Ausübung kontrolliert. Dabei wird geprüft, ob und inwieweit die Rechtsmacht missbraucht wurde, die dem einen Ehegatten zu Lasten des anderen durch den Vertrag eingeräumt wurde. Entscheidend ist es in dem Fall, in dem der bevorteilte Ehegatte sich auf die gesetzliche Scheidungsfolge beruft, die im Vertrag gegenüber dem anderen Ehegatten wirksam vereinbart wurde. Es ist dabei auf die aktuellen Verhältnisse abzustellen, die im Zeitpunkt der Trennung der Partnerschaft herrschten. Die Belange des anderen Ehegatten, der durch die offenkundig einseitige Lastenverteilung durch den Vertragsschluss über die Folgen der Scheidung benachteiligt ist, und sein Vertrauen in den geschlossenen Vertrag sind zu schützen. Dabei ist die Rangordnung der Unterhaltsansprüche nach der Kernbereichstheorierechtsprechung des Bundesgerichtshofs[261] zu beachten. Einer hochrangigen, vertraglich ausgeschlossenen und nunmehr begehrten Scheidungsfolge müssen schwerwiegende Gründe entgegenstehen.[262] In die Abwägung fließen Verschuldensgesichtspunkte ein, die allerdings im Falle ehebedingter Nachteile zurücktreten.[263] Für eine einseitige Lastenverteilung spricht, wenn die tatsächlich gelebte Rollenverteilung während der Ehe nicht mit der Lebensplanung übereinstimmt, auf der der Vertrag basiert. Gleiches gilt, wenn der eine Ehegatte in der Ehe krank wird.[264]

Sofern die vereinbarte ehevertragliche Regelung die Ausübungskontrolle nicht besteht, ist sie nicht gleichsam unwirksam, sondern die Rechtsfolgen werden dem Ausgleich der berechtigten Belange beider Parteien geltungserhaltend in der tatsächlich eingetretenen Situation reduziert.[265]

Im Zeitpunkt der Scheidung soll ein Punkt in der Zukunft festgelegt werden, an dem der Unterhaltsanspruch nach § 1578 b BGB begrenzt werden soll. Dadurch entstehen zahlreiche Schwierigkeiten, weil die Zukunft nicht vorhergese-

260 BGH, NJW 2004, 930, (935); NJW 2005, 137 (138); NJW 2005, 2386 (2388); NJW 2006, 2331 (2333); NJW 2006, 3142 (3144); FamRZ 2007, 1310 (1311).

261 BGH, FPR 2004, 209 = NJW 2004, 930 = FamRZ 2004, 601.

262 BeckOK/Mayer, BGB, § 1408 Rdnr. 39.

263 BGH, NJW 2004, 930; NJW 2005, 2386 (2388); NJW 2005, 2391 (2392); NJW 2006, 3142 (3144).

264 BGH, FamRZ 2008, 582 (586) = NJW 2008, 1080.

265 BeckOK/Mayer, BGB, § 1408 Rdnr. 39 f.

hen werden kann. Besser wäre es daher, im Wege einer Ausübungskontrolle auf die aktuellen Verhältnisse abzustellen. Eine evident einseitige Lastenverteilung aufgrund einer Beschränkung des Unterhaltsanspruchs könnte auf diesem Weg der Situation angepasst werden.

Durch eine Abänderungsklage können die Parteien verlangen, dass die rechtskräftige Unterhaltsfestsetzung angepasst wird (§ 654 Abs. 1 ZPO). Somit besteht die Möglichkeit, dass eine Befristung des nachehelichen Unterhaltsanspruchs nach § 1578 b BGB angeglichen wird. Anders als die Abänderungsklage würde die Ausübungskontrolle nur an Voraussetzungen des § 242 BGB gebunden sein und eine Berichtigung oder Auslegung einer gestellten Prognose dem Gericht zugestehen.

Die Abänderungsklage ist nach Zeitablauf bei einer Befristung unzulässig, denn der Unterhaltsanspruch kann nach einer Befristung gem. § 1578 b BGB nicht wieder aufleben, auch wenn ein Anschlussunterhalt geboten wäre. Das Gericht kann in einem Fall, in dem es den Unterhaltsanspruch gem. § 1578 b Abs. 2 BGB befristet hat, diese Frist nicht nach deren Ablauf berichtigen. Wenn sich die gestellte Prognose nicht bewahrheitet hat und sich der Verlauf womöglich grundlegend anders darstellt, wäre der Unterhaltsanspruch trotzdem entfallen. Demgegenüber könnte bei Anwendung einer Ausübungskontrolle die gerichtliche Prognose angepasst werden.

Abzuwägen ist diese fortlaufende Anpassung mit dem Interesse des Verpflichteten an einer möglichst geringen und kurzen Unterhaltslast und Planungssicherheit bei einer gerichtlich abgeurteilten Unterhaltsregelung insbesondere, wenn die Unterhaltsverpflichtung bereits zeitlich abgelaufen ist. Dennoch führt die Beurteilung der konkreten Lebenssituation für den Berechtigten als auch für den Verpflichteten zu gerechten Ergebnissen im Gegensatz zu einer vagen Zukunftsprognose. Bei einer vagen Zukunftsprognose kann sowohl der Berechtigte zu wenig oder zu kurze Zeit Unterhalt erhalten, sodass er dann auf staatliche Unterstützung angewiesen ist, als auch der Pflichtige zu hohe oder zu lange Zeit Unterhaltsleistungen erbringen, weil der Berechtigte z.B. schnell einen Einstieg ins Berufsleben findet und seinen Lebensbedarf erwirtschaften kann.

4. Fazit

Eine Prognose ist umso schwieriger, desto weniger der zu prognostizierende Lebensweg des Berechtigten vor der Ehe beschritten wurde. Das Erstellen einer Prognose ist eine zu große Verantwortung für die Rechtsprechung, denn die Grenze der Folgerung aus Indizien ist schnell erreicht.

Demgegenüber würde eine Art der Ausübungskontrolle auch nach Wegfall des Unterhaltsanspruchs eine Möglichkeit der Anpassung bieten. Ihre Anwendung ist daher der vorzugswürdige Weg.

IV. Spezielle Problemsituationen der Anwendung von § 1578 b BGB

Bei der Anwendung von § 1578 b BGB ergeben sich ausgewählte Einzelfragen. Gesetzgeberisches Ziel des § 1578 b BGB ist es, die Ausweitung der Herabsetzungs- und Begrenzungsmöglichkeiten und die Berücksichtigung der ehebedingten Nachteile zum Schutz des Berechtigten als widerstreitende Interessen in Einklang zu bringen.

1. Erforderlichkeit von Übergangsfristen

Fraglich ist, ob Übergangsfristen erforderlich sind oder ob man den Unterhaltsanspruch sofort ab Rechtskraft der Scheidung befristen kann.

Das OLG Hamm[266] hat zu § 1573 Abs. 5 BGB a.F. entschieden, dass nicht zwingend eine Übergangsfrist eingeräumt werden müsse. Der Unterhaltsanspruch wurde ab Zeitpunkt der Scheidung befristet und somit faktisch versagt. § 1578 b BGB schreibt im Gegensatz zu § 1579 Abs. 1 BGB nur eine zeitliche Begrenzung und keine Versagung des Unterhaltsanspruchs fest. Allerdings bedeutet dies nicht, dass dem Unterhaltsbedürftigen in jedem Fall Aufstockungsunterhalt für eine Übergangszeit zusteht, wenn die Voraussetzungen des § 1578 b BGB vorliegen. Eine Unterhaltsbegrenzung auf den angemessenen Lebensstandard, den der Berechtigte ohne die Ehe erwirtschaftet hätte, ist anzunehmen, wenn die Ehe nur zwei Jahre und acht Monate bestand. Vor der Ehe hatte der Berechtigte mit seinen monatlichen Dienstbezügen über ein auskömmliches Einkommen verfügt, was sich während der Ehezeit sogar durch eine Beförderung noch erhöhte. Durch die Übergangszeit soll sich der Berechtigte auf seine persönlichen und finanziellen Verhältnisse einstellen können, die er selbst ohne die Ehe hätte erwirtschaften können. Das bedeutet im Gegenzug ein Verzichtenlernen auf den Standard nach den ehelichen Lebensverhältnissen i.S.d. § 1578 Abs. 1 BGB. In diesem Fall war der Lebensstandard in der Ehe sogar anfangs niedriger, sodass das Bedürfnis für eine Übergangszeit nicht zu erkennen ist.[267]

Die Übergangszeit zwischen dem Wegfall der ehebedingten Nachteile und dem Wegfall des Aufstockungsunterhalts richtet sich nach der Zeit, die der be-

---

266 OLG Hamm, FamRZ 2009, 50 = BeckRS 2009, 03997.

267 OLG Hamm, FamRZ 2009, 50 = BeckRS 2009, 03997.

dürftige Ehegatte zur Einstellung auf die neue Situation mit der Kürzung des eheangemessenen Unterhalts benötigt. Diese Zeit lässt sich laut Bundesgerichtshof nicht unmittelbar nach der Dauer der Ehe bestimmen.[268] Dies werde auf der Basis der Ehedauer und nach allen Umständen des Einzelfalls bewertet.[269] In einigen Fällen kann daher die Übergangszeit entfallen.

Dagegen spricht jedoch der Wortlaut des § 1578 b Abs. 2 BGB. Eine sofortige Befristung des Unterhalts indiziert, dass jedenfalls zunächst – zumindest für einen kurzen Zeitraum – nach Rechtskraft der Scheidung Unterhalt geschuldet wurde.[270]

Auch Sinn und Zweck der Norm, die durch die Unterhaltsrechtsreform 2008 eingeführt wurde, stehen einer sofortigen Befristung entgegen. Ziel ist es, den Anspruch auf nachehelichen Unterhalt leichter begrenzen zu können. Allerdings soll der Unterhaltsanspruch nicht von vornherein ausgeschlossen werden. Durch § 1578 b BGB wird eine Ausnahme von einer unbefristeten und unbegrenzten Unterhaltsgewährung gemacht.[271] Um diese Kürzung auch für den Unterhaltsberechtigten zumutbar zu machen, ist ihm eine Übergangszeit einzuräumen.[272]

Damit eine Versagung des Unterhaltsanspruchs vorliegt, dürften die Unterhaltsvoraussetzungen nicht gegeben sein. Dennoch ist dem Unterhaltsbedürftigen eine Übergangszeit trotz fehlender Voraussetzung einzuräumen, um ihm eine Einstellung auf den gekürzten Unterhalt zu ermöglichen. In der Regel ist eine sofortige Befristung nicht zulässig. Dennoch gibt es sowohl entgegen dem Wortlaut als auch entgegen Sinn und Zweck des § 1578 b BGB einzelne Ausnahmen. Dies hätte durch die Unterhaltsrechtreform klargestellt werden müssen.

2. Pflicht der Rückkehr in das Herkunftsland

Ein Problem bei der Anwendung des § 1578 b BGB ergibt sich für den Fall, in dem der Unterhaltsberechtigte wegen des Pflichtigen nach Deutschland gekommen und dem nun nach der Scheidung der angemessene Unterhalt zusteht. Der Pflichtige könnte verlangen, dass der Berechtigte wieder in sein Herkunftsland zurückkehrt, um Unterhalt zu sparen, wenn in dem Herkunftsland des Berechtigten die Lebenshaltungskosten geringer sind.

Eine Pflicht des Unterhaltsberechtigten, nach einer Scheidung der kinderlosen Ehe, um Unterhalt zu sparen, in sein Herkunftsland Georgien zurückzukehren,

268 BGH, FamRZ 2008, 134 (135).
269 OLG Hamm, FamRZ 2009, 50 = BeckRS 2009, 03997.
270 OLG Bremen, NJW 2009, 373 = OLG-Report 2008, 942.
271 BGH, NJW 2008, 2644 = FamRZ 2008, 1508 (1510).
272 BGH, NJW 2008, 2644 = FamRZ 2008, 1508 (1511).

wurde in dem Fall[273] einer Dirigentin, die wegen des Pflichtigen zehn Jahre in Deutschland lebte, nicht bejaht. Ihr wurde ein Unterhaltsanspruch bis zur Rente zugesprochen.

Als Beispielsfall könnte man den Fall einer Thailänderin bilden, die für die Ehe nach Deutschland gekommen ist, weil der deutsche Mann sie geheiratet hatte in der Hoffnung, dass binationale Partnerschaften mit Frauen aus anderen Ländern stabiler sind.

Wenn man den Ansatz, dass der Berechtigte so zu stellen ist, als wäre er nicht verheiratet gewesen, verfolgt, müsste man daraus schließen, dass dem Berechtigten eine Rückkehr in das Heimatland zuzumuten ist. Denn in dem Fall der Thailänderin ist sie wegen der Ehe nach Deutschland gekommen. Wäre sie also nicht verheiratet gewesen, hätte sie vermutlich weiter in Thailand gelebt.

Man kann dagegen die Ansicht vertreten, dass das Leben in Deutschland ehebedingt ist. Somit ist als ehebedingter Nachteil dem Berechtigten das Verlassen des Heimatlandes auszugleichen. Fraglich ist jedoch, wie sich der eheliche Nachteil im Falle der Thailänderin, die nach Deutschland kommt, bemisst oder ob das Kommen nach Deutschland einen ehelichen Vorteil darstellt.

Auch eine Ehe, die hauptsächlich als Motiv des einen Partners ein besseres Leben in Deutschland ermöglichen sollte, billigt nicht eine Rückkehr in das Herkunftsland, um Unterhalt zu sparen.

Man könnte bei der Bewertung der Frage nach der Unterhaltsersparnis durch die Rückkehr in das Heimatland des Berechtigten entscheidend auf die Ehedauer abstellen. Bei einer Ehe von kurzer Dauer kann man annehmen, dass der Berechtigte noch nicht in Deutschland verwurzelt ist. Dagegen ist bei der langen Ehedauer darauf zu schließen, dass Deutschland für den Unterhaltsberechtigten zu seinem Heimatland geworden ist und er sich auch ein heimisches Umfeld aufgebaut hat.

Durch diese Einschätzungen greift man tief in die Privatsphäre des Berechtigten ein und stößt auf erhebliche Bewertungsschwierigkeiten. Es ist nicht möglich festzustellen, ob ein Heimatgefühl zu Deutschland besteht.

Man kann ebenso den umgekehrten Fall bilden und sich auf den Standpunkt stellen, dass eine Frau aus Dänemark einen Anspruch auf 25% höheren Unterhalt hat, denn die Lebenshaltungskosten in Dänemark sind 25% höher als die in Deutschland, wenn sie nach der Scheidung in ihr Heimatland zurückkehrt und unterhaltsberechtigt ist. In diesem Fall müsste man wohl von einem ehelichen Vorteil für den Pflichtigen ausgehen, der während seiner Ehe durch geringere Lebenshaltungskosten in Deutschland gespart hat.

---

273 Margarete Fabricius-Brand, Anwältin in Hannover, zitiert in: Focus v. 23.3.2009, S. 42.

Die Frage des Heimatlandes und eine individuelle Empfindung jedes Einzelnen sind nicht zu bestimmen. Bei dem tiefen Eindringen in die Privatsphäre versagen die Festsetzungskriterien.

Eine Pflicht des Unterhaltsberechtigten, um Unterhalt zu sparen nach einer Scheidung in sein Herkunftsland zurückzukehren, ist abzulehnen.

3. Ehebedingte Nachteile wegen Ausübung eines anderen als den erlernten Berufs

Als problematisch ist der Fall zu beurteilen, in dem keine ehebedingten Nachteile angenommen werden, weil über Jahre hinweg in der Ehe ein anderer als der vorehelich erlernte Beruf ausgeübt wurde.[274]

Einer schwer an Krebs erkrankten, nicht erwerbsfähigen 60-jährigen Frau wurde zwar unbefristet Krankheitsunterhalt nach 23-jähriger Ehe zugesprochen, [275] der eheangemessene Bedarf wurde allerdings auf sechs Jahre ab Rechtskraft der Scheidung begrenzt. Danach wurde ein angemessener Bedarf, auf den ihre eigenen Einkünfte anrechenbar waren, bestimmt. Hinzu kam, dass der Pflichtige in überdurchschnittlich guten wirtschaftlichen Verhältnissen lebt, in der Ehe studierte und im Beruf erfolgreich tätig war. Die Ehefrau hatte auf Lehramt studiert. Nachdem sie das Referendariat abgeschlossen hatte, hatte sie sich vergeblich um eine Anstellung im Schuldienst bemüht. Sie hat darauf mehrere Jahre nicht gearbeitet, weil sie die beiden Kinder betreute. Das eine Kind war behindert und starb im Alter von neun Jahren. Danach arbeitete die Ehefrau als Drehbuchautorin und nach der Trennung als Lehrerin bis zu ihrer Erkrankung. Aufgrund der Erkrankung kam es allerdings nicht zu einer Festanstellung. Bei der Ermittlung des angemessenen Lebensbedarfs wurde auf erzielbare Einkünfte der Frau als Drehbuchautorin abgestellt, weil sie diese Tätigkeit über viele Jahre während der Ehe ausübte, insbesondere nach der Kinderbetreuung.[276]

Das Abstellen auf ihre Tätigkeit als Drehbuchautorin bei der Ermittlung des angemessenen Lebensbedarfs ist problematisch. Die ehelichen Lebensverhältnisse werden nicht hinreichend berücksichtigt, wenn man maßgeblich auf das erzielte Einkommen als Drehbuchautorin bei der Ermittlung der ehebedingten Nachteile abstellt, denn die Berechtigte hätte die Befähigung gehabt, als Lehrerin zu arbeiten. So ist von dem hypothetisch erzielten Verdienst als Lehrerin auszugehen.

Einzubeziehen ist in diesem Fall, dass sie zunächst keine Anstellung als Lehrerin fand und somit nicht nur ehebedingt auf eine Anstellung als Lehrerin ver-

---

274 Ehinger, FPR 2009, 105 (107).

275 OLG Frankfurt a.M., ZFE 2008, 430 = BeckRS 2008, 20036; Born, FPR 2009, 138.

276 OLG Frankfurt a.M., ZFE 2008, 430 = BeckRS 2008, 20036; Born, FPR 2009, 138.

zichtet hat. Ein Wiedereinstieg in eine vor der Ehe erlernte Tätigkeit ist nur unter erschwerten Bedingungen möglich. Somit hat die Frau, indem sie nach der Trennung als Lehrerin gearbeitet hat, unter Beweis gestellt, dass sie an dem Beruf der Lehrerin festhielt. Lediglich die Erkrankung verhinderte die Festanstellung als Lehrerin. Daher kann man ihr Studium des Lehramts und ihren Beruf als Lehrerin bis zur Erkrankung bei der Ermittlung des angemessenen Lebensbedarfs nicht unberücksichtigt lassen.

Als Vergleichsfall könnte man eine Ehe anführen, in der beide Partner gleichermaßen erwerbstätig sind, wobei der eine Ehegatte in seiner Erwerbstätigkeit wegen arbeitsmarktbedingten Nachteilen eingeschränkt ist. In diesem Fall beruhen die Einschränkungen in der Erwerbstätigkeit, die der eine Ehegatte erfährt, auf äußeren Einflüssen. Die Nachteile sind nicht darin begründet, dass der Ehegatte wegen einer ehelichen Absprache seine Erwerbstätigkeit beschränkt.

Die berufliche Pause in den für die Karriere entscheidenden Jahren (typischerweise zwischen 30 und 40 Jahren), die durch die vorübergehende Kinderbetreuung in der Ehe für den einen Ehegatten entsteht, wirkt sich vor allem im Nachhinein aus. Ein Arbeitgeber bevorzugt die im Berufsleben Verbliebenen wegen ihrer Erfahrungen, wobei bei einfacheren Tätigkeiten eine Wiederaufnahme des Berufs eher in Betracht kommt.[277] Selbst wenn der Unterhaltsberechtigte seinen Beruf nach der Scheidung wiederaufnehmen und seinen Lebensunterhalt selbstständig erwirtschaften kann, ist er doch durch die Berufspause wegen der Kinderbetreuung oder Haushaltsführung während der Ehe beeinträchtigt. Diese Nachteile sind nicht unmittelbar als ehebedingt erkennbar, aber sie sind als solche auszugleichen.

Die berufliche Beschäftigung des die Kinder betreuenden Ehegatten richtet sich zumeist nach den Belangen der Familie. Daher gibt die Dauer einer in der Ehe ausgeübten Tätigkeit nicht unbedingt Aufschluss über das Vorliegen ehebedingter Nachteile.[278] Obwohl der bedürftige Ehegatte gearbeitet hat, hat er seine berufliche Tätigkeit auf die Bedürfnisse der Familie abgestimmt und somit Nachteile erlitten. In diesen Fällen sind die ehebedingten Nachteile nicht kausal überprüfbar.

Nach einer Scheidung soll der Bedarf auf der Basis des eigenen Lebensstandards vor der Ehe ggf. nach einer Übergangszeit selbst erwirtschafteten Einkommens bemessen werden. Durch den Leitsatz der Unterhaltsrechtsreform werden insbesondere gut ausgebildete Frauen benachteiligt. Ehemänner tun gut daran, um ehebedingte Nachteile zu vermeiden, ihre Ehefrauen in Bezug auf de-

277 Büttner, FamRZ 2007, 773 (775).
278 Ehinger, FPR 2009, 105 (107).

ren Selbstverwirklichung beruflicher Natur zu unterstützen.[279] Frauen, die eine gute Ausbildung genossen haben und eine längere Pause für die Kinderbetreuung und Haushaltsführung einlegen, wird ein beruflicher Widereinstieg, gerade in eine höhere Position, schwer gemacht. Selbst wenn die Frau in der Ehe oder nach der Scheidung ihre Berufstätigkeit wieder aufnimmt, bleibt die Pause als Nachteil bestehen. Auch wenn sie selbst ihren Lebensbedarf nach der Scheidung erwirtschaften kann, hat sie ehebedingte Nachteile erlitten, die eines Ausgleichs bedürfen.

Es ist davon ausgehen, dass nur bei kinderlosen Doppelverdienerehen, in denen die Frau nicht pausiert hat, keine ehebedingten Nachteile anzunehmen sind.

4. Fazit

Bei der Anwendung des § 1578 b BGB ist keine klare Linie in der Rechtsprechung zu erkennen. Dies zeigt sich besonders an den dargestellten Problemsituationen. Eine klare Linie ist allerdings auch nicht abzusehen.

V. Darlegungs-, Beweislast und Zeitpunkt des Vortragens im Rahmen des § 1578 b BGB

Durch die Einführung des § 1578 b BGB hat sich die Darlegungs- und Beweislast nicht geändert.[280] Der Unterhaltspflichtige hat die Tatsachen darzulegen und zu beweisen, die eine Begrenzung oder Befristung begründen. Wenn die für die Billigkeitsabwägung maßgeblichen Gesichtspunkte unstreitig sind, ist die Billigkeitsprüfung unabhängig davon vorzunehmen, ob der Pflichtige sich darauf beruft oder nicht. Der Unterhaltsberechtigte muss darlegen und beweisen, was der Grund für seine Bedürftigkeit ist und was gegen eine Begrenzung oder Befristung spricht.[281] Die Schwierigkeiten bei dieser Darlegungs- und Beweisführung nehmen mit Dauer der Ehe zu.[282]

Wenn die Erwerbstätigkeit länger unterbrochen, nicht in Vollzeit, im erlernten oder im vor der Ehe ausgeübten Beruf gearbeitet wurde, ist auch in der Regel die Darlegungs- und Beweislast in diesen Fällen problematisch.[283] In diesen Fällen ergeben sich Nachteile für die berufliche Entwicklung. Insbesondere Frauen

279 Born, NJW 2008, 1 (8).

280 Strohal, jurisPR-FamR 2/2008 Anm. 1.

281 BGH, FPR 2008, 48 m. Anm. Fiedler = NJW 2008, 151 = FamRZ 2008, 134; Strohal, jurisPR-FamR 2/2008 Anm. 1; Gutdeutsch, in: Wendl/Staudigl, § 4 Ehegattenunterhalt, Rdnr. 579.

282 Böger, FPR 2009, 71 (75).

283 Ehringer, FPR 2009, 105 (106).

üben im Familieninteresse Teilzeitbeschäftigungen aus und sind in Beförderungsstellen signifikant unterrepräsentiert.[284] Diese Nachteile darzulegen ist äußerst schwierig.

Der Unterhaltspflichtige muss Tatsachen vortragen, die ehebedingte Nachteile widerlegen. Dies könnte beispielsweise der Umstand sein, dass der Berechtige Vollzeit erwerbstätig ist in seinem erlernten Beruf, den er auch vor der Ehe ausgeübt hatte. Dies würde eine Beschränkung des Unterhalts rechtfertigen, denn die Einkommensdifferenz basiert dann nicht auf ehebedingten Nachteilen, sondern auf unterschiedlicher beruflicher Qualifikation. Die Darlegungs- und Beweislast des Unterhaltsberechtigten umfasst die Tatsachen, die gegen eine Begrenzung sprechen oder eine lange Übergangszeit indizieren,[285] was der Fall wäre, wenn ehebedingte Nachteile auszugleichen wären, die z.B. durch eine andere oder teilzeitige Erwerbstätigkeit entstanden sind.

Eine längere Pausierung im Beruf oder eine Teilzeittätigkeit durch die Rollenverteilung in der Ehe führt in der Regel zu ehebedingten Nachteilen. Es ist unbillig, dem Unterhaltsberechtigten auch noch die Darlegungs- und Beweislast aufzuerlegen, obwohl die Tatsachen sich in seinem Lebenslauf und damit in seiner Sphäre zeigen.

Zumindest ist eine Beweiserleichterung dahingehend zu fordern, dass es genügt, wenn der Berechtigte darlegen kann, vor der Unterbrechung seiner beruflichen Tätigkeit eine Stellung erlangt zu haben, die er jetzt nicht mehr habe.[286] Es ist unzulässig, überspannte Anforderungen an die Darlegungs- und Beweislast zu stellen.

Bei Nachteilen für die berufliche Entwicklung durch Pausierung oder teilweise Ausübung des Berufs wegen der ehelichen Rollenverteilung ist eine Indizwirkung für ehebedingte Nachteile anzunehmen, die vom Verpflichteten zu widerlegen ist.

VI. Abänderung bestehender Unterhaltstitel

Wenn Umstände vorausgesehen werden können, die den Unterhaltsanspruch nach § 1578 b BGB zeitlich begrenzen oder beschränken, müssen diese durch den Pflichtigen schon im Hauptverfahren vorgebracht werden. Kommt der Verpflichtete dem nicht nach, so kann die Entscheidung über eine Unterhaltsbegren-

284 BMFSFJ, Gender Datenreport, Kap. 5 (http://www.bmfsfj.de/bmfsfj/generator/Publikationen/genderreport/5-vereinbarkeit-von-familie-und-beruf.html).

285 BGH, FPR 2008, 48 m. Anm. Fiedler = NJW 2008, 151 = FamRZ 2008, 134 (136).

286 BGH, FamRZ 2008, 1329 (1330) m. Anm. Borth.

zung nicht im Rahmen einer Abänderungsklage nachgeholt werden.[287] In diesem Fall ist er mit dem entsprechenden Vortrag nach § 323 Abs. 2 ZPO präkludiert.[288]

Hat umgekehrt ein Gericht den Unterhalt nach § 1578 b BGB befristet oder beschränkt und erweist sich diese Prognose in der Zukunft als falsch, so bleibt eine Abänderungsmöglichkeit wegen der häufigen Unsicherheit von Zukunftsprognosen.[289]

Fraglich ist, ob Unterhaltsberechtigter oder -pflichtiger die Tatsachen darlegen und beweisen muss. Ebenso lässt sich hier argumentieren, dass trotz der verstärkten Anforderungen an die Selbstverantwortlichkeit des Unterhaltsberechtigten der Pflichtige das Zutreffen der Prognose darzulegen und zu beweisen hat.

Eine Präklusion für bestehende Titel scheidet im Hinblick auf die Anrechnungs- /Differenzmethode und vor allem die erweiterte Begrenzungsmöglichkeit hinsichtlich der Ehedauer nach dem § 1573 Abs. 5 BGB a.F. ab dem Zeitpunkt der Änderung der Rechtsprechung aus.[290]

Eine Abänderung bestehender Titel regelt § 36 EGZPO. Nach § 36 Nr. 2 EGZPO ist die Präklusionsvorschrift des § 323 Abs. 2 ZPO für Tatsachen nicht anzuwenden, welche durch das neue Recht maßgeblich geworden sein. Dies ist der Fall, wenn es sich um erstmalige Titeländerungen handelt.[291] Daher ist ein bestehender Titel abzuändern, wenn die Voraussetzungen des § 1578 b BGB nun vorliegen.

Maßgeblich abzustellen ist darauf, ob ehebedingte Nachteile absehbar sind. Bei der Begrenzung des nachehelichen Unterhalts nach § 1578 b BGB muss billigerweise der Zeitpunkt nicht schon erreicht sein, an dem die Voraussetzungen für den Unterhaltsanspruch nicht mehr vorliegen. Im Zeitpunkt der Hauptsachenentscheidung können relevante Tatsachen bereits zuverlässig prognostiziert werden oder bereits eingetreten sein. Eine Begrenzung ist dann nicht in einem späteren Abänderungsverfahren nach § 323 Abs. 2 ZPO anzustreben, sondern kann schon im Ausgangsverfahren bestimmt werden.[292]

In dem Fall, in dem eine Entscheidung rechtskräftig ist, finden vorgetragene Tatsachen, die bereits im Ausgangsverfahren eine Herabsetzung oder Befristung gerechtfertigt hätten und schon eingetreten oder zuverlässig vorauszusehen waren, in einem späteren Abänderungsprozess keine Berücksichtigung mehr.[293]

287 Triebs, FPR 2008, 31 (35).

288 BGH, NJW 2004, 3106; NJW 2007, 1961; FPR 2008, 48 m. Anm. Fiedler = NJW 2008, 151.

289 BGH, FamRZ 1984, 353; NJW 2005, 142.

290 BGH, NJW 2007, 1961.

291 BT-Drucks. 16/1830, S. 34.

292 BGH, FPR 2008, 379 (383) m. Anm. Schwolow.

293 OLG Brandenburg, FPR 2008, 388 m. Anm. Ehinger.

Der Bundesgerichtshof[294] hat offengelassen, ab welchem Zeitpunkt man mit einer Zurückweisung des Vortrags aufgrund verspäteten Vorbringens rechnen muss.

Es ist jedoch nahezu unmöglich, alle Tatsachen im Erstverfahren vorzutragen, denn die Befristung oder Beschränkung des Unterhalts ist abhängig von unzähligen Einzelumständen. Wenn man z.B. bei einer 20-jährigen Ehe alle Tatsachen vortragen soll, besteht die Möglichkeit, dass man einzelne Aspekte vergisst – gerade wenn man davon ausgeht, dass sich manche Aspekte, die für eine Prognose wichtig sind, erst in der Zukunft erschließen und dann auswirken.

VII. Vertragsgestaltung eines Ehevertrages bzgl. § 1578 b BGB

Ein Ehevertrag kann Konflikte bei einer Scheidung vermeiden, weil die Ehegatten ihre Vorstellungen schriftlich fixieren können. Gerade zur Vermeidung von der Anwendung des § 1578 b BGB ist diese Gestaltungsmöglichkeit entscheidend.

Zur Gestaltung eines Ehevertrags für die Vermeidung eines Konflikts bei der Scheidung über die Regelung des nachehelichen Unterhalts, bezogen auf § 1578 b BGB für das Beispiel einer Ehefrau, die bis zur Geburt des gemeinsamen Kindes als Krankenschwester berufstätig war, sollte ein Formulierungsvorschlag für eine Präambel wie folgt lauten:

> „Für den nachehelichen Ehegattenunterhalt gelten grundsätzlich die gesetzlichen Bestimmungen, jedoch mit der Maßgabe, dass der Unterhaltsbedarf der Ehefrau nach oben auf den Betrag begrenzt wird, der sich errechnet, wenn als Maß des nachehelichen Unterhalts nicht die ehelichen Lebensverhältnisse, sondern jeweils die Einkommensverhältnisse einer Krankenschwester im öffentlichen Dienst nach der für das jeweilige Alter der Ehefrau einschließlich etwaiger Kinderzuschläge zugrunde gelegt werden. Hierbei handelt es sich um einen Bruttobetrag; das bedeutet, dass bei der Ermittlung des Unterhaltsbedarfs jeweils ein Betrag abzuziehen ist, der den Anwendungen für Steuer und Versicherung unter Berücksichtigung der persönlichen Verhältnisse der Ehefrau zu zahlen wäre. Sollte dieser Tarifvertrag in seiner jetzigen Form nicht fortgeführt werden, so tritt an seine Stelle der dann für Krankenschwestern im öffentlichen Dienst maßgebliche Tarifvertrag in seiner jeweils aktuellen Form und jetzigen Tarifgruppe entsprechenden Höhe.“

(Wobei davon auszugehen ist, dass der Ehefrau die bisher bestehende wirtschaftliche Stellung gesichert ist.)[295]

294 BGH, FPR 2008, 449 m. Anm. Weil.
295 Bergschneider, DNotZ 2008, 95 (103).

Mit einer vertraglichen Regelung könnte man einer Unterhaltsstreitigkeit zuvorkommen und eine gemeinsame Regelung finden, die den Interessen beider Ehegatten gerecht wird.

VIII. Stellungnahme

§ 1578 b BGB bedeutet im Ergebnis ein Ende der Lebensstandardgarantie. Allerdings ist diese Tatsache keine Neuerung durch die Unterhaltsrechtsreform 2008, sondern bestätigt die Entwicklung der Rechtsprechung des Bundesgerichtshofs.[296] Das Kernstück der Unterhaltsrechtsreform 2008 stellt eine Begrenzungsvorschrift aus Billigkeitsgründen für alle nachehelichen Unterhaltstatbestände dar. Es soll auf den Einzelfall flexibler eingegangen werden können.

Im Umgang mit § 1578 b BGB sind die Möglichkeiten von Pauschalisierungen beschränkt. Die Fortbildung des Rechts und die Sicherung einer einheitlichen Rechtsordnung ist Aufgabe des Bundesgerichtshofs, § 574 Abs. 2 ZPO. Für die Praxis sind die Leitlinien der Oberlandesgerichte nicht hinreichend konkret, zu zurückhaltend bei Problemen und zu wenig aussagekräftig.[297] Daher scheint es schlüssig, dass sich die Oberlandesgerichte angesichts der wenigen derzeit vorliegenden Vorgaben des Bundesgerichtshofs zum neuen Unterhaltsrecht zurückhalten.

Das Gesetz bestimmt zwar den Rahmen, es bedarf jedoch weiterer Bestimmung. Die Rechtsprechung und Praxis zum alten Recht zeigt, dass Einzelfallentscheidungen allein nicht ausreichen. Die Rechtsprechung hat nun die Aufgabe, die Tatbestandsmerkmale des § 1578 b BGB zu bestimmen, etwa durch Fallgruppenbildung, die eigentlich von der Gesetzgebung vorgegeben werden müsste. In vielerlei Hinsicht scheint die Rechtsprechung mit dieser Aufgabe überfordert. Die Rechtsprechung kann nicht das leisten, was der Gesetzgeber versäumt hat.

Schwierigkeiten stellen der Maßstab der ehebedingten Nachteile und die Erstellung einer Zukunftsprognose dar. Es ist sorgfältig zu differenzieren, ob und inwieweit ein ehebedingter Nachteil vorliegt oder ob und inwieweit dem Nachteil andere Ursachen zugrunde liegen. Ebenso müssen viele Indizien zusammengefügt werden, um ein Gesamtbild zu erhalten, auf Grundlage dessen eine Prognose für die Zukunft abgegeben werden kann.

---

296 BGH, NJW 2007, 839 = FamRZ 2007, 200 m. Anm. Büttner; NJW 2006, 2401 = FamRZ 2006, 1006 m. Anm. Born; NJW 2007, 1961 m. Anm. Graba = FamRZ 2007, 793 m. Anm. Büttner.

297 Riegner, FPR 2009, 76 (82).

Die Analyse der Anwendung von § 1578 b BGB hat gezeigt, dass die zur Feststellung des nachehelichen Unterhalts notwendige Bestimmung ehebedingter Nachteile sowie die Bestimmung der Zukunft im Einzelfall schwierig, mitunter gar unmöglich sind.

Eine weitere Schwierigkeit besteht in der Rechtsunsicherheit durch die Billigkeitsprüfung. Rechtssicherheit würde gefördert werden, wenn sich die Begrenzung des nachehelichen Unterhalts nach § 1578 b BGB nach festen Richtlinien orientieren würde. Möglichst einheitliche, verlässliche und sichere Rechtsanwendungen führen zu einer vertrauensvollen gerichtlichen Praxis.

Bei einem Urteil muss nicht nur rechtsdogmatisch stimmig argumentiert, sondern herausgearbeitet werden, welche individuellen Tatsachen für die Billigkeitsabwägung zu ermitteln sind und dass Beschränkungen des Unterhaltsanspruchs durch Befristung oder Herabsetzung dann nicht in Betracht kommen, wenn dem Gericht eine sichere Prognose über zukünftige Entwicklungen nicht möglich ist.

Der Stellenwert der Ehe sei unter dem „Etikett" der Verstärkung der Kindesinteressen weiter reduziert worden. Der Bruch des Eheversprechens sei durch die Unterhaltsrechtsreform nahezu sanktionslos geworden. Die Ehe hat eine „schadensauslösende" Funktion. Durch den Unterhaltsanspruch hat der Berechtigter grundsätzlich keine Teilhabe mehr an dem gemeinsam Erwirtschafteten. Der Unterhaltspflichtige habe – laut Born[298] – weniger finanzielle Folgen zu befürchten als bisher.

Dagegen ist anzuführen, dass dem nachehelichen Unterhaltsrecht der Sanktions- sowie der Schadensersatzgedanke fernliegen. Der nacheheliche Unterhalt soll keinen Ausgleich am gemeinsam Erwirtschafteten, sondern einen Ausgleich der ehebedingten Nachteile schaffen. Dennoch ist der Stellenwert der Ehe hervorhebungsbedürftig. Zu leicht scheint man sich durch das neue Unterhaltsrecht der Solidarität in und nach der Ehe entziehen zu können. Die Interessen des Unterhaltspflichtigen, dem es nicht zuzumuten ist, eine unbillige Unterhaltslast zu tragen, stehen entgegen. Dennoch sollte dem Eheversprechen auf Lebzeit wieder eine bedeutungsvollere Position zukommen, die auch Folgen, wie Unterhaltsansprüche, nach sich zieht.

Ehen von langer Dauer führen wie bisher[299] nicht zwangsläufig zu einem Nachteil,[300] aber in den meisten Fällen werden wohl ehebedingte Nachteile anzunehmen sein. Zu bedenken ist, dass durch eine lang andauernde Ehe das Vertrauen in die Aufrechterhaltung des Lebensstandards gefördert wird und sich da-

298 Born, NJW 2008, 1 (8).
299 BGH, FamRZ 2007, 200 (204), m. Anm. Büttner.
300 BT-Drucks. 16/1830, S. 19.

durch mit hinzutretenden anderen Umständen ehebedingte Nachteile ergeben können.[301]

Die Bestimmung der ehebedingten Nachteile ist eine „Quadratur des Kreises“.[302] Auch nach oder gerade wegen der Unterhaltsrechtsreform bestehen erhebliche Auslegungsprobleme.

Die Rechtsprechung betont, dass § 1578 b BGB eine unterhaltsbegrenzende Norm mit Ausnahmecharakter ist.[303] Es ist allerdings dagegen nicht anzunehmen, dass sich eine Ausnahme als Regel durchsetzen wird. Somit ist auch mit einer regen Anwendung der Norm aufgrund mehrerer aufgezeigter Probleme nicht zu rechnen und auch womöglich nicht gewünscht.

D. Beschränkung oder Versagung des Unterhalts wegen grober Unbilligkeit gem. § 1579 BGB

Durch die Unterhaltsrechtsreform 2008 wurde bei § 1579 BGB die Überschrift und die Nummerierung geändert. Ebenfalls wurde die Nr. 1 anders gefasst und die verfestigte Lebensgemeinschaft in § 1579 Nr. 2 BGB als zusätzlicher neuer Härtegrund eingeführt. Den Rechtsfolgen soll mehr Ausdruck verliehen und eine sprachliche Klärung erzielt werden.[304]

I. Grundsatz der groben Unbilligkeit

Ein vorwerfbares Fehlverhalten, gem. § 1579 Nr. 3 bis 8 BGB, kann ebenso die Voraussetzungen eines Härtegrundes erfüllen wie eine objektive Unzumutbarkeit des Unterhaltsanspruchs für den Pflichtigen, gem. § 1579 Nr. 1, 2 und 8 BGB. Allerdings müssen für eine Einschränkung des Unterhaltsanspruchs zudem noch die Kindesbelange grob verletzt werden. Alle Umstände des Einzelfalls werden bei der Billigkeitsprüfung abgewogen.[305] Entscheidend sind die Schwere des Verwirkungsgrundes, das Mitverschulden des Verpflichteten, seine Belastung durch die Unterhaltsverpflichtung,[306] die Angewiesenheit des Berechtigten auf den Unterhaltsanspruch und die Reaktion des Verpflichteten auf das Fehlverhal-

301 Büttner, FamRZ 2007, 773 (775).
302 Büttner, FamRZ 2007, 773 (775).
303 OLG Schleswig, NJW 2009, 1216.
304 BT-Drucks. 16 /1830, S. 20.
305 BeckOK/Beutler, BGB, § 1579 Rdnr. 34.
306 BGH, FamRZ 1986, 889 = NJW-RR 1986, 1194.

ten.[307] Zunächst ist die weniger einschneidende Möglichkeit zwischen zeitlicher Beschränkung, Herabsetzung und Versagung zu wählen.[308]

§ 1579 BGB grenzt sich von § 1578 b BGB ab, indem er als Voraussetzung nicht die einfache Unbilligkeit genügen lässt, sondern eine grobe Unbilligkeit voraussetzt.

Bei § 1578 b BGB und § 1579 BGB kann es zu Überschneidungen bei den Kurzzeitehen kommen. Eine uneingeschränkte Unterhaltsverpflichtung bei kurzer Ehedauer kann nach § 1579 Nr. 1 BGB grob unbillig sein. Zunächst ist § 1579 Nr. 1 BGB zu prüfen, wobei die kurze Ehe als Tatbestandsmerkmal maßgeblich ist. Wenn § 1579 Nr. 1 BGB nicht einschlägig ist, sind die Voraussetzungen des § 1578 b BGB zu prüfen. Die Ehedauer wird bei der Prüfung von § 1578 b BGB nur indirekt berücksichtigt. Aus einer Ehe von kurzer Dauer kann aber gefolgert werden, dass dem Ehegatten keine ehebedingten Nachteile entstanden sind.

Eine vorrangige Anwendung des § 1579 Nr. 1 BGB bei kurzen Ehen führt dazu, dass bei einer kurzen Ehe die Unbilligkeitsschwelle höher ist als bei einer langen.[309] Dies ist kein erwünschtes Ergebnis.

II. Härtegrund der Ehe von kurzer Dauer gem. § 1579 Nr. 1 BGB

Das Bundesverfassungsgericht[310] entschied, dass bei der Anwendung von § 1579 Nr. 1 BGB in der früheren Fassung zur Vermeidung verfassungswidriger Ergebnisse von der tatsächlichen Ehezeit auszugehen war. Die grobe Billigkeit einer Inanspruchnahme des Pflichtigen muss mit der Wahrung der Belange der gemeinschaftlichen Kinder, die vom Berechtigen betreut werden, abgewogen werden.

Der Wortlaut des § 1579 Nr. 1 BGB wurde an die allgemein anerkannte Rechtsprechung des Bundesverfassungsgerichts angepasst.[311] Die Betreuungszeit für Kinder ist nicht zu der Ehedauer hinzuzurechen und wird erst bei der Abwägung berücksichtigt. Denn der Fall, in dem der Unterhaltsanspruch wegen einer kurzzeitigen Ehe beschränkt wird, obwohl von dem Berechtigten Kinder betreut werden, wäre sonst nicht möglich. Zwar sollen die Belange der Kinder und deren Betreuung gewahrt werden, allerdings soll eine Beschränkung des Unterhalts

307 OLG Düsseldorf, FamRZ 1997, 1159.
308 BGH, FamRZ 1984, 364.
309 Schwab, FamRZ 2005, 1417 (1420).
310 BVerfGE 80, 286.
311 BT-Drucks. 16 /1830, S. 20; Schwab, FamRZ 2005, 1417 (1420).

nicht von vornherein ausgeschlossen sein oder grundsätzlich dem entgegenstehen.[312]

Die Bestimmung des Zeitraums einer Ehe als Ehe von kurzer Dauer ist durch den Gesetzgeber allerdings nicht erfolgt. Das Abstellen auf die konkrete Lebenssituation und nicht auf eine abstrakte Regel, die für alle Ehen anwendbar ist, führt zu Rechtsunsicherheit und Willkür. Da der Wortlaut ausschließlich an die Rechtsprechung angepasst wurde und keine Definitionen vorgenommen wurden, ist auch keine Änderung der Rechtsprechung zu erwarten. Durch die Unterhaltsrechtsreform ist nur eine geringfügige Klarstellung erreicht worden.

III. Härtegrund der verfestigten Lebensgemeinschaft gem. § 1579 Nr. 2 BGB

In diesem Teil der Arbeit soll nun auf die Neueinführung des Unterhaltsverwirkungsgrundes der verfestigten Lebensgemeinschaft gem. § 1579 Nr. 2 BGB, insbesondere auf die problematische Bestimmung der Kriterien, eingegangen werden.

Der neu eingeführte Härtegrund der verfestigten Lebensgemeinschaft i.S.d. § 1579 Nr. 2 BGB knüpft nicht an ein Fehlverhalten an, sondern berücksichtigt rein objektive Veränderungen in den Lebensverhältnissen des Unterhaltsberechtigten.[313]

Nach der Rechtsprechung[314] wird eine Verwirkung des nachehelichen Unterhalts wegen einer verfestigten Lebensgemeinschaft in drei Fällen angenommen.

Eine Eheschließung mit dem neuen Partner verwirkt den nachehelichen Unterhaltsanspruch des Berechtigten gegen den Pflichtigen nach § 1586 BGB. Daher könnte der Berechtigte von einer erneuten Eheschließung aus diesen Gründen absehen.[315]

Die bisherige Rechtsprechung[316] betrachtete die Unterhaltsverpflichtung in dem Fall, in dem in der neuen Partnerschaft gemeinsam gewirtschaftet wird, als unstrittig unzumutbar. Eine ehegleiche ökonomische Gemeinschaft entsteht, in der der Berechtigte versorgt wird. Diese Gemeinschaft wird auch als „Unterhaltsgemeinschaft“ oder „sozioökonomische Gemeinschaft“ bezeichnet.

Zur Übertragung der Rechtsprechung ist die Konstellation problematisch, in der eine geschiedene Frau selbst keine finanziellen Mittel hat und ihr neuer Partner am Existenzminimum lebt, dann findet die Frau in dieser Beziehung kein

312 BT-Drucks. 16 /1830, S. 20.
313 BT-Drucks. 16 /1830, S. 20.
314 OLG Karlsruhe, NJW 2008, 3645 (3647).
315 OLG Karlsruhe, NJW 2008, 3645 (3647).
316 BGH, NJW-RR 1994, 1154.

Auskommen. Bei dem Begriff „Auskommen“ ist zu differenzieren zwischen ehegemäßem Auskommen, was in einer neuen Partnerschaft gefunden wird und somit die Unterhaltslast unzumutbar werden lässt für den Pflichtigen, Auskommen am Existenzminimum sowie kein Auskommen in der Form von Armut oder Fremdhilfe. Die letzten beiden Formen des Auskommens lassen nicht unstrittig die Unterhaltslast für den Pflichtigen als unzumutbar erscheinen.

Ein Verwirkungsgrund liegt vor, wenn sich eine Beziehung verfestigt hat. Dieses wird unabhängig von den wirtschaftlichen Verhältnissen des neuen Partners bestimmt. Eine neue Beziehung hat sich verfestigt, wenn ein eheähnliches Zusammenleben entstanden und die Ehe abgelöst hat. Eine Unbilligkeit ist in dem Fall anzunehmen, in dem der Pflichtige dem Berechtigten Unterhalt bezahlt, obwohl ihn nun ein anderer Partner ersetzt.[317] Für die Beurteilung einer Verfestigung der Verbindung ist deren Erscheinungsbild in der Öffentlichkeit, welches die Fortdauer der Unterhaltsbelastung und den damit verbundenen Eingriff in Handlungsfreiheit und Lebensgestaltung des Unterhaltspflichtigen unzumutbar macht, entscheidend.[318] Eine Beziehung gilt nach einer gewissen Mindestdauer als gefestigt, die in der Regel nicht unter zwei bis drei Jahren festgesetzt wird. Erst dann kann verlässlich beurteilt werden, ob die Partnerschaft nur „probeweise“ oder auf Dauer besteht. Zudem wird geprüft, ob nach dem Erscheinungsbild der Beziehung in der Öffentlichkeit die Partnerschaft auch in dieser Form zukünftig bestehen bleibt. Das Zusammenleben an einem Ort oder in einem gemeinsamen Haushalt wird dabei nicht berücksichtigt. Allerdings folgert man aus diesem Indiz, dass die Lebensgemeinschaft sich verfestigt hat.[319] Wenn eine Trennung der Lebensbereiche der Partner oder eine bewusste Distanzierung der Beziehung vorgezogen wird, weil die Partner sich für ein lockeres Zusammenleben entschieden haben, um ihr Leben nicht aufzugeben zu müssen oder ihre Flexibilität zu erhalten, dann ist entscheidend darauf abzustellen, ob sich trotz dieser Tatsache die Partnerschaft genau so intensiv darstellt wie in einer Ehe.[320] Weitere Indizien, die auf ein eheähnliches Zusammenleben schließen lassen, lassen sich nicht allgemein festlegen.[321] Eine Unzumutbarkeit eines fortdauernden Unterhaltsanspruchs wird angenommen, wenn die Partnerschaft des Unterhaltsberechtigten sich verfestigt hat. Die Lebensverhältnisse der neuen Partner müssen sich dabei so aufeinander abgestimmt haben, dass sie füreinander einstehen und sich wechselseitig Hilfe und Unterstützung zukommen lassen.[322]

317 BGH, NJW-RR 1994, 1154; NJW 1997, 1851; NJW 2002, 1947.
318 BGH, NJW 1989, 1083 (1086).
319 BGH, NJW-RR 1994, 1154 (1155); NJW 1984, 2692 (2693).
320 BGH, NJW 2002, 217 (219).
321 BGH, NJW 2002, 217 (219).
322 BGH, NJW 2002, 1947 (1949).

1. Bedürfnis der Normierung der verfestigten Lebensgemeinschaft

Bei verfassungskonformer Auslegung stellte das verfestigte Zusammenleben in einer neuen Partnerschaft als solches keinen schwerwiegenden Grund gem. § 1579 Nr. 7 BGB a.F. dar. Dieses Zusammenleben hatte nicht das gleiche Gewicht wie ein offensichtlich schwerwiegendes, eindeutig beim Berechtigten liegendes Fehlverhalten. Der verfassungsrechtliche Schutz des Verpflichteten vor unverhältnismäßigen Unterhaltspflichten war dadurch hinreichend gewährleistet, dass sich der Unterhaltsanspruch gem. § 1577 BGB dann verringerte, wenn der Berechtigte aus dem Zusammenleben konkrete bedarfsdeckende Einkünfte oder sonstige Vorteile hatte. Die Zuwendungen des Berechtigten zu einem neuen Partner wurden vom Recht auf die intimste Lebensgestaltung nach Art. 2 Abs. 1 und Art. 1 Abs. 1 GG geschützt. Ein Zusammenleben kam daher nicht einem schwerwiegenden subjektiven Fehlverhalten gleich.[323]

Durch die Einführung des Härtegrundes der verfestigten Lebensgemeinschaft in § 1579 Nr. 2 BGB wird nur die Auffangklausel des § 1579 Nr. 8 BGB entlastet. Somit kann der Auffangklausel nun wieder ihre zugedachte Funktion zukommen, nämlich Fälle von objektiver Unzumutbarkeit zu erfassen, die nicht unter die Nrn. 1 bis 7 fallen.[324] Die verfestigte Lebensgemeinschaft hatte sich innerhalb von der Auffangklausel in § 1579 Nr. 7 BGB a.F. zu einer dominanten Eigengruppe entwickelt,[325] obwohl sie nicht mit einem schwerwiegenden subjektiven Fehlverhalten gleichzusetzen ist.

Zudem wird dem Betroffenen durch die Einführung des Härtegrundes der verfestigten Lebensgemeinschaft in § 1579 Nr. 2 BGB ausdrücklich im Gesetzestext aufgezeigt, dass eine verfestigte Lebensgemeinschaft einen Unterhaltsausschluss darstellt.[326]

Man könnte annehmen, dass es der Normierung der verfestigten Lebensgemeinschaft in § 1579 Nr. 2 BGB grundsätzlich nicht bedarf, denn auch jetzt wird der verfassungsrechtliche Schutz des Unterhaltsverpflichteten vor unverhältnismäßigen Unterhaltspflichten hinreichend gewährleistet, indem der Unterhaltsanspruch nach § 1577 BGB verringert wird, wenn der Berechtigte aus einer Verbindung zu einem neuen Partner konkrete bedarfsdeckende Einkünfte oder sonstige Vorteile zieht.[327]

---

323 AG Bochum, FamRZ 1998, 753 (754 f.).

324 Gerhardt, FuR 2008, 9 (13); Schnitzler, FamRZ 2006, 239 (240 ff.); Hoppenz/Hülsmann, Der reformierte Unterhalt, § 1579 n.F. Rdnr. 3.

325 Palandt/Brudermüller, 67. Aufl., § 1579 Rdnr. 36.

326 Gerhardt, FuR 2008, 9 (13); Schnitzler, FamRZ 2006, 239 (240 ff.); Hoppenz/Hülsmann, Der reformierte Unterhalt, § 1579 n.F. Rdnr. 3.

327 AG Bochum, FamRZ 1998, 753 (753).

Auch Dienstleistungen, die der Berechtigte dem neuen Partner in Form von Haushaltführung und sonstigen Versorgungen erbringt und aufgrund derer er entgeltlich vergütet werden könnte, wenn der neue Partner finanziell dazu imstande ist, können die Bedürftigkeit des Unterhaltsberechtigten ganz oder teilweise entfallen lassen. Somit wäre kein Bedarf einer Normierung der verfestigten Lebensgemeinschaft in § 1579 Nr. 2 BGB.

Allerdings stellt der Gesetzesentwurf der Bundesregierung[328] gerade nicht ab auf die Leistungsfähigkeit des neuen Partners. Das Herauslösen aus der nachehelichen Solidarität durch die Aufnahme einer neuen Lebensgemeinschaft ist für den Unterhaltsausschluss nach § 1579 Nr. 2 BGB maßgeblich, sodass § 1579 Nr. 2 BGB einen anderen Anwendungsbereich hat.

2. Einführung des § 1579 Nr. 2 BGB

Durch die Einführung des § 1579 Nr. 2 BGB wurde die verfestigte Lebensgemeinschaft gesetzlich eigenständig normiert. Sie stellt den in der Praxis bedeutsamsten Härtegrund dar. Bisher wurden die Fälle der verfestigen Lebensgemeinschaft unter § 1579 Nr. 7 BGB a.F. und vor dem Unterhaltsänderungsgesetzes von 1986 unter § 1579 Nr. 4 BGB a.F. gefasst.[329] Es hat sich zu der verfestigten Lebensgemeinschaft eine überaus reiche, schwer zu überschauende Kasuistik herausgebildet.[330]

§ 1579 Nr. 2 BGB soll kein vorwerfbares Fehlverhalten des Unterhaltsberechtigten bestrafen, sondern rein objektive Gegebenheiten umfassen bzw. veränderte Lebensverhältnissen des Bedürftigen Rechnung tragen, wenn sie eine Unzumutbarkeit der Unterhaltslast auf Dauer darstellen.[331] Der Berechtigte zeigt ein widersprüchliches Verhalten, indem er sich aus der ehelichen Bindung mit der Aufnahme einer neuen verfestigten Partnerschaft löst und zugleich die eheliche Solidarität in Form von Unterhaltszahlungen einfordert.[332]

Die verfestigte Lebensgemeinschaft ist nicht legal definiert. Aufgrund der Vielzahl von möglichen Lebenssachverhalten muss das Gericht für den Einzelfall entscheiden, ob eine verfestigte Lebensgemeinschaft anzunehmen ist. Die verfestigte Lebensgemeinschaft ist in der früheren Rechtsprechung[333] zumeist dann angenommen worden, wenn objektive Tatsachen, die nach außen getreten sind, eine solche indizieren. Beispiele für diese Tatsachen waren ein Haushalt,

328 BT-Drucks. 16/1830, S. 21.
329 MüKo-Maurer, § 1579 Rdnr. 60.
330 BT-Drucks. 16 /1830, S. 21; Schwab, FamRZ 2005, 1417 (1420).
331 BT-Drucks. 16 /1830, S. 21.
332 Bütter/Niepmann, NJW 2009, 2499 (2505).
333 Borth, in: Schwab, Handbuch des Scheidungsrechts, IV Rdnr. 496 ff.

den die Partner längere Zeit zusammen führten, das Erscheinungsbild der Partnerschaft in der Öffentlichkeit, gemeinsame Investitionen von einigem Gewicht, wie der Erwerb eines Eigenheims für die Familie, und dass die Partnerschaft bereits lange andauert.

Die Gesetzesbegründung[334] gibt an, dass der neue Härtegrund der verfestigten Lebensgemeinschaft, § 1579 Nr. 2 BGB, nicht die Lebensführung des geschiedenen Ehegatten kontrollieren soll. Daher ist z.B. nicht maßgebend, ob die neuen Lebenspartner eine intime Beziehung führen, ob der neue Partner leistungsfähig ist oder ob die neuen Partner die Möglichkeit hätten, eine Ehe bzw. eine Lebenspartnerschaft einzugehen. Entscheidend ist allein die Verfestigung der neuen Lebensgemeinschaft, durch die die nacheheliche Solidarität aufgelöst wird. Darüber hinaus lässt eine Verfestigung auch erkennen, dass die nacheheliche Solidarität nicht mehr benötigt wird. Aufgrund dessen ist der neue Härtefallgrund der verfestigten Lebensgemeinschaft, § 1579 Nr. 2 BGB, als Fall der Unbilligkeit nach § 1579 BGB und nicht unter die bloße Bedarfsdeckung i.S.d. § 1577 Abs. 1 BGB zu fassen.

Die Frage, ob durch die Prüfung des Härtegrundes der verfestigten Lebensgemeinschaft i.S.d. § 1579 Nr. 2 BGB keine Lebensführungskontrolle stattfindet, wird zu überprüfen sein. Um festzustellen, ob eine verfestigte Lebensgemeinschaft vorliegt, muss in die Intimsphäre der Betroffenen eingegriffen werden. Es ist schwerlich vorzustellen, dass allein objektive äußere Merkmale ausreichen, um die Voraussetzungen der verfestigten Lebensgemeinschaft zu verwirklichen.

Es kann auch der Fall sein, dass ein gemeinschaftliches Kind aus der Ehe nun von dem neuen verfestigten Lebenspartner des Unterhaltsberechtigten betreut wird. Dabei ist unter Berücksichtigung der Wahrung der Belange des Kindes i.S.d. § 1579 1. Hs. BGB im Einzelfall zu prüfen, ob der Betreuungsunterhalt reduziert werden kann.[335] Die Erwerbsobliegenheit muss zwar auf die Betreuungsmöglichkeit angepasst werden, allerdings ist zu bedenken, dass in diesem Fall die neue Lebenspartnerschaft als Gesamtheit zu betrachten ist.

3. Kriterien der verfestigten Lebensgemeinschaft i.S.d. § 1579 Nr. 2 BGB

Eine verfestigte Lebensgemeinschaft i.S.d. § 1579 Nr. 2 BGB wird angenommen, wenn an die Stelle der Ehe ein nichteheliches Zusammenleben als neu entstandene Verantwortungs- und Einstehgemeinschaft getreten ist.[336] Dies setzt voraus, dass die Partner eine enge Bindung eingehen, in der sie für einander ein-

334 BT-Drucks. 16 /1830, S. 21.

335 BT-Drucks. 16 /1830, S. 21.

336 MüKo/Maurer, § 1579 Rdnr. 60; Palandt/Brudermüller, § 1579 Rdnr. 35.

stehen, insbesondere in Notsituationen.[337] Dadurch wird die nacheheliche Verantwortung ersetzt.[338]

Unter die Fälle der Verantwortungs- und Einstehensgemeinschaft fällt insbesondere die sog. „sozio-ökonomische Gemeinschaft“. Dies bedeutet, dass zwischen dem neuen Partner und dem Unterhaltsberechtigten auch eine ökonomische Solidarität[339] besteht, was sich darin ausdrückt, dass der Berechtigte und der neue Partner in der Unterhaltsgemeinschaft leben, sodass der Berechtigte unterhalten wird wie in der Ehe allerdings nun von dem neuen Partner.[340] Dabei ist von einem ehegemäßen Auskommen auszugehen, das der geschiedene Ehepartner nun in der neuen Lebensgemeinschaft gefunden hat.

Entscheidende Kriterien für eine Verfestigung einer Lebensgemeinschaft sind insbesondere: das Erscheinungsbild der Lebensgemeinschaft in der Öffentlichkeit, ein gemeinsam geführter, über lange Zeit hinweg bestehender Haushalt, gemeinsame Investitionen von einigem Gewicht, wie z.B. der Kauf einer Immobilie, und die Beziehungsdauer. Indizien sind beispielsweise, wenn die Partner die Freizeit oft miteinander verbringen, zusammen Urlaub machen, gegenseitig an Familienfesten teilnehmen, gemeinsame Investitionen tätigen oder Kinder in der Partnerschaft entstanden sind. [341]

Es muss sich eine Ernsthaftigkeit nachweisen lassen, um eine Verwirkung des Unterhalts anzunehmen. Um die problematischen Fälle der verfestigten Lebensgemeinschaft i.S.d. § 1579 Nr. 2 BGB zu erfassen, ist fraglich, wie man die Kriterien bestimmt.

a) Nichteheliches Zusammenleben

Fraglich ist, ob ein Zusammenleben in einem Haushalt maßgeblich ist für die Annahme einer verfestigten Lebensgemeinschaft i.S.d. § 1579 Nr. 2 BGB.

Grundsätzlich ist nicht erforderlich, dass die Partner zusammenwohnen.[342] Bei der Annahme einer verfestigten Lebensgemeinschaft i.S.d. § 1579 Nr. 2 BGB kommt es entscheidend auf den Grad der inneren Verfestigung der Beziehung an.[343] Eine vorübergehende Distanzierung der Partner innerhalb der Partnerschaft

---

337 BVerfG, NJW 1993, 643 (643).

338 Kroppenburg, JZ 2006, 439 (441).

339 BGH NJW 1983, 1548 (1551).

340 Palandt/Brudermüller, § 1579 Rdnr. 36.

341 BT-Drucks. 16/1830, S. 21; Palandt/Brudermüller, § 1579 Rdnr. 36.

342 BGH, NJW 1984, 2692 (2693); OLG Hamm, FamRZ 1989, 631 (631); NJW-RR 1995, 389 (389); FamRZ 1997, 374 (374); KG, FamRZ 1990, 746 (747); OLG Düsseldorf, NJW 1992, 2302 (2302); OLG Zweibrücken, NJW 1993, 1660 (1669).

343 BGH, FamRZ 1989, 487 (490).

schadet der Annahme einer verfestigten Verbindung nicht.[344] Eine verfestigte Lebensgemeinschaft i.S.d. § 1579 Nr. 2 BGB wird nicht angenommen, wenn der Unterhaltsberechtigte mit verschiedenen Partnern für jeweils kürzere Zeit zusammenlebt.[345]

In der Praxis treten Auslegungsprobleme bei der sog. Distanzpartnerschaft auf. Fraglich ist, ob die Distanz noch gewahrt ist, um keine Verfestigung der Verbindung anzunehmen.

Maßgeblich ist, dass die nacheheliche Solidarität des Unterhaltsberechtigten zum Pflichtigen nicht mehr besteht.[346] Je mehr sich eine Beziehung zu einem neuen Partner verfestigt, desto mehr nimmt die Bedeutung der früheren Ehe ab. Dies lässt insbesondere die Fortdauer der Unterhaltspflicht zurücktreten.[347] Die neue Partnerschaft muss als Einheit wahrgenommen werden. Aus der Intensität der einem ehelichen Zusammenleben entsprechenden Beziehung ergibt sich, dass die Unterhaltslast dem Pflichtigen unzumutbar ist.[348]

Wenn nur zum Schein eine zweite Wohnung unterhalten wird, ist die Partnerschaft nicht distanziert, sodass eine scheinbare Distanzbeziehung der Annahme einer Verfestigung nicht entgegensteht.[349] Die Lockerung oder vorgetäuschte Beendigung der Beziehung aus Angst vor drohendem Unterhaltsverlust soll nicht genügen, um eine verfestigte Lebensgemeinschaft auszuschließen.[350] Für die Annahme einer verfestigten Lebensgemeinschaft ein Zusammenzuleben der Partner zu fordern, würde auf eine Lebensführungskontrolle hinauslaufen.[351]

Eine Gegenstimme bildet das OLG Hamm[352], indem es in seinem Urteil aus dem Jahr 1994 fordert, dass zur Annahme einer verfestigten Beziehung i.S.d. § 1579 Nr. 2 BGB die Partner überwiegend in einer gemeinsamen Wohnung leben müssen.

Durch ein Zusammenleben werden die Lebensbereiche der Partner auch für Außenstehende erkennbar verflochten. Ein Zusammenleben lässt daher eine Verfestigung der Verbindung i.S.d. § 1579 Nr. 2 BGB vermuten. Es sollte jedoch kein Unterschied bestehen, ob die Partner ihre Beziehung auf Distanz zu führen,

---

344 OLG Hamm, NJW-RR 2003, 1297 (1299); Palandt/Brudermüller, § 1579 Rdnr. 38.

345 OLG Köln, FamRZ 2005, 279 (279).

346 Büttner, FamRZ 2007, 773 (777).

347 MüKo/Maurer, § 1579 Rdnr. 60.

348 BGH, NJW 2002, 217 (219); AnwK-BGB/Hohloch Rdnr. 80; Palandt/Brudermüller, § 1579 Rdnr. 37.

349 Büttner, FamRZ 2007, 773 (777).

350 OLG Hamm, FamRZ 2003, 455 (455).

351 Palandt/Brudermüller, § 1579 Rdnr. 37; Büttner/Niepmann, NJW 2002, 2283 (2290).

352 OLG Hamm NJW-RR 1994, 773 (773).

weil sie bisher z.B. schlechte Erfahrungen mit dem engen Zusammenwohnen gemacht haben oder zusammenleben.

Fraglich ist, ob nicht auch ein bloßes Zusammenleben, wie beispielsweise bei einer Haushalts- oder Wohngemeinschaft, unter den Begriff der verfestigten Lebensgemeinschaft i.S.d. § 1579 Nr. 2 BGB fällt.

In der Regel wird man annehmen, dass eine Haushalts- oder Wohngemeinschaft zu dem Zweck besteht, die Wohnkosten zu senken und nicht, um eine Beziehung zu verfestigen. Man kann auch keine Verflechtung der wirtschaftlichen Bereiche zugrunde legen, sodass wichtige Aspekte der verfestigten Lebensgemeinschaft nicht erfüllt sind. Daher bildet die bloße Haushalts- oder Wohngemeinschaft keinen Unterhaltsausschlussgrund.[353] Eine bloße Haushalts- oder Wohngemeinschaft findet bei der Prüfung des § 1577 Abs. 1 BGB Berücksichtung.[354]

Schwierigkeiten bestehen jedoch bei der Abgrenzung zwischen einer Lebensgemeinschaft und Wohngemeinschaft, wenn es sich um eine bloße Wohngemeinschaft mit sexuellen Kontakten handelt. Man kann vertreten, dass man nach der erforderlichen Zeit wohl von einer verfestigten Lebensgemeinschaft ausgehen müsse.[355] Allerdings soll nach dem Gesetzesentwurf der Bundesregierung[356] nicht auf intime Beziehungen wegen der Gefahr der Lebensführungskontrolle abgestellt werden.

Wenn jedoch die intimen Beziehungen keine Rolle spielen sollen, ist ein Maßstab für die Abgrenzung zur bloßen Freundschaft schwer zu finden.[357] Bei einer bloßen Freundschaft ist jedoch nicht evident von einer Wohngemeinschaft und einer wirtschaftlichen Verflechtung auszugehen, welches Indizien für eine verfestigte Lebensgemeinschaft i.S.d. § 1579 Nr. 2 BGB sind.

Eine Geschwister- oder Eltern-Kind-Beziehung wird unstrittig nicht als verfestigte Lebensgemeinschaft angesehen. Dies wird in den Fällen diskutiert, wenn die Ehe des Kindes gescheitert ist und es nun wieder zu den Eltern zieht.[358] Anderenfalls würde man die letzten Familienbande zerstören.[359] Darum wird vermutlich auch am Merkmal der Eheähnlichkeit der Verbindung festgehalten, denn man will ein Zusammenleben mit Verwandten oder Freunden nicht unterbinden.[360]

---

353 Schnitzler, FPR 2008, 41 (43).
354 Hoppenz/Hülsmann, Der reformierte Unterhalt, § 1579 n.F. Rdnr. 3.
355 Büttner, FamRZ 2007, 773 (776).
356 BT-Drucks. 16/1830, S. 21.
357 Büttner, FamRZ 2007, 773 (776).
358 Büttner, FamRZ 2007, 773 (776).
359 Schwab, FamRZ 2005, 1417 (1421).
360 BGH, FamRZ 2002, 951 (952) m. Anm. Bergschneider.

b) Gleichgeschlechtliche Beziehung

Der Bundesgerichtshof urteilte 1995,[361] dass zwei Frauen keine verfestigte Lebensgemeinschaft darstellten, obwohl alle Indizien dafür sprachen. So lebten die Frauen seit Jahren zusammen in einem Haushalt, sie hatten auch ein gemeinsames Schlafzimmer und teilten sich die Wohnungskosten, wie z.B. die Miete. Das Zusammenleben unterscheide sich jedoch im Erscheinungsbild der Öffentlichkeit nicht von den Fällen, in denen eine Frau nach der Scheidung zu ihrer Schwester ziehe, die auch allein stünde, oder zu anderen weiblichen Verwandten, um die allgemeinen Lebenshaltungskosten einzusparen oder zwischenmenschliche Beziehungen zu pflegen. Es handele sich lediglich um zwei Frauen, die in einer Wohnung zusammenleben. Ein Unterhaltsausschlussgrund ist deshalb in diesem Fall nicht anzunehmen.[362]

Der Bundesgerichtshof[363] wendete die zur nichtehelichen Lebensgemeinschaft entwickelten Grundsätze auf eine gleichgeschlechtliche Beziehung nicht an, weil gleichgeschlechtliche Partner nicht heiraten[364] können und somit auch nicht ehegleich[365] zusammenleben könnten. Die Eheähnlichkeit ist mit dem Begriff der Ehe verbunden. Somit sei die Voraussetzung auch für die Eheähnlichkeit, dass es sich um eine Lebensgemeinschaft zwischen Mann und Frau handelt.[366] Daher konnten gleichgeschlechtliche Partner nicht unter den Verwirkungsgrund der verfestigten Lebensgemeinschaft fallen.[367]

Dennoch stellte auch eine gleichgeschlechtliche Lebensgemeinschaft einen Verwirkungstatbestand dar, nämlich aufgrund ihrer besonderen, etwa kränkenden oder sonst anstößigen, in die Öffentlichkeit gedrungenen Begleitumstände. Diese waren dazu geeignet, den Pflichtigen in außergewöhnlicher Weise zu verletzen. Ebenso konnte dadurch sein Ansehen Schaden nehmen.[368]

Seit eine eingetragene Lebenspartnerschaft nach dem Lebenspartnerschaftsgesetz[369] vom 16.2.2001 möglich ist, war die Argumentation des Bundesgerichtshofs im Urteil von 1995 nicht mehr aufrechtzuerhalten.

361 BGH, NJW 1995, 655 (655).
362 BGH, NJW 1995, 655 (655).
363 BGH, NJW 1995, 655 (655).
364 BVerfG, NJW 1993, 3058 (3058).
365 BVerfG, NJW 1993, 643 (645).
366 BVerfG, NJW 1959, 1483 (1483); NJW 1980, 689 (689); NJW 1983, 511 (511).
367 MüKo/Maurer, § 1579 Rdnr. 61.
368 MüKo/Maurer, § 1579 Rdnr. 61.
369 BGBl I, 266 ff.

2002 gab der Bundesgerichtshof[370] seine Argumentation bezüglich der gleichgeschlechtlichen Partnerschaft auf. Er urteilte, dass das Leitbild einer Ehe als Versorgungsgemeinschaft bei einer gleichgeschlechtlichen Partnerschaft nicht als vergleichbares Rechtsinstitut bestünde. Die Entscheidung über den Verwirkungstatbestand ließ er zwar dahin stehen, aber er entschied, dass nicht mehr auf das Wesen der Ehe in diesem Zusammenhang abzustellen ist.

Ohne auf das Argument des Urteils von 2002 einzugehen, fallen nun nach dem Bundesgerichtshof[371] homosexuelle Partnerschaften unter die verfestigte Lebenspartnerschaft i.S.d. § 1579 Nr. 2 BGB. Es macht für eine verfestigte Lebensgemeinschaft als Verwirkungstatbestand keinen Unterschied, ob der Unterhaltsberechtigte eine eheähnliche hetero- oder homosexuelle Partnerschaft aufgenommen hat. Es kommt auf die Unzumutbarkeit einer uneingeschränkten Belastung mit Unterhalt für den Pflichtigen an.[372] Dies gilt gleichermaßen für eine gleichgeschlechtliche männliche wie weibliche Verbindung.[373]

c) Dauer

Unter dem Begriff der „Dauer" lässt sich zweierlei verstehen, zum einen die andauernde Zeit der Lebensgemeinschaft bis zum Zeitpunkt der möglichen, daraus resultierenden Unterhaltsbeschränkung und zum anderen die Planung, dass die Lebensgemeinschaft auch in der Zukunft dauerhaft besteht.

aa) Bestehende Dauer

Das Gesetz enthält keine Definition, die den Zeitrahmen der Dauer für die Annahme einer verfestigten Verbindung bestimmt. Die Dauerhaftigkeit wird aufgrund der konkreten Umstände im Einzelfall angenommen.[374] Dabei ist in der Regel eine Zeit von zwei bis drei Jahren festzusetzen.[375] Anderenfalls ist nicht verlässlich zu beurteilen, ob die Partner nur probehalber zusammen sind oder

370 BGH, NJW 2002, 1947 (1949).

371 BGH, FamRZ 2008, 1414.

372 Palandt/Brudermüller, § 1579 Rdnr. 39; Büttner, FamRZ 2007, 773 (776); AG Hamburg, FamRZ 2004, 1036 (1036 f.); Müller, FuR 2002, 441 (441); Wellenhofer-Klein, FPR 2003, 163 (166).

373 BGH, FamRZ 2008, 1414; AG Hamburg, FamRZ 2004, 1036 (1036 f.).

374 MüKo/Maurer, § 1579 Rdnr. 60.

375 BGH, NJW 1989, 1083 (1086); 1997, 1851 (1852); 2002, 1947 (1948); MüKo/Maurer, § 1579 Rdnr. 60; Palandt/Brudermüller, § 1579 Rdnr. 38; Schnitzler, FPR 2008, 41 (43); Graba, FamRZ 2003, 577 (582).

sich bewusst für die Partnerschaft als Lebensform für die Zukunft entschieden haben.[376]

Im Wege der Gesetzeseinheit kann man Bezug auf den Härtegrund der kurzen Ehe nach § 1579 Nr. 1 BGB nehmen, wie auch Teile der Literatur[377] vertreten. Eine Ehe ist dann nicht mehr von kurzer Dauer, wenn die beiderseitigen Lebenspositionen zunehmend verflochten und wirtschaftlich integriert sind, was in der Regel bei einem Zusammenleben von mehr als drei Jahren anzunehmen sein wird.[378] Nach der Rechtsprechung des Bundesgerichtshofs[379] wird eine kurze Ehedauer bei einer Ehezeit von unter zwei Jahren angenommen. Wenn eine Ehe zwischen zwei und drei Jahren dauert, ist entscheidend, ob die Lebensführung aufeinander in wechselseitiger Abhängigkeit eingestellt wurde und die Ehegatten auf ein gemeinsames Lebensziel hinarbeiten.[380] In diesem Fall ist trotz der kürzeren Ehedauer von einer bestandskräftigen Ehe auszugehen. Ab drei Jahren Ehedauer wird grundsätzlich eine Ehe von langer Dauer angenommen.

Man darf die Ehe nicht mit einer verfestigten Lebensgemeinschaft gleichsetzen, trotzdem ließe sich die Definition von „kurz" i.S.d. § 1579 Nr. 1 BGB auf die Zeitdauer, die es für die Annahme einer Verfestigung nach § 1579 Nr. 2 BGB bedarf, übertragen.

Im Einzelfall können allerdings besondere Umstände dazu führen, dass eine Ehe trotz zwei oder dreijährigem Bestehen als kurzzeitig gilt.[381] Die zeitliche Grenze ist kein Dogma.[382] Die Dauer von zwei bis drei Jahren wurde von der Rechtsprechung unterschritten, wenn Grundvoraussetzungen in der neuen Partnerschaft geändert worden sind, wie z.B. eine personelle Veränderung der Beziehung durch ein Kind oder eine wirtschaftliche Verflechtung.[383] Bei gemeinsamen Kindern sind die Partner enger miteinander verbunden als bei einer Verbindung ohne Kinder.[384] Eine wirtschaftliche Verflechtung ist insbesondere dann

376 MüKo/Maurer, § 1579 Rdnr. 60; BGH, NJW 1983, 2243 (2243); NJW 1989, 1083 (1086); NJW 1991, 1290 (1291).

377 Hoppenz/Hülsmann, Der reformierte Unterhalt, § 1579 BGB a.F. Rdnr. 38.

378 Palandt/Brudermüller, § 1579 Rndr. 8.

379 BGH, NJW 1981, 754 (756); MüKo/Maurer, § 1579 Rdnr. 6.

380 MüKo/Maurer, § 1579 Rdnr. 6; BGH, NJW 1982, 2064 (2064); NJW 1992, 2477 (2481); OLG Düsseldorf, FamRZ 1992, 1188 (1190); OLG Nürnberg, FuR 1997, 351 (352); OLG Frankfurt a.M., FamRZ 1999, 237 (237); AG Detmold, FamRZ 1992, 1441 (1442); OLG München, NJW-RR 1997, 69 (69).

381 MüKo/Maurer, § 1579 Rdnr. 6; BGH, NJW 1982, 823 (823); NJW 1990, 3020 (3022); NJW 1999, 1630 (1631); KG, FamRZ 1992, 948 (949); OLG Bremen, FamRZ 1989, 746 (747).

382 Schnitzler, FPR 2008, 41 (43); Luthin, FamRZ 1986, 1166 (1167); BGH, NJW 2007, 2409 (2412).

383 Schnitzler, FPR 2008, 41 (43).

384 OLG Nürnberg, FuR 2002, 328 (329); OLG Köln, FF 2005, 192 (192).

anzunehmen, wenn die Partner eine Wirtschaftsgemeinschaft bilden, die dazu führt, dass sie sich verschulden und ein Darlehen aufnehmen, um ein Haus oder eine Eigentumswohnung zu erwerben.[385]

Die bisherige Rechtsprechung, die zur Dauer einer eheähnlichen Lebensgemeinschaft ergangen ist, ist ohne Einschränkungen auf die verfestigte Lebensgemeinschaft i.S.d. § 1579 Nr. 2 BGB anzuwenden.[386]

Der Ansatz, der in einem Urteil des OLG Düsseldorf[387] gewählt wurde, auf das zeitliche Moment zu verzichten, verstößt gegen Art. 2 und 6 Abs. 2 S. 1 GG und ist abzulehnen.

Fraglich ist, was der Grund der Voraussetzung einer gewissen bestehenden Dauer der Beziehung zur Annahme einer verfestigten Lebensgemeinschaft ist.

Der Regierungsentwurf[388] stellt nicht auf die Leistungsfähigkeit des neuen Partners ab. Die verfestigte Lebensgemeinschaft ist kein Fall der Bedarfsdeckung i.S.d. § 1577 Abs. 1 BGB. Sie stellt eine Unbilligkeit nach § 1579 BGB dar.

Man könnte jedoch annehmen, dass erst mit einer gewissen Dauer einer Beziehung auch die Versorgung in einer Beziehung gewährleistet ist. Wenn man den Unterhaltsanspruch wegen einer verfestigten Lebensgemeinschaft i.S.d. § 1579 Nr. 2 BGB entfallen lässt, könnte man auf die weitergehende Versorgung des Unterhaltsberechtigten abzielen.

bb) Dauerhafte Zukunftsplanung

Voraussetzung für eine verfestigte Lebensgemeinschaft i.S.d. § 1579 Nr. 2 BGB ist, dass sie ebenso auf Dauer angelegt ist.[389] Fraglich ist, ab wann man bei einer Lebensgemeinschaft von einer dauerhaften Zukunftsplanung ausgehen kann.

Es wird darauf abgestellt, dass eine verfestigte Lebensgemeinschaft ein Zeichen dafür ist, dass der Bedürftige sich aus der nachehelichen Solidarität gelöst hat. Er bringt zum Ausdruck, dass er endgültig von dem Pflichtigen Abstand nimmt und seine Unterstützung nicht mehr benötigt.[390]

Mit dem erkennbaren Eingehen einer neuen Lebensgemeinschaft und somit dem Aufbau einer Solidarität zu einem andern Partner könnte man den Punkt ansetzen, an dem sich der ehemalige Ehegatte aus der nachehelichen Solidarität

385 OLG Köln, NJW-RR 2000, 371 (372); OLG Schleswig, FPR 2004, 610 (611); OLG Köln, FF 2005, 192 (192).
386 Schnitzler, FPR 2008, 41 (43).
387 OLG Düsseldorf, NJW 1992, 2303.
388 BT-Drucks. 16/1830, S. 21.
389 MüKo/Maurer, § 1579 Rdnr. 60.
390 BT-Drucks. 16/1830, S. 21.

herauslöst. Dieser Zeitpunkt würde allerdings nicht erst nach zwei oder drei Jahren anzusetzen sein.

Wohingegen der Zeitpunkt, an dem man von einer gemeinsamen Zukunftsplanung ausgehen kann, wohl später anzusetzen ist. Eine gemeinsame Zukunftsplanung geht einher mit einer finanziellen Planung, der sog. Versorgungsplanung. Dieser Zeitpunkt wäre wohl bei Berücksichtigung des Einzelfalls nach zwei bis drei Jahren zu sehen.

Zu beachten ist, dass der Ausschluss des Unterhalts wegen einer verfestigten Lebensgemeinschaft nicht endgültig sein muss. Eine Änderung der Situation, die zur Verwirkung des Unterhalts geführt hat, wie etwa das Zerbrechen der neuen Lebensgemeinschaft, löst eine erneute Überprüfung aus. Dabei wird festgestellt, ob die Unterhaltsbelastung, wenn sie wieder aufleben würde, immer noch für den Pflichtigen unzumutbar wäre.[391] Die erneute Inanspruchnahme des Pflichtigen auf Unterhalt nach Beendigung der neuen Beziehung des Berechtigten ist unter den Gesichtspunkten des Vertrauensschutzes nicht grob unbillig. Dabei ist der Zeitfaktor, zum einen im Hinblick auf die Ehedauer, zum anderen im Hinblick auf die Dauer des neuen Verhältnisses, entscheidend.[392]

Mit der Voraussetzung der dauerhaften Zukunftsplanung will man wohl verhindern, dass der Unterhaltspflichtige zu früh aus der Unterhaltspflicht entlassen wird, sodass das Risiko höher ist, dass die Verbindung des Unterhaltsberechtigten zerbricht, ohne eine Versorgung für ihn zu gewährleisten. Wenn dann z.B. aus zeitlichen Gründen der Unterhaltsanspruch gegen den ehemaligen Ehegatten nicht mehr aufleben würde, müsste der Staat eintreten. Dies scheint nicht gewollt zu sein.

Als Beispielsfall kann man den Fall einer geschiedenen Ehefrau anführen, die eine verfestigte Lebensgemeinschaft i.S.d. § 1579 Nr.2 BGB geführt hat und damit ihren Unterhaltsanspruch verwirkt hat. Nun zerbricht diese Gemeinschaft nach etlichen Jahren und der Unterhaltsanspruch gegen ihren Ehemann lebt nicht mehr auf, weil eine zeitliche Nähe zur Ehe nicht mehr gegeben ist. Diese Frau hat selbst keine finanziellen Mittel und ist nicht erwerbstätig. Sie wäre nun auf Sozialhilfe angewiesen.

Es wäre dem geschiedenen Ehemann nicht zumutbar, seine von ihm geschiedene Ehefrau zu unterhalten. Dennoch entsteht das Problem, dass diese geschiedene Ehefrau nun auf staatliche Hilfe angewiesen ist. Die Voraussetzungen an eine dauerhafte Zukunftsplanung sind daher hoch anzusetzen.

---

391 BGH, FamRZ 1986, 443 (444); OLG Celle, 17 UF 128/07; Hoppenz/Hülsmann, Der reformierte Unterhalt, § 1579 BGB a.F. Rdnr. 52.

392 BGH, FamRZ 1987, 689 (690).

d) Erscheinungsbild in der Öffentlichkeit

Je nach dem Erscheinungsbild einer dauerhaften gestalteten Verbindung in der Öffentlichkeit besteht ein Grund zur Anwendung der Härteklausel nach § 1579 Nr. 2 BGB.[393] Das Publizitätselement ist zwar nicht Tatbestandselement, aber kann als Indiz dienen.[394] Die Bewertung als dauerhafte Verbindung kann nicht durch eine Prüfung des Erscheinungsbilds in der Öffentlichkeit ersetzt werden. Letzteres betrifft nur die Erkennbarkeit der Partnerschaft aufgrund nach außen dringender Gegebenheiten.[395] Geprüft wird, ob ein eheähnliches Zusammenleben angenommen werden kann unter Würdigung aller getroffenen Feststellungen.[396]

Fraglich ist jedoch, welche Öffentlichkeit entscheidend ist, um über das Erscheinungsbild einer verfestigten Beziehung zu bestimmen.

aa) Analyse der Rechtsprechung

Um der Frage nachzugehen, welche Öffentlichkeit endscheidungserheblich ist, um eine verfestigte Lebensgemeinschaft i.S.d. § 1579 Nr. 2 BGB anzunehmen, wird in diesem Abschnitt der Arbeit die Rechtsprechung analysiert.

1983 urteilte der Bundesgerichtshof,[397] bei der Annahme einer verfestigten Lebensgemeinschaft i.S.d. § 1579 Nr. 2 BGB sei nicht der Grad der Verfestigung der neuen Partnerschaft maßgeblich. Vielmehr ist auf den Eingriff in die Handlungsfreiheit und Lebensgestaltung des Pflichtigen abzustellen, der in erster Linie durch das Bild der neuen Gemeinschaft in der Öffentlichkeit entsteht.

Für die Annahme einer verfestigten Gemeinschaft im Erscheinungsbild der Öffentlichkeit wertete der Bundesgerichtshof[398] als Indizien, dass die Partner mit gemeinsamen Kindern zusammen „wie eine normale Familie“ lebten und Verlobungsringe trugen, um die Beziehung „etwas zu legalisieren“. Zudem zeigte ein Zeitungsinserat, dass eine von dem einen Partner betriebenen Gaststätte gemeinsam von dem Paar eröffnet wurde.

---

393 BGH, NJW 1989, 1083 (1086); NJW 1986, 722 (723); FamRZ 1984, 986 (987); OLG Karlsruhe, FamRZ 1994, 174 (175); OLG Koblenz, FamRZ 1989, 632 (632 f.); 286 (287); Gerhardt in: Wendl/Staudigl, § 4 Rdnr. 657/658/662; BGH, NJW 1989, 1083; NJW 1986, 722; OLG Hamm, FamRZ 2003, 877 (877).

394 MüKo/Maurer, § 1579 Rdnr. 59.

395 BGH, NJW 1997, 1851; Gerhardt, in: Wendl/Staudigl, § 4 Rdnr. 662.

396 BGH, NJW 2004, 1326; NJW 2002, 1947; NJW 2002, 217.

397 BGH, FamRZ 1983, 569 (572); 996 (997).

398 BGH, NJW 1983, 1548 (1551).

1984 stellte der Bundesgerichtshof[399] bei der Prüfung des Erscheinungsbildes in der Öffentlichkeit fest, dass die Partner nicht in einer Wohnung wohnten, sondern der eine Partner sich zwar weitgehend in der Wohnung des anderen aufhielt, aber in der Wohnung seiner Mutter wohnte, wobei sich beide Wohnungen in demselben Mietshaus befand. Ferner war relevant bei der Prüfung, dass die Partner ein Kind zusammen haben und verlobt waren;[400] wobei ein Verlöbnis auf eine Heiratsabsicht hindeute, anderes wäre es nicht mit dem Wesen des Verlöbnisses vereinbar.[401] Auch wenn von einer Eheschließung aufgrund der fehlenden Sicherung des Lebensbedarfs wegen schlechter wirtschaftliche Verhältnisse abgesehen würde, spreche alles für eine enge persönliche Verbindung und somit auch für das Erscheinungsbild der Partner in der Öffentlichkeit als feste soziale Verbindung[402] i.S.d. § 1579 Nr. 2 BGB.

Das OLG Hamm[403] entschied im Jahre 1988, dass eine Partnerschaft ehegleich ist und die volle Unterhaltszahlung dem Pflichtigen nicht zugemutet werden könne. Der Berechtigte war mit einem Berufssoldat eine Beziehung eingegangen. Der Beruf des neuen Partners bedingte aber, dass die Beziehung auf Distanz geführt wurde. So sei zum Vergleich auf eine Soldatenehe abzustellen, bei der ein unregelmäßiges Zusammenleben mit der Familie bestehe, das im Wesentlichen auf die Wochenenden und den Urlaub konzentriert sei und eine Dienstwohnung neben der partnerschaftlichen Wohnung existiere.

1988 urteilte das OLG Düsseldorf,[404] dass das tatsächliche normale Familienleben trotz nicht einheitlichen Familiennamens der Öffentlichkeit nicht verborgen bleiben könne. Die neuen Partner lebten in dem Fall mit Kindern aus erster Ehe, dem Kind aus zweiter Ehe und dem nichtehelichen gemeinsamen Kind zusammen. Zusätzlich beteiligte sich der neue Partner an der Führung des Haushalts, der Betreuung der Kinder und den Haushaltskosten. Eine verfestigte Lebensgemeinschaft i.S.d. § 1579 Nr. 2 BGB ist daher anzunehmen.

1989 entschied der Bundesgerichtshof,[405] selbst wenn beide Partner sich in der Öffentlichkeit zueinander bekennen, zusammen einkaufen, Lokale aufsuchen und gemeinsam Reisen unternehmen würden, ergebe sich daraus noch keine so intensive Bindung im Erscheinungsbild in der Öffentlichkeit, insbesondere wenn die Partner erst kurz, wie in diesem Fall noch nicht einmal ein halbes Jahr, zusammenleben würden. Die Fortdauer der Unterhaltsverpflichtung sei nicht schon

399 BGH, NJW 1984, 2692 (2693).
400 BGH, NJW 1984, 2692 (2693).
401 BGH, NJW 1983, 1548 (1551); 1984, 2692 (2693).
402 BGH, NJW 1984, 2692 (2693).
403 OLG Hamm, NJW-RR 1988, 1097 (1098).
404 OLG Düsseldorf, NJW-RR 1988, 7 (7).
405 BGH, NJW-RR 1989, 1479 (1479).

nach so kurzer Beziehungsdauer unzumutbar, obwohl die Unterhaltsberechtigte eine Wiederverheiratung ins Auge fasse und zu diesem Zweck auch mit dem neuen Partner probeweise zusammenlebe.[406] Denn eine Beziehung, die zwar der Vorbereitung einer neuen Ehe diene, sich aber in angemessenen zeitlichen Grenzen halte, habe in der Regel in den Augen der Öffentlichkeit noch keinen Endgültigkeitscharakter.[407]

1992 zog das OLG Düsseldorf[408] Rückschlüsse auf eine verfestigte Lebensgemeinschaft i.S.d. § 1579 Nr. 2 BGB aus verschiedenen Zuwendungen, die das gewöhnliche Maß von unter bloßen Freunden üblichen Aufmerksamkeiten deutlich überschritten. Es wurde z.B. ein hochwertiges Kraftfahrzeug gekauft, das von dem einen Partner angeschafft wurde und in die ausschließliche Verfügungsgewalt des anderen überging. Damit liege eine uneingeschränkte und öffentlich sichtbare Nutzung vor, weil das Kraftfahrzeug von der Unterhaltsberechtigten ständig in Gebrauch genommen und nach Belieben auch ihrer Tochter zur Benutzung überlassen werde. Hinzu komme, dass die Unterhaltsberechtigte sich auch in dem Auto des anderen häufig in der Öffentlichkeit zeige und ihr Auftreten in der Öffentlichkeit durch die Lebensgestaltung des anderen geprägt sei, was beispielsweise auch in den ausgedehnten und aufwendigen Urlaubsreisen mit Familienmitgliedern auf Kosten des anderen Partners Ausdruck finde. Über solche, die Luxusbedürfnisse befriedigenden Zuwendungen hinaus werde auch zum laufenden Lebensunterhalt beigetragen. Trotz getrennter Haushaltsführung sei von einer auf Dauer angelegten sozialen Verbindung auszugehen, denn der eine Partner habe dem anderen die Einrichtung eines Sonnenstudios mit einem Kostenaufwand von mehr als 125.000 DM zinslos und ohne Sicherheiten finanziert. Dabei sei nach objektiven Maßstäben nicht von einem gewöhnlichen Geschäft oder von einer Geste, wie sie unter guten Freunden üblich ist, auszugehen, sondern von einer „Zuwendung, die nach den gegebenen Umständen ihren Grund nur in einem hohen Grad wirtschaftlicher, sozialer und persönlicher Verflechtungen der Lebensverhältnisse und Interessen der Partner findet“. Der folgende Umzug in das Haus des neuen Partners bestätige zudem, dass die soziale Verbindung auf Dauer angelegte sei.[409] Die Lebensstile wurden angepasst und das weitere Lebensschicksal verbunden, indem die Unterhaltsberechtigte sich wirtschaftlich und sozial bewusst in Abhängigkeit des neuen Partners begibt.

1992 urteilte das OLG Celle, dass die Partnerschaft sich im Erscheinungsbild in der Öffentlichkeit als verfestigt i.S.d. § 1579 Nr. 2 BGB darstelle, weil die

406 BGH, NJW-RR 1989, 1479 (1479).
407 BGH, NJW-RR 1989, 1479 (1479); NJW 1983, 2243 (2244); 1984, 2692 (2693).
408 OLG Düsseldorf, NJW 1992, 2302 (2303).
409 OLG Düsseldorf, NJW 1992, 2302 (2303).

Partner einen Großteil ihrer Freizeit miteinander verbrächten, der eine Partner den anderen sogar während dessen berufsbedingter Abwesenheit auf seiner Montagestelle in Thailand besuche und die Partner an einem Kegelausflug gemeinsam teilnähmen. Allerdings scheiterte der Unterhaltsausschlussgrund an der Voraussetzung der Dauerhaftigkeit. Die erst knapp zwei Jahre währende Beziehung und die dazu kommenden längeren Zeiten der berufsbedingten Abwesenheit des einen Partners stehe der Annahme einer dauerhaften Partnerschaft entgegen.[410]

1993 entschied das OLG Zweibrücken, dass eine enge Beziehung sich z.B. durch ein intimes Verhältnis, Besuche während der Woche und regelmäßige Besuche an den Wochenenden, zusammen verbrachte Urlaube und Freizeit, die teilweise Versorgung des anderen, wie beispielsweise das Wäschewaschen und der Besitz eines Schlüssels zu der Wohnung des anderen Partners, auszeichne. Dies seien Indizien dafür, dass keine bloße Freundschaft oder lose Verbindung vorliege.[411] Kriterium sei, dass im äußeren Erscheinungsbild der Verbindung in der Öffentlichkeit nichts wesentlich von dem Erscheinungsbild eines Ehepaares abweiche,[412] obwohl das Paar nicht ständig in einer Wohnung lebe[413] oder zusammen wirtschafte.[414]

1994 wertete das OLG Schleswig eine gemeinsam angemietete Wohnung als Indiz dafür, dass die Beziehung nach außen sichtbar verfestigt sei. Eine gemeinsame Wohnung lasse vermuten, dass die Partner dauerhaft zusammen bleiben wollen.[415]

Auch im Jahre 1994 entschied das OLG Köln,[416] dass unterschiedliche Interessen und deutlich getrennte Lebensbereiche der Partner nicht das Gepräge einer festen sozialen, eheähnlichen Verbindung aufweisen. Dies ändere sich auch nicht durch Wohnungen, die in unmittelbarer Nähe zueinander liegen. In diesem Fall würden nicht nur formal weiterhin zwei Wohnungen unterhalten, sondern jeder führe seinen eigenen Haushalt und versorge sich auch selbst. Obwohl sogar einer der Partner im gleichen Haus, in dem der andere Partner eine Wohnung bewohne, eine Eigentumswohnung habe, könne nicht auf eine feste soziale Verbindung geschlossen werden, denn die Wohnung werde nicht von dem Partner selbst bewohnt, sondern sei vermietet. Auch die Tatsache, dass die Partner vor dem Ein-

---

410 OLG Celle, NJW-RR 1992, 1349 (1350).

411 OLG Zweibrücken, NJW 1993, 1660 (1660); OLG München, FamRZ 1990, 1243 (1243); OLG Koblenz, FamRZ 1991, 1314 (1315); OLG Hamm, FamRZ 1991, 828 (829).

412 OLG Zweibrücken, NJW 1993, 1660 (1660).

413 BGH, NJW 1984, 2692 (2693); OLG Zweibrücken, NJW 1993, 1660 (1660).

414 OLG Zweibrücken, NJW 1993, 1660 (1660).

415 OLG Schleswig, NJW-RR 1994, 457.

416 OLG Köln, NJW-RR 1994, 1030 (1031).

zug des einen in die jetzige Wohnung mehrere Wochen zusammenwohnten, begründe keine Verfestigung der Beziehung im Erscheinungsbild in der Öffentlichkeit, denn es handele sich nur um eine vorübergehende Lösung.

1997 legte der Bundesgerichtshof[417] fest, dass gemeinsame Urlaube und wenigstens sporadische Teilnahme an Familienfesten das Bild einer verfestigten Beziehung in der Öffentlichkeit prägen. Der Pkw des Unterhaltsberechtigten wurde ständig vom anderen Partner genutzt und im Krankheitsfall wurde Hilfe geleistet, die üblicherweise nur von Ehegatten untereinander geleistet wird. Ebenso waren das vorübergehende Beisammenwohnen, die Besorgung der Einkäufe, das Erbringen anderer Haushaltsleistungen und Bringen und Abholen des Kindes von Schule bzw. Hort Indizien. Hinzukam, dass der neue Partner von dem Kind des Unterhaltsberechtigten „Papa" genannt wurde.

2000 urteilte das OLG Schleswig,[418] dass aufgrund der Ansicht des Freundeskreises, dass die Unterhaltsberechtigte eine neue Verbindung eingegangen sei, auf das Bestehen einer verfestigten Lebensgemeinschaft geschlossen werde.

Das OLG Köln[419] entschied im selben Jahr, dass der Erwerb einer gemeinsamen Immobilie für sich für eine langjährig angelegte Partnerschaft spricht, weil der Entscheidung darüber eine große wirtschaftliche Bedeutung zuzumessen ist und es eine gemeinsame Zukunftsorientierung erkennen lässt. Dies werde dadurch bestärkt, wenn das Haus zum gemeinsamen Wohnen verwendet werden soll. In dem Fall kam hinzu, dass die Partner sich bereits im fortgeschrittenen Lebensalter befanden und der eine Partner seinen Lebensmittelpunkt in die Stadt verlegte, in der der andere bereits lebte. Trotzdem müsse sich aufgrund der kurzen Zeit, die die Partner sich kennen und zusammenleben, die Gemeinschaft erfahrungsgemäß noch eine Zeit lang bewähren, bevor die zwangsläufigen Unsicherheiten hinsichtlich der Dauerhaftigkeit der Partnerschaft schwinden würden. Dadurch werde das Erscheinungsbild in der Öffentlichkeit beeinflusst, indem sich die Partnerschaft nicht sogleich als gefestigte eheähnliche Beziehung darstelle.

Ebenfalls im selben Jahr legte das OLG Koblenz[420] fest, dass eine verfestigte Lebensgemeinschaft im Erscheinungsbild der Öffentlichkeit angenommen werden kann, wenn die Partner ihre Freizeit an den Wochenenden und die Urlaube gemeinsam gestalten – zudem eine Integration des Partners in das Familienleben des anderen stattfindet. Dies allein kann dazu führen, dass die Unterhaltsbelastung für den Pflichtigen unzumutbar wird.

---

417 BGH, NJW 1997, 1851 (1851).

418 OLG Schleswig, BeckRS 2000, 30141598.

419 OLG Köln, NJW-RR 2000, 371 (372).

420 OLG Koblenz, NJW-RR 2000, 1097 (1098).

2002 entschied das Kammergericht, wenn sich der Kontakt nur auf Telefonate beschränke, entstehe in der Öffentlichkeit nicht der Eindruck einer an die Stelle einer Ehe getretenen Lebensgemeinschaft.[421]

2002 urteilte das OLG Köln, dass eine Ehe ersetzende Gemeinschaft anzunehmen sei, wenn die Partner sich seit einigen Jahren kennen und der eine Partner den anderen, der an Multipler Sklerose erkrankt sei, schon seit mehreren Jahren pflege, wobei zu den erbrachten Betreuungsleistungen Einkäufe, Behördengänge, Putzen der Wohnung und Begleitung in den Kurort gehören. Die Partner zogen in diesem Fall in einer Wohnung zusammen. Die Wohnung wurde auf den pflegenden Partner übertragen gegen eine Gegenleistung in Form einer Einräumung eines lebenslangen Wohnungsrechts und einer Pflegeverpflichtung. Der Anspruch auf Pflegegeld wurde an den anderen Partner abgetreten und eine General- und Altersvorsorgevollmacht erteilt. Der pflegende Partner erbrachte eine Vollpflege, die die Körperpflege, das Be- und Entkleiden und die nächtliche Begleitung zur Toilette mit einschließt. Der kranke Partner wurde zur Vertrauensperson. Auch weitere Betreuungs- und Pflegeleistungen wollte der pflegende Partner für den Erkrankten leisten. Die Pflege- und Betreuungsleistungen wurden in der Freizeit erledigt, zum Teil nahm der pflegende Partner eine Dienstbefreiung und Sonderurlaub in Anspruch. Die Mahlzeiten wurden an Werktagen morgens und abends sowie an den Wochenenden oder freien Tagen gemeinsam eingenommen. Ein großer Teil der Freizeit des einen Partners wurde für das Dasein für den anderen verwandt.[422] Die Beziehung erscheint daher im äußeren Erscheinungsbild augenfällig als verfestigt wegen der derart umfassende Betreuung und Zuwendung. In der Regel würden diese Leistungen einem Behinderten oder Kranken nur von allernächsten Angehörige oder dem Ehepartner gewährt.[423]

Dennoch ist in diesem Fall herauszustellen, dass im Gegenseitigkeitsverhältnis geleistet wird. Für die Pflege- und Betreuungsdienstleistungen wurde die Wohnung auf den pflegenden Partner übertragen und der Pflegegeldanspruch abgetreten. Man könnte das Verhältnis der Partner auch mit einer bezahlten Pflege vergleichen und somit eine verfestigte Lebensgemeinschaft i.S.d. § 1579 Nr. 2 BGB ablehnen.

2002 entschied der Bundesgerichtshof,[424] für die Annahme einer verfestigten Lebensgemeinschaft sei Voraussetzung, dass die Wochenenden überwiegend zusammen verbracht würden, gelegentlich beieinander übernachtet und der eine Partner beim anderen verköstigt werde, sowie gemeinsame Urlaube mit der

421 KG, FPR 2002, 301 (303).

422 OLG Köln, BeckRS 2002, 30244883.

423 OLG Köln, BeckRS 2002, 30244883; OLG Hamm, FamRZ 1986, 1219 (1220).

424 BGH, FPR 2002, 56 (57).

Tochter des einen Partners verbrachte würden und der Partner zu Familienfeiern mitkäme. Auch sei Indiz für eine verfestigte Lebensgemeinschaft, dass auswärtige Veranstaltungen in der Regel gemeinsam besucht und die Weihnachtsfeiertage und andere Feiertage zusammen verbracht würden. In der Öffentlichkeit würden die Partner somit als Paar angesehen. Dies fände seinen Ausdruck darin, dass auf der gemeinsamen Dienststelle des Paares bekannt sei, dass die Partner in einer Lebensgemeinschaft zusammen leben würden. Jeder Partner für sich sei dennoch wirtschaftlich selbstständig und habe eigene Kinder. Abgesehen von den Kontakten am gemeinsamen Arbeitsplatz, verbrächten die Partner die überwiegende Freizeit während der Arbeitswoche bewusst getrennt. Dieser Entschluss führe dazu, dass die Verbindung in der Öffentlichkeit eingeschränkt wirke und die Unterhaltszahlung daher zumutbar i.S.d. § 1579 Nr. 2 BGB seien.

In mehreren Entscheidungen[425], u.a. einer Entscheidung des Bundesgerichtshof[426] aus dem Jahr 2004, wird die Öffentlichkeit getrennt vom Familienkreis erwähnt.

2004 urteilte das OLG Schleswig,[427] dass die Partner eine verfestigte Partnerschaft führen würden, die häufiger bzw. regelmäßig ein bis zwei Nächte während der Woche beieinander übernachten würden und regelmäßig, wenn auch nur kurze Urlaube, gemeinsam verbrächten. Der Annahme einer verfestigten Partnerschaft stand in diesem Fall nicht entgegen, dass die Partner jeweils einen eigenen Freundeskreis am jeweiligen Wohnort unterhielten. Auch innerhalb einer Ehe sei es nicht ungewöhnlich, unterschiedliche Freundeskreise zu unterhalten. Indiz für die Verfestigung der Beziehung im Erscheinungsbild in der Öffentlichkeit war eine Traueranzeige, in der beide Namen mit einem „mit" verbunden genannt wurden. Dieses Bindewort zeige die Verbundenheit in einer Lebenspartnerschaft und die Akzeptanz und Kenntnisnahme dieser Partnerschaft von Dritten. Die von dem Sohn des einen Partners verfasste Traueranzeige für seine verstorbene Lebensgefährtin spreche dafür, dass der Sohn bei der Abfassung der Traueranzeige das Verhältnis in seiner schlechten Gemütsverfassung so wiedergab, wie er die Partnerschaft für sich verinnerlicht habe, nämlich als verfestigte Partnerschaft.[428]

2005 legte das OLG Stuttgart fest,[429] dass sich für einen Außenstehenden aufgrund des Auftretens als Lebenspartner in der Öffentlichkeit seit vier Jahren das Bild einer verfestigten, auf Dauer angelegten Lebensgemeinschaft ergebe. In diesem Fall bewohnte das Paar ein gemeinsames Haus. Die Partner würden zwar in getrennten Wohnungen leben und würden ihre Wirtschaftsbereiche trennen, aber

---

425 BGH, NJW 2004, 1326 (1327); OLG Koblenz, BeckRS, 2001, 30206576.

426 BGH, NJW 2004, 1326 (1327).

427 OLG Schleswig, NJW-RR 2004, 799 (800).

428 OLG Schleswig, NJW-RR 2004, 799 (800).

429 OLG Stuttgart, NJOZ 2005, 2089 ff.

im Erscheinungsbild der Verbindung in der Öffentlichkeit sei diese Trennung kaum ersichtlich und die privaten Bereiche scheinen eng verbunden. Der Erwerb des gemeinsamen Grundeigentums indiziere zusätzlich eine dauerhafte Partnerschaft.

2005 entschied das OLG Koblenz[430] in einem Fall, in dem intime Kontakte allein noch kein Indiz für eine nichteheliche Lebensgemeinschaft seinen. Allerdings könnten sexuelle Kontakte zusammen mit weiteren Indizien die Überzeugung begründen, dass eine eheähnliche Gemeinschaft vorläge. Als Indiz für eine verfestigte Lebensgemeinschaft i.S.d. § 1579 Nr. 2 BGB komme hinzu, dass die angeblichen Partner jeweils für einen Großteil des Jahres nach Spanien gefahren wären und dort erhebliche Zeit miteinander verbrachten. Dies könne zwar nicht bereits daraus geschlossen werden, dass die angeblichen Partner in der Regel gemeinsam nach Spanien gefahren und gemeinsam aus Spanien zurückgekommen sind, aber es wurde von einem Beobachter bezeugt. Entscheidend sei das öffentliche Verhalten in der Zwischenzeit. Das angebliche Paar habe in Spanien viel Zeit miteinander verbracht. Dadurch müsse für Außenstehende der Eindruck entstanden sein, dass die Partnerschaft wegen der Art und Weise des Zusammenseins eheähnlich ist. Zuträglich sei, dass der eine angebliche Partner dem anderen während einer Krebserkrankung beigestanden habe. Dies macht deutlich, dass die angeblichen Partner wechselseitig für sich einstünden. Sie helfen und unterstützen sich gegenseitig, wie z.B. beim Einkaufen, und haben ihre Lebensverhältnisse aufeinander abgestellt. Ebenso wird die Freizeit gemeinsam gestaltet. Das Verhältnis geht über eine vertrauensvolle Freundschaft hinaus, denn die Hilfe und Unterstützung wird im gesamten Alltag geleistet. Das Zusammenleben der angeblichen Partner in dieser Form stellt sich nach außen hin ehegleich dar. Somit sei eine verfestigte Lebensgemeinschaft anzunehmen.[431]

2007 entschied das OLG Hamm, wenn vor dem Haus beide Namen am Briefkasten stünden, durch ein gemeinsames Kind eine neue Familie entstanden sei und lediglich die formale Eheschließung fehle, dann sei von einer verfestigten Lebensgemeinschaft im Erscheinungsbild der Öffentlichkeit auszugehen.[432]

2007 hat das Bundesverfassungsgericht[433] als Indizien für eine verfestigte Lebensgemeinschaft ein intimes Verhältnis, eine gemeinsame Gestaltung großer Teile der Freizeit einschließlich Urlaube und das Auftreten als Paar gegenüber Freunden und Bekannten angeführt. Ein Unterhaltsverwirkungsgrund sei in diesem Fall trotzdem nicht gegeben, weil die Beziehung der Partner durch eine be-

---

430 OLG Koblenz, NJOZ 2005, 2979 (2980 ff.).

431 OLG Koblenz 2005, NJOZ 2005, 2979 (2980 ff.).

432 OLG Hamm, BeckRS 2007, 00162.

433 BVerfG, BeckRS 2007, 28225.

wusste Distanz ganzer Lebensbereiche, wie der Wohnungen, der Haushaltsführung, des finanziellen Bereichs sowie durch die Aufrechterhaltung eines teilweise getrennten Freundeskreises, charakterisiert sei und daher eben kein enges Zusammenleben wie in einer Ehe vorläge.

2007 urteilte das OLG Köln[434] in einem Fall, in dem aus einer intimen Beziehung zweier Partner zwei Kinder hervorgegangen waren. Indizien für eine verfestigte Lebensgemeinschaft seien neben den Kindern zum einen die Tatsache, dass eine Unterhaltsgemeinschaft zwischen den neuen Partnern gegründet worden sei und zum anderen, dass nach außen der Eindruck erweckt und aufrechterhalten werde, dass sie wie ein Ehepaar zusammenleben, indem der eine Partner am Wohnsitz des anderen für Zeiträume gemeldet war und an Familienfeiern teilnahm, wie auch an der Kommunion des Sohnes aus der Ehe der Unterhaltsberechtigten mit dem Pflichtigen. Die verfestigte Lebensgemeinschaft spiegele sich zudem auch in der Pkw-Nutzung wider. Die Unterhaltsberechtigte nutzte über einen Zeitraum den Wagen des Pflichtigen und gab den Wagen in Zahlung zum Kauf eines eigenen, der wiederum über den neuen Partner versichert wurde. Der neue Partner sei in der Wohnung der Unterhaltsberechtigten nicht nur als Besucher aufgetreten. Sowohl Aussagen von Arbeitskollegen als auch die Aussage einer Zeugin, die, als sie einen Mann zum Mithelfen bei der Sperrmüllbeseitigung brauchte, selbstverständlich den neuen Partner der Unterhaltsberechtigten in deren Wohnung als dafür ansprechbar erachtete, würden auf eine verfestigte Lebensgemeinschaft i.S.d. § 1579 Nr. 2 BGB hinweisen.[435]

2008 entschied das OLG Brandenburg,[436] dass gemeinsame Urlaube und Feiern Indizien für das Erscheinungsbild einer verfestigten Lebensgemeinschaft in der Öffentlichkeit seien.

2008 legte das OLG Zweibrücken[437] fest, dass eine Beziehung nach außen dokumentiert würde, also für die Öffentlichkeit sichtbar werde durch einen reservierten Stellplatz vor der Eigentumswohnung der Unterhaltsberechtigten, an dem sich ein Schild mit dem Autokennzeichen des Autos des neuen Partners befindet. Auch wenn die Partner ihre Freizeit nicht ständig gemeinsam verbrächten, z.B. wenn ein Partner alleine ins Fitnessstudio gehe oder sich mit Kollegen treffe, spreche diese Tatsache nicht gegen eine Verfestigung der Lebensgemeinschaft im Erscheinungsbild der Öffentlichkeit.[438]

---

434 OLG Köln, BeckRS 2007, 04384.

435 OLG Köln, BeckRS 2007, 04384.

436 OLG Brandenburg, BeckRS 2008, 20638.

437 OLG Zweibrücken, BeckRS 2008, 13427.

438 OLG Zweibrücken, BeckRS 2008, 08901.

2008 urteilte das OLG Bamberg[439] in einem Fall, in dem die Wohnungen der Partner in einem Haus unmittelbar übereinander lagen. Die Partner verbrachten ihre Freizeit gemeinsam wie ein Ehepaar; in der Familie und Verwandtschaft war der jeweils andere an die Stelle des früheren Ehepartners getreten. Dies begründe den objektivierbaren Eindruck einer verfestigten Lebensgemeinschaft und damit den Verwirkungstatbestand des § 1579 Nr. 2 BGB.[440]

Ebenfalls im Jahre 2008 entschied das OLG Karlsruhe,[441] dass als Indizien für eine verfestigte Lebensgemeinschaft gewertet würden, dass die Partner die Wochenenden überwiegend zusammen verbrächten, sich der eine Partner aber als Bundeswehrsoldat während der Woche an seinem Stationierungsort und zeitweise auch im Ausland aufhalte, wenn er dort eingesetzt werde. Die Auftritte in der Öffentlichkeit als Paar würden festgemacht an gemeinsamen Urlauben, zusammen verbrachter Freizeit und gemeinsam verbrachten Feiertagen, die auch zusammen mit Familienangehörigen verlebt werden, sowie an Familienfesten, die zusammen besucht würden.[442]

bb) Auswertung der Analyse der Rechtsprechung

Die Auswertung der Analyse der Rechtsprechung zeigt, dass es feststehende objektive Indizien bis hin zu wertungsbedürftigeren subjektiven Indizien in der Rechtsprechung für das Bild der Partnerschaft in der Öffentlichkeit gibt. Diese gilt es zu unterscheiden und einzuordnen, damit man sie in der Beurteilung einer Verbindung werten und gewichten kann.

Die Rechtsprechung hat stereotype Ehebilder herausgebildet und mit der festzustellenden verfestigten Partnerschaft verglichen. Wenn die neue Verbindung dem stereotypen Ehebild gleicht, wird eine verfestigte Lebensgemeinschaft i.S.d. § 1579 Nr. 2 BGB angenommen. In der Regel ist dabei der Maßstab ein „tatsächliches normales“ Familienleben.[443] Die Partnerschaft kann aber auch ihrer Ausgestaltung nach an einem besonderen stereotypen Ehebild, wie dem der Soldatenehe,[444] gemessen werden.

Eine gewisse Zeit der Bewährungsprobe bedarf es, um zwangsläufige Unsicherheiten hinsichtlich der Dauerhaftigkeit der Partnerschaft schwinden zu lassen, die auch das Erscheinungsbild der Verbindung in der Öffentlichkeit beein-

---

439 OLG Bamberg, NJOZ 2008, 3198 ff.

440 OLG Bamberg, NJOZ 2008, 3198 (3199).

441 OLG Karlsruhe, NJW 2008, 2645 ff.

442 OLG Karlsruhe, NJW 2008, 2645 (3647).

443 OLG Düsseldorf, NJW-RR 1988, 7 (7); OLG Schleswig, NJW-RR 2004, 56 (57); OLG Koblenz, NJOZ 2005, 2979 (2982); OLG Hamm, BeckRS 2007, 00162.

444 OLG Hamm, NJW-RR 1988, 1097 (1098); OLG Karlsruhe, NJW 2008, 2645 (2647).

flussen, denn die Partnerschaft stellt sich nicht sogleich als gefestigte eheähnliche Beziehung dar.[445]

Entscheidend ist laut des Bundesgerichtshofes[446] nicht die Verfestigung, sondern der Eingriff in die Handlungsfreiheit und Lebensgestaltung des Unterhaltspflichtigen, der durch die neue Lebensgemeinschaft in dem Bild der Öffentlichkeit für den Pflichtigen durch die Unterhaltsbelastung entsteht.

Bei der Beurteilung der Frage, ob eine verfestigte Lebensgemeinschaft vorliegt, ist allerdings grundsätzlich auf das Erscheinungsbild der Partnerschaft in der Öffentlichkeit abzustellen und nicht auf die allein subjektiv in Anspruch genommene Distanz eines Partners zu dem neuen Partner, die in der tatsächlichen Lebensgestaltung nicht zum Ausdruck kommt.[447]

Der Unterhaltsberechtigte selbst fällt nicht unter den Begriff der Öffentlichkeit.

(1) Äußerlich sichtbare Indizien

Ein äußerlich sichtbares Indiz für eine verfestigte Lebensgemeinschaft i.S.d. § 1579 Nr. 2 BGB ist z.B. ein gemeinsames Kind. Dies lässt sich anhand der Geburtsurkunde feststellen. Ebenso lässt eine gemeinsam angemietete Wohnung eine verfestigte Beziehung nach außen sichtbar vermuten. Beweismittel wäre hierfür der Mietvertrag, der von beiden Partnern unterschrieben wurde. Das, was für Dritte ersichtlich ist, ist das Zusammenleben eines Paares in einer Wohnung. Beweise dafür beruhen allerdings auf Zeugenaussagen.

Als Gegenstück zur Miete wird ebenso der Erwerb von Immobilieneigentum als Indiz für eine verfestigte Lebensgemeinschaft gewertet. Wegen der wirtschaftlichen Bedeutung dokumentiert ein Erwerb einer Immobilie in der Regel die Entscheidung für eine langjährige gemeinschaftliche Zukunft. Einen äußerlich sichtbaren Beweis dafür erbringt der Kaufvertrag. Aufgrund der Pflicht der notariellen Beurkundung der Einigung, § 873 Abs. 2 BGB, lässt sich auf eine Öffentlichkeitswirkung des Immobilienkaufs anders als bei einem Mietvertrag schließen. Fraglich ist allerdings, ob der Begriff der Öffentlichkeit i.S.e. notariellen Beurkundung auch dem Begriff der Öffentlichkeit i.S.d. § 1579 Nr. 2 BGB entspricht.

Weitere äußerlich sichtbare Indizien für ein Zusammenleben sind die Tatsachen, dass beide Namen der Partner am Klingelschild oder Briefkasten stehen

---

445 BGH, NJW-RR 1989, 1479 (1479); NJW 1983, 2243 (2244); NJW 1984, 2692 (2693); OLG Köln, NJW-RR 2000, 371 (372).

446 BGH, FamRZ 1983, 569 (572); 1983, 996 (997).

447 BGH, NJW 2002, 217 (219); OLG Koblenz, NJOZ 2005, 2979 (2980).

und ein Autostellplatz vor der Wohnung des einen Partners, der mit dem Autokennzeichen des neuen Partners reserviert ist.[448] Diese Anzeichen für eine verfestigte Lebenspartnerschaft sind von außen ohne eine Beobachtung der Partner ersichtlich, wenn man sich in die Lebensumgebung des Paares begibt.

Ebenso ist ein Verlöbnis ein äußerlich sichtbares Indiz für eine verfestigte Lebensgemeinschaft. Obwohl keine Formvorschrift für ein Verlöbnis vorgegeben ist, geben der Verlobungsring, die Verlobungsfeier und die Bekundung z.B. in Form von Einladungskarten oder einer Zeitungsanzeige, Aufschluss über das Bestehen eines Verlöbnisses. Das Verlöbnis drückt die Heiratsabsicht aus und damit die Eheähnlichkeit.

Indiz für eine Verfestigung der Partnerschaft im Erscheinungsbild der Öffentlichkeit kann die Pkw-Nutzung sein, wenn beispielsweise der eine Partner das Auto des anderen gelegentlich oder regelmäßig nutzt.

Rückschlüsse auf eine Verfestigung der Lebensgemeinschaft lassen Zuwendungen zu, die das gewöhnliche Maß von unter bloßen Freunden üblichen Aufmerksamkeiten deutlich überschreiten und „die nach den gegebenen Umständen ihren Grund nur in einem hohen Grad an wirtschaftlicher, sozialer und persönlicher Verflechtung der Lebensverhältnisse und Interessen der Partner finden".[449]

Eine Unstimmigkeit taucht in der Rechtsprechung in Bezug auf die Frage auf, ob die Familie auch die Öffentlichkeit sein kann, indem eine Traueranzeige als Indiz für eine verfestigte Verbindung im Erscheinungsbild der Öffentlichkeit einer Traueranzeige gewertet wird, die der Sohn des einen Partners verfasste. Allerdings muss man in diesem Fall auf die Öffentlichkeitswirkung der Zeitungsanzeige abstellen und der ständigen Rechtsprechung folgen, die die Familie getrennt von der Öffentlichkeit nennt und somit nicht als Teil von der Öffentlichkeit begreift.

(2) Persönlicher Kontakt

Ein persönlicher Kontakt muss zwischen den Partnern bestehen oder bestanden haben. Kontakt, der sich nur auf Telefonate oder Emails allein beschränkt, reicht nicht aus für die Annahme einer verfestigten Lebensgemeinschaft. Diese Vorgabe könnte in der heutigen Zeit zunehmend auf Probleme stoßen. Basieren doch im Zeitalter des Internets viele Beziehungen auf Bekanntschaften im Internet. Man könnte annehmen, dass Partner sich im Internet kennen und lieben lernen. Die Verbindung der Partner könnte sich so intensivieren, dass man von einer Verfestigung ausgehen könnte.

448 OLG Hamm, BeckRS 2007, 00162.
449 OLG Düsseldorf, NJW 1992, 2302 (2303).

Zwei Menschen leben in einer großen Distanz voneinander entfernt und es können keine Mittel aufgebracht werden, um sich persönlich zu treffen. Ihre Beziehung hat in einem Internetchat angefangen und das Paar unterhält seine Verbindung nun schon über Jahre hinweg im Internet und am Telefon. Die Partner chatten täglich, telefonieren dazu und unterhalten sich auch mit Videotelefonie, indem sie sich auf ihre Computerbildschirm über die Webcam übertragen. Ausgehend von der heutigen Rechtsprechung wäre ein persönliches Treffen für das Erscheinungsbild in der Öffentlichkeit ausschlaggebend für eine verfestigte Lebensgemeinschaft i.S.d. § 1579 Nr. 2 BGB. Doch wenn man den Beispielsfall betrachtet, könnte man auch ohne persönliches Treffen eine verfestigte Lebensgemeinschaft i.S.d. § 1579 Nr. 2 BGB annehmen. Diese Auffassung wird gestützt durch den Regierungsentwurf, der ausdrücklich nicht auf sexuelle Kontakte abstellt.

Zudem könnte man die verfestigte Lebensgemeinschaft i.S.d. § 1579 Nr. 2 BGB damit zu der Ehe abgrenzen, denn bei der Eheschließung ist es erforderlich, dass beide zukünftigen Ehegatten persönlich anwesend sind. Daher könnte man das Merkmal des persönlichen Zusammentreffens bei der verfestigten Lebensgemeinschaft i.S.d. § 1579 Nr. 2 BGB vernachlässigen.

Man muss wohl annehmen, dass Kontakte im Internet der Öffentlichkeit verborgen bleiben, obwohl doch das Internet für jedermann zugänglich ist. Voraussetzung für eine verfestigte Lebensgemeinschaft i.S.d. § 1579 Nr. 2 BGB ist für das Erscheinungsbild in der Öffentlichkeit ein persönlicher Kontakt.

(3) Zeugenaussagen

Für Aussagen über das Erscheinungsbild der Verbindung in der Öffentlichkeit werden in den Prozessen als Zeugen die Partner der Lebensgemeinschaft, Freundeskreis, Arbeitskollegen, Nachbarn und Menschen im Umfeld der Verbindung vernommen.[450] Diese Aussagen bezeugen subjektive Eindrücke.

Grundsätzlich haben wohl die Partner der Lebensgemeinschaft den tiefsten Einblick in ihre Verbindung, dann nimmt der Einblick von den Freunden bis hin zu den Menschen im Umfeld der Verbindung ab. Bei der Bewertung der Zeugenaussagen sind aufgrund der Subjektivität die Motivation und die Nähe zu dem Paar zu berücksichtigen.

Häufige Indizien für eine verfestigten Lebensgemeinschaft i.S.d. § 1579 Nr. 2 BGB, die sich aus den Aussagen der Zeugen ergeben, sind, dass die Partner ge-

---

450 OLG Schleswig, BeckRS 2000, 30141598; BGH, FPR 2002, 56 (57); OLG Schleswig, NJW-RR 2004, 799 (800); OLG Köln, BeckRS 2007, 04384; OLG Zweibrücken, BeckRS 2008, 08901.

meinsam Freizeit und Urlaube verbringen, zusammen wohnen, ein intimes Verhältnis unterhalten, gemeinsam wirtschaften und in die Familie und den Freundeskreis des anderen integriert sind.

Eine Besonderheit ergibt sich in einem Beispielsfall,[451] in dem die Partner einen Großteil des Jahres in Spanien leben. Die Aussage eines Beobachters, der ausschließlich die gemeinsame Abfahrt und Rückkehr gesehen hat, genügt nicht, um auf eine gemeinsam verbrachte Zeit in Spanien zu schließen. Das heißt, dass man wohl einen Zeugen benennen müsste, der das Paar in ihrer Zeit in Spanien gesehen und dort einen Eindruck von ihrer Verbindung erhalten hat. Wenn man diesen Gedanken weiter ausführt, könnte man überspitzt sagen, dass es für ein Paar ratsamer ist, möglichst in ein weit entferntes Land zu verreisen, denn das vermindert das Risiko, einen Zeugen zu haben, der vor Gericht Auskunft über die möglicherweise gemeinsam verbrachte Zeit in dem Reiseland erteilt. Denn in Zeiten der EU gibt es ja zumindest innerhalb dieser ein Zeugenabkommen.

Der Beispielsfall wirft weiterhin die Frage auf, ob die Öffentlichkeit an sich relevant ist oder nur Menschen relevant sind im Sinne der Öffentlichkeit, die zu beiden geschiedenen Ehegatten Kontakt haben. Problematisch ist, ob auch Menschen Mitglieder der entscheidenden Öffentlichkeit sind, die keinen Kontakt mit dem Unterhaltsverpflichteten haben oder haben könnten.

Als Beispielsfall kann man bilden, dass eine unterhaltsberechtigte Frau von Hamburg nach Sizilien in die Heimat ihres neuen Freundes zieht. Dort weiß niemand, dass sie in Deutschland zuvor verheiratet war. Der unterhaltsverpflichtete Mann sowie die alten gemeinsamen Freunde und die Familie haben keinen Kontakt mehr zu der Frau. In diesem Fall gibt es aus Sicht des Unterhaltspflichtigen keine Berührungspunkte mit der neuen Beziehung seiner geschiedenen Frau. Fraglich ist, ob ihm trotzdem nicht zumutbar ist, weiterhin Unterhalt zu bezahlen.

Eine Verfestigung einer Partnerschaft i.S.d. § 1579 Nr. 2 BGB zeigt sich insbesondere in Notsituationen, wie bei Krankheit eines Partners. Wenn Krankheitshilfe geleistet wird, die üblicherweise nur bei Ehegatten untereinander gewährt wird, lässt dies auf eine verfestigte Beziehung im Bild der Öffentlichkeit schließen.[452]

Ein Härtegrund i.S.d. § 1579 Nr. 2 BGB kann vorliegen, wenn die neue Partnerschaft „wegen besonderer, etwa kränkender oder sonst anstößiger Begleitumstände geeignet ist, den Verpflichteten in außergewöhnlicher Weise zu treffen,

---

451 OLG Koblenz, NJOZ 2005, 2979 (2981).

452 BGH, NJW 1997, 1851 (1851); OLG Köln, BeckRS 2002, 30244883; OLG Hamm, FamRZ 1986, 1219 (1220); OLG Koblenz, NJOZ 2005, 2979 (2982).

ihn in der Öffentlichkeit bloßzustellen oder sonst in seinem Ansehen zu schädigen".[453]

In nicht allzu großen Orten ist davon auszugehen, dass über die Aufnahme einer neuen Verbindung „getuschelt" wird, wie z.B. in dem Beispielsfall,[454] in dem die Unterhaltsberechtigte mit ihrem Schwiegersohn eine neue Beziehung unterhält. Doch jede Trennung von Ehegatten gibt wohl gerade in einer kleineren Gemeinschaft Anlass für Gerede. Man könnte somit die Öffentlichkeit als kleinere Dorfgemeinschaft begreifen. Nur durch einen Umzug würde man dann die Öffentlichkeitswirkung einer neuen Beziehung umgehen können. Es ist jedoch nicht billig, einen Umzug ausreichen zu lassen, um den Unterhalt zu erhalten. Fraglich wäre dann, welche Distanz ausreicht, ob es ein anderer Stadtteil, ein anderes Dorf, eine andere Stadt oder gleich ein neues Land sein muss. Dies ist ein unbilliges Ergebnis.

cc) Kritik im Schrifttum

Bedenken gegen die vorgenannte Rechtsprechung werden im Schrifttum erhoben.

Ob die Partner es verstehen, die Verbindung im Erscheinungsbild in der Öffentlichkeit zu verbergen, oder ob sie die Beziehung nach außen hin leben, kann nicht entscheidend dafür sein, ob eine Verfestigung einer Beziehung anzunehmen ist. Damit kann das Bild der neuen Verbindung in der Öffentlichkeit nicht maßgeblich sein.[455]

Im Ergebnis würde eine in der Öffentlichkeit als lose soziale Verbindung erscheinende Partnerschaft nicht zum Unterhaltsverlust führen, wohingegen die Verbindung, die in der Öffentlichkeit als feste erscheint, den Unterhaltsanspruch verwirkt. Eine nach außen tretende Form der Beziehung zu fordern, um eine Verfestigung anzunehmen, ist aufgrund der unterschiedlichen Ergebnisse nicht zweckgerecht.[456] Im Ergebnis würde damit gegen Art. 3 GG verstoßen werden.

Eine Partnerschaft muss sich in der Öffentlichkeit darbieten und damit das Publizitätsmoment erfüllen. Zu einer verfestigten Verbindung gehören das Zeitmoment, d.h. dass die Verbindung schon längere Zeit bestehen muss, und das Verdichtungsmoment, das besagt, dass es sich um einen festen sozialen Zusammenschluss handeln muss. Die einzelnen Momente können je nach tatsächlicher Gegebenheit unterschiedlich gewichtet sein. Als verdeutlichendes Beispiel nennt

---

453 BGH, NJW 1995, 655 (655); 1989, 1083 (1086).

454 OLG Jena, NJW-RR 2005, 6.

455 Voelskow, in: Johannsen/Henrich, EheR, 2. Aufl., § 1579 Rdnr. 42; AK-Derleder, § 1579 Rdnr. 7.

456 Büttner, FamRZ 1987, 23 (23).

Luthin[457] eine neue Verbindung mit Kindern. Wenn in der neuen Partnerschaft Kinder aus der geschiedenen Ehe leben, ist nicht offensichtlich nach außen, dass es sich nicht um gemeinsame Kinder des neuen Paares handelt. Daher ist bei der Annahme einer Verfestigung in diesem Fall nicht auf das Verdichtungsmoment, sondern mehr auf das Publizitätsmoment abzustellen.

Die Frage, ob die Öffentlichkeit aus einem Verhalten tatsächlich auf ein ehegleiches Verhältnis schließen muss, wurde im Schrifttum nicht diskutiert. Maßgeblich ist nicht, dass die neue Partnerschaft des Unterhaltsberechtigten von der Öffentlichkeit als solche bewertet wird. Nach außen muss durch Gegebenheiten allerdings erkennbar sein, dass es sich um eine Partnerschaft handelt. Dieses Erscheinungsbild in der Öffentlichkeit ist entscheidend für die Unzumutbarkeit einer weiteren (uneingeschränkten) Unterhaltsbelastung des Pflichtigen.[458]

Paare, die ihre Partnerschaft bewusst verheimlichen, um weiterhin einen Unterhaltsanspruch in voller Höhe zu haben, handeln wissentlich unrecht. Gesetzlich ist vorgeschrieben, dass der Unterhaltsanspruch entfällt, wenn der Unterhaltsberechtigte eine neue verfestigte Lebensgemeinschaft eingegangen ist. Allerdings ist hinter dem Verheimlichen nicht nur die Bequemlichkeit zu sehen, sich von seinem ehemaligen Ehegatten aushalten zu lassen, sondern teilweise auch die Not, kein Auskommen zu haben. Jede gesetzliche Voraussetzung könnte mit unrechtem Verhalten umgangen werden. Dies allein macht die Voraussetzung noch nicht untauglich.

Das Problem liegt jedoch in der Bestimmung der Öffentlichkeit und in ihrer Verlässlichkeit. Es ist nicht festgelegt, wer verlässlich eine Auskunft darüber geben kann, ob eine verfestigte Lebenspartnerschaft vorliegt. Dies spricht gegen das Merkmal der Öffentlichkeit.

dd) Öffentlichkeit als Begriff im Gesetz, insbesondere in familienrechtlichen Normen

Im Zuge der Gesetzeseinheit könnte man den Begriff der Öffentlichkeit bestimmen, indem man herausstellt, wie er im übrigen Recht verwandt wird.

Die Verhandlung vor dem erkennenden Gericht ist öffentlich, gem. §§ 169 ff. GVG, für die ordentliche Gerichtsbarkeit, d.h. dass die Gerichtsverhandlungen unbeteiligten Personen grundsätzlich zugänglich sind. Auszuschließen ist die Öffentlichkeit jedoch z.B. in Ehe- und Kindschaftssachen, wenn dies die Privatsphäre der Beteiligten oder die Staatssicherheit gebietet. Anders als die Beratungen erfolgt die Verkündung des Urteils immer öffentlich. Bei Verfahren der

457 Luthin, FamRZ 1986, 1166 (1167).
458 BGH, NJW 1997, 1851 (1852).

freiwilligen Gerichtsbarkeit ist der Grundsatz der Öffentlichkeit eingeschränkt. Ton-, Rundfunk-, Film- und Fernsehaufnahmen sind in öffentlichen Verhandlungen und bei Urteilsverkündungen unzulässig.[459]

Spezieller finden sich auch im Familienrecht viele Normen, die den Begriff der Öffentlichkeit beinhalten.

Allgemein ist ein besonderes öffentliches Interesse insbesondere in Verfahren anzunehmen, wenn ein Ausschließungs- oder Verweigerungsgrund in Betracht kommt, weil die Unabhängigkeit des Rechtspflegeorgans und die Unparteilichkeit von Zeugen und Sachverständigen sowie der Bestand von Urkunden (§ 6 BeurkG) und Urteilen (§ 579 Abs. 1 Nr. 2 ZPO) gewährleistet werden muss.[460]

Im Pflegschaftsrecht ist gem. § 1914 BGB festgelegt, dass durch öffentliche Sammlung zusammengebrachtes Vermögen durch einen Pfleger zu verwalten und verwenden ist, der für einen vorübergehenden Zweck bestellt werden muss, wenn die Person weggefallen ist, die dazu berufen war. Gemäß § 1666 a Abs. 1 S. 1 BGB ist im elterlichen Sorgerecht bestimmt, dass Maßnahmen, die mit der Kindestrennung von den Eltern verbunden sind, nur zulässig sind, wenn nicht auf andere Weise, z.B. durch Hilfe von öffentlichen Stellen, die Gefahr gebannt werden kann. Als öffentliche Hilfe wird i.S.d. § 1666 a BGB Sozialleistungen des SGB VIII begriffen.[461]

Im Adoptionsrecht in § 6 AdVermiG wird untersagt, dass Kinder zur Annahme als Kind oder Adoptionsbewerber durch öffentliche Erklärungen, insbesondere durch Zeitungsanzeigen oder Zeitungsberichte, gesucht oder angeboten werden. Ebenso untersagt dies § 13 d AdVermiG bei Ersatzmüttern oder Bestelleltern. Zeitungsanzeigen oder Zeitungsberichte werden als öffentliche Erklärungen beschrieben. Dabei ist eine Parallele zum Begriff der Öffentlichkeit i.S.d. § 1579 Nr. 2 BGB zu sehen.

Weiterhin findet sich im Adoptionsrecht in § 1758 Abs. 1 BGB ein Verbot der Offenbarung und Ausforschung ohne die Zustimmung des Annehmenden und des Kindes von Tatsachen, die zur Annahme und Aufdeckung der Umstände geeignet sind. Eine Ausnahme wird gemacht, wenn besondere Gründe des öffentlichen Interesses vorliegen.

Im Gesetz finden sich Begriffe wie das öffentliche Interesse, die öffentliche Beglaubigung oder Beurkundung. Die öffentliche Beglaubigung entfaltet wie die

---

459 Meyers Lexikon online, „Öffentlichkeit: Recht" (http://lexikon.meyers.de/wissen/Öffentlichkeit+%28Sachartikel%29+Rechtsordnung, Stand: 20.2.2009, 16:49).

460 Staudinger/Frank, § 1758 Rdnr. 13; enger Soergel/Liermann, Rdnr. 7; MüKo/Maurer, § 1758 Rdnr. 7.

461 MüKo/Olzen, § 1666 a Rdnr. 5.

öffentliche Beurkundung eine Beweiskraft.[462] Durch das Abdrucken einer Eintragung, wie z.B. im Bekanntmachungsblatt eines Registers,[463] wird etwas nach außen hin sichtbar und somit öffentlich.

Allerdings kann man insgesamt im Gesetz, besonders im Familienrecht, keine Bestimmung des Begriffs der „Öffentlichkeit" finden, der sich dem „Erscheinungsbild in der Öffentlichkeit" i.S.d. § 1579 Nr. 2 BGB annähert.

ee) Annäherung an den Begriff der Öffentlichkeit i.S.d. § 1579 Nr. 2 BGB

Uneinigkeit im Schrifttum, keine klare Linie in der Rechtsprechung und keine gesetzliche Konkretisierung führen zu der Frage, welche Öffentlichkeit gemeint ist.

Im politikwissenschaftlichen Sinn bedeutet der Begriff der Öffentlichkeit die Zugänglichkeit von Informationen, Kommunikation und Beteiligungsmöglichkeiten für einen unbegrenzten Kreis von Personen.[464] Fraglich ist, ob der Begriff der „Öffentlichkeit" i.S.d. § 1579 Nr. 2 BGB gleichbedeutend mit einem unbegrenzten Personenkreis ist.

(1) Allgemeinheit

Die Wahrnehmung der Partnerschaft durch die konkrete Umgebung sei nicht entscheidungserheblich für der Bild in der Öffentlichkeit, sondern das Bild der Allgemeinheit.[465] Es stellt sich die Frage, wer diese Allgemeinheit ist. Man könnte einen beliebigen Dritten vor Gericht als Zeugen zu seinem Eindruck von der Partnerschaft befragen.

Durch die Befragung eines unbeteiligten Dritten würde man ein nahezu wertungsfreies Urteil erreichen, was wohl bei der Befragung eines Zeugen aus dem konkreten Umfeld nicht gegeben wäre. Bei einem Dritten, der nicht aus dem konkreten Umfeld der Partner stammt, kann man davon ausgehen, dass er die Verbindung objektiver einschätzt als ein Zeuge aus dem direkten Umfeld. Allerdings fließen bei einem Dritten seine persönlichen Erfahrungen und Werte bei der Beurteilung der Partnerschaft mit ein.

---

462 MüKo/Otto, GBO, § 29 Rdnr. 183.

463 MüKo/Kanzleiter, § 1562 Rdnr. 1.

464 Meyers Lexikon online, „Öffentlichkeit: politisch" (http://lexikon.meyers.de/wissen/Öffentlichkeit+%28Sachartikel%29; Stand: 20.2.2009, 16:36)

465 BGH, NJW 1997, 1851 (1851).

Die Partnerschaft muss jedoch nicht als verfestigt von der Öffentlichkeit bewertet werden,[466] d.h., dass es ausreicht, wenn die Indizien einer Verfestigung für die Öffentlichkeit sichtbar sind.

Die Auswahl eines Zeugen für diese öffentliche Sichtbarkeit stellt ein Problem dar. Man kann wohl kaum auf der Straße einen beliebigen Dritten bestimmen, als Zeugen vor Gericht laden, ihm beide Partner zeigen und ihn dazu befragen, ob sie auf ihn einen in ihrer Partnerschaft verfestigten Eindruck machen. Ein beliebiger Dritter wird diese Einschätzung nicht treffen können, ohne die Interaktion der Partner untereinander beobachtet zu haben und ohne die Partner im längeren Umgang miteinander zu kennen.

Zur Verdeutlichung kann man einen Beispielsfall anführen, in dem die Ehefrau sich von ihrem Mann getrennt hat, nun von ihm geschieden ist und gegen ihn einen Unterhaltsanspruch hat. Die geschiedene Frau zieht mit ihrem Freund zusammen in eine Wohnung in einer anderen Stadt. Das Paar erklärt dem neuen Vermieter die Situation, die für den Vermieter keine Relevanz hat. Fraglich ist nun, ob der Grund für das Desinteresse des Vermieters entscheidend ist. Für den Vermieter könnte ausschließlich die Mietzahlung von Interesse sein. Vielleicht kennt der Vermieter den geschiedenen Ehemann aber auch nicht oder er kennt ihn zufällig flüchtig und hat keinen Kontakt zu ihm.

Der Grund des Desinteresses kann nicht entscheidend sein für die Verwirkung des Unterhaltsanspruchs.

Als Zeugen vor Gericht werden die Partner der Lebensgemeinschaft, Familie, Freunde, Bekannte, Arbeitskollegen, Nachbarn und Menschen im Umfeld des Paares vernommen, um eine verfestigte neuen Lebensgemeinschaft i.S.d. § 1579 Nr. 2 BGB zu bekunden. Dies lässt darauf schließen, dass eben das unmittelbare Umfeld der Verbindung mit der „Öffentlichkeit“ gemeint ist und gerade nicht die Allgemeinheit.

In diesem Zusammenhang ist auf die Fälle einzugehen, wo die Öffentlichkeit mit dem Leserkreis der Zeitung gleichgesetzt wurde.[467] Gerade bei einer überregionalen Zeitung ist nicht anzunehmen, dass die Leserschaft die Partner der verfestigten Lebensgemeinschaft kennt. Ein Dritter könnte in diesem speziellen Fall des Bildes in der Öffentlichkeit aussagen, dass eine verfestigte Lebensgemeinschaft i.S.d. § 1579 Nr. 2 BGB vorliegt. Jedoch wäre der Dritte nicht beliebig, sondern bestimmt durch den Leserkreis der Zeitung. Ob man soweit gehen will, den Leserkreis als konkretes Umfeld zu betiteln, ist zu bezweifeln, zumindest haben der Dritte und die neue Partnerschaft eine Verbindung durch die Zeitung.

---

466 BGH, NJW 1997, 1851 (1852).

467 OLG Schleswig, NJW-RR 2004, 799 (800).

(2) Einblick in die Privatsphäre

Fraglich ist, inwieweit die Öffentlichkeit in die Privatsphäre der Partner einblicken kann und ob der Öffentlichkeit das Offensichtliche nicht auch verborgen bleibt. Offensichtlich ist in diesem Zusammenhang alles, was nach außen tritt und nicht nur unter den Partnern bleibt. Problematisch ist jedoch, ob gerade das, was nach außen tritt, das ist, was eine Verbindung verfestigt.

Man könnte auch eine Beziehung führen, ohne in der Öffentlichkeit aufzutreten. Darin kann nicht der Unterschied zwischen einer losen und verfestigten Beziehung bestehen. Die Beziehung zweier Menschen besteht doch gerade zwischen diesen beiden und das Zwischenmenschliche ist auch entscheidend für eine Verfestigung. Man kann davon ausgehen, dass in der Regel eine zunehmende Verfestigung auch nach außen erkennbar wird, aber es gibt auch Ausnahmen. Um diesen Ausnahmen zu begegnen, kann man überspitzt fragen, warum der Wolf im Schafspelz besser behandelt werden soll als das Schaf im Wolfspelz. Im Ergebnis würde nämlich eine in der Öffentlichkeit als lose soziale Verbindung erscheinende Partnerschaft nicht zum Unterhaltsverlust führen, wohingegen die Verbindung, die in der Öffentlichkeit als feste erscheint, ihn herbeiführt. Dies ist unbillig.

Der Bundesgerichtshof[468] stellte in seiner Rechtsprechung heraus, dass die Bewertungen des Erscheinungsbildes einer Partnerschaft in der Öffentlichkeit von Person zu Person unterschiedlich und in ländlich oder religiös geprägten Gegenden anders sein kann als in der Anonymität einer Großstadt.

(3) Statistiken

Dies lässt sich anhand von Statistiken belegen. Dabei geben Statistiken über Scheidungszahlen Aufschluss, denn jede Scheidung bietet die Möglichkeit einer Unterhaltsverpflichtung und einer neuen Lebensgemeinschaft, die diese als Härtegrund i.S.d. § 1579 Nr. 2 BGB entfallen lassen könnte.

Am Beispiel von Niedersachsen lässt sich aufzeigen, wie sich die Scheidungszahlen statistisch verhalten. Laut Niedersächsischem Landesamt für Statistik[469] liegt landesweit die niedrigste Scheidungshäufigkeit (18,6%) im Emsland. Ähnlich niedrige Werte finden sich in den Landkreisen Cloppenburg (18,7%), Peine (18,9%) und Vechta (19,3%). In der Stadt Emden dagegen gibt es den landesweit

468 BGH, NJW 1997, 1851 (1851).

469 Pressemitteilung des Niedersächsischen Landesamtes für Statistik, Nr. 07/07, 30.1.2007 (http://www.mwk.niedersachsen.de/master/C33141586_L20_DO_I10319819_h1.html; Stand: 4.2.2009, Uhrzeit: 10.56).

höchsten Wert von 49,5% Scheidungshäufigkeit. Eine hohe Scheidungshäufigkeit von mehr als 30% kommt aber auch in den Städten Delmenhorst (34,8%), Wolfsburg (30,9%) und Wilhelmshaven (30,6%) sowie in den Landkreisen Osterholz (34,1%) und Friesland (30,1%) vor.[470] Daraus lässt sich eine Diskrepanz zwischen dem Leben auf dem Land und dem Leben in der Stadt folgern. In der Stadt ist die Scheidungsrate höher als auf dem Land.

Auch die traditionelle regionale Mentalität spielt eine Rolle, so herrscht z.B. im katholisch geprägten Kreis Emsland die niedrigste Scheidungshäufigkeit vor.[471]

Die statistischen Zahlen der Scheidungshäufigkeit belegen, dass es Unterschiede zwischen städtischen und ländlichen Gegenden sowie traditionelle regionale religiöse Unterschiede gibt.

Statistiken über nichteheliche Lebensgemeinschaften belegen diese Unterschiede ebenfalls.

Nach dem Statistischen Bundesamt (Destatis) gab es im Jahre 2007 2,4 Millionen nichteheliche Lebensgemeinschaften in Deutschland, in denen Frau und Mann zusammenleben. Dies ist ein Anstieg von nichtehelichen Lebensgemeinschaften seit 1996 um rund ein Drittel (34%).[472] Dies zeigt, dass nichteheliche Lebensgemeinschaften zunehmen und durchaus ein relevantes familiäres Gefüge darstellen.

In Baden-Württemberg gibt es laut Statistischem Landesamt[473] in Städten über 100.000 Einwohnern insgesamt eine Million alleinstehender Menschen und Lebensgemeinschaften. Familien sind dagegen in größeren Städten des Landes unterrepräsentiert. Im Gegensatz dazu bilden in Gemeinden unter 1.000 Einwohnern mit knapp 35% Ehepaare mit Kindern die häufigste Lebensform.

Verallgemeinernd kann man sagen, dass das Bild in den Städten durch nichteheliche Lebensgemeinschaften geprägt ist, wohingegen auf dem Land Ehepaare das Gesellschaftsbild formen. Nichteheliche Lebensgemeinschaften und Scheidungen gehören in der Stadt zum gewöhnlicheren familiären Gesellschaftsbild. Anders verhält es sich in einem kleineren Dorf, wo sowohl Scheidungen als auch

470 Pressemitteilung des Niedersächsischen Landesamtes für Statistik, Nr. 07/07, 30.1.2007 (http://www.mwk.niedersachsen.de/master/C33141586_L20_D0_I10319819_h1.html; Stand: 4.2.2009, Uhrzeit: 10.56).

471 Pressemitteilung des Niedersächsischen Landesamtes für Statistik, Nr. 07/07, 30.1.2007 (http://www.mwk.niedersachsen.de/master/C33141586_L20_D0_I10319819_h1.html; Stand: 4.2.2009, Uhrzeit: 10.56).

472 Statistisches Landesamt Baden-Württemberg, http://www.innovations-report.de/html/berichte/statistiken/bericht-116576.html (Stand: 4.2.2009; Uhrzeit: 13.17).

473 Statistisches Landesamt Baden-Württemberg (http://www.statistik.baden-wuerttemberg.de/ BevoelkGebiet/Fafo/menschenBW.asp; Stand: 4.2.2009, Uhrzeit: 13.24).

nichteheliche Lebensgemeinschaften seltener sind und daher mehr den Blick der Bewohner auf sich ziehen.

(4) Kleinere Ortsgemeinschaften

Wenn man davon ausgeht, dass das konkrete Umfeld der neuen Lebensgemeinschaft zweckmäßiger urteilt über eine Partnerschaft als ein beliebiger Dritter, könnte man folgern, dass die neue Lebensgemeinschaft nur Aufsehen in kleinen Dörfern erregt, wo Scheidungen nicht gewöhnlich sind und die Bewohner sich untereinander kennen. So könnte man vermuten, dass kleinere Dorfverbände den Begriff der „Öffentlichkeit" i.S.d. § 1579 Nr. 2 BGB bestimmen. Überspitzt gesagt, könnte dann eine Verwirkung des Unterhaltsanspruchs durch das Erscheinungsbild der Partnerschaft in der Öffentlichkeit nur angenommen werden, wenn die geschiedenen Eheleute mit dem neuen Lebenspartner gemeinsam in einem kleinen Dorf in der Eifel leben. Man könnte daher die These vertreten, dass das Bild der neuen Lebensgemeinschaft in der Öffentlichkeit heutzutage entscheidend durch das Leben in kleineren Dörfern bestimmt ist. Zudem könnte man anschließen, dass das Bild der neuen Lebensgemeinschaft in der Öffentlichkeit damit durch die Urbanisierung, d.h. die Ausbreitung städtischer Lebens-, Wohn-, Sozial- oder Wirtschaftsformen, überholt ist.

2005 lebten schon 73,4% der Deutschen in der Stadt und voraussichtlich werden es 2020 bereits 75,6% sein.[474] Drei Viertel der Deutschen leben also in der Stadt und nicht auf dem Land.

Im Gegensatz zu den früher zahlreicher bestehenden kleinen Dorfverbänden, in denen jeder jeden kannte, leben die Menschen heutzutage zumeist in größeren Städten, in denen das Leben anonym ist.

Man kann davon ausgehen, dass heutzutage in kleineren Dörfern in der Eifel tatsächlich das Bild der neuen Lebensgemeinschaft in der Öffentlichkeit gewichtiger ist als in deutschen Großstädten.

Die Menschen in Großstädten kennen einander kaum und sind mehr, vielleicht alters- oder berufsbedingt, auf sich konzentriert. In einem kleineren Dorf ist es dagegen meist so, dass jeder jeden kennt und eine Scheidung mit nachfolgender neuer Partnerschaft zum „Dorfklatsch" wird. Man kann nun darauf schließen, dass das Gerede der Leute in einem Dorf das Bild der neuen Partnerschaft in der Öffentlichkeit bestimmt, doch dies würde nur auf ein Viertel der Deutschen, die laut Statistik auf dem Land leben, zutreffen. Somit kann sich die Öffentlichkeit nicht durch das konkrete Umfeld eines kleinen Dorfes bestimmen.

---

474 city innovations review, http://www.cireview.de/Stadtfakten/urbanisierung—-lander-und-regio nen -im-vergleich/; Stand: 4.2.2009, Uhrzeit: 11.29).

Wenn man dieses Bild einer Öffentlichkeit i.S.d. § 1579 Nr. 2 BGB kreierte, hätte tatsächlich die Urbanisierung es überholt.

Zudem gibt es auch Gerede in einer größeren Stadt, zwar vielleicht nicht in der Form wie in einem kleinen Dorf, aber wenn man z.B. in einem Stadtteil lebt, die Kinder dort in die Schule gehen und viele Freunde und Bekannte dort leben, kann auch dort eine Scheidung mit anschließender neuer Partnerschaft Gerede auslösen.

Nach dem Motto: „Aus den Augen aus dem Sinn!" könnte es also ratsam sein für den Unterhaltsberechtigten, wenn er, um einem Unterhaltsausschluss nach § 1579 Nr. 2 BGB zu entgehen, mit seinem Partner aus dem konkreten Umfeld wegzieht. Dies kann kein gewünschtes Ergebnis sein.

Es ist nicht auf das Gerede abzustellen. Die Wertung des Bildes der neuen Lebensgemeinschaft in der Öffentlichkeit als Maßstab für die Annahme einer verfestigten Verbindung anzusetzen, würde zu ungewünschten subjektiven Ergebnissen führen. Das Bild der Lebensgemeinschaft in der Öffentlichkeit würde davon abhängen, ob die Zeugen das Paar mögen oder nicht und welche persönlichen Erfahrungen sie gemacht haben.

Allerdings ist es, beispielsweise in dem Fall, in dem ein Zeuge aussagt, dass die Partner auf ihn einen vertrauten Eindruck gemacht haben, teilweise unausweichlich, eine Wertung des Zeugen in die Prüfung einer verfestigten Lebensgemeinschaft im Bild der Öffentlichkeit einfließen zu lassen.

(5) Parteiöffentlichkeit

Fraglich ist, ob für die Öffentlichkeit eine Art Parteiöffentlichkeit entscheidend ist.

Der Begriff „Parteiöffentlichkeit" beizeichnet das Recht der Parteien, also Kläger und Beklagter im Zivilprozess, bei allen Beweisaufnahmen teilzunehmen, die Prozessakten einzusehen und vom Gericht über alle relevanten Vorgänge unterrichtet zu werden, § 357 ZPO.[475] Übertragen würde dies bedeuten, dass es auf die Beteiligten, insbesondere auf den Unterhaltspflichtigen, bei dem Bild der verfestigten Lebensgemeinschaft in der Öffentlichkeit i.S.d. § 1579 Nr. 2 BGB, ankommen würde.

Fraglich ist, ob folglich eine Betroffenheit des Unterhaltspflichtigen durch die neue Partnerschaft entscheidend ist. Überspitzt könnte man die Frage stellen, ob ein Unterhaltspflichtiger erst aus München in eine Kleinstadt im Allgäu in die Nachbarschaft des Berechtigten und seines neuen Partners ziehen muss, um seine Betroffenheit nachzuweisen.

---

475 Saenger/Hans Eichele, ZPO, § 357 Rdnr. 1.

In der Praxis lässt sich wohl eine Betroffenheit des Unterhaltspflichtigen schwerlich nachweisen. Die persönlichen Empfindungen des Pflichtigen, seine Verletztheit und sein Interesse an der neuen Partnerschaft müssten in die Bemessung einfließen. Wenn der Pflichtige z.B. womöglich selbst schon erneut liiert ist, wird ihn die neue Partnerschaft des Berechtigten weniger belasten als in dem Fall, in dem er ohne für ihn ersichtlichen Grund plötzlich vom ehemaligen Ehegatten verlassen wurde.

Die Rechtsprechung trennt jedoch zwischen der Öffentlichkeit und dem Unterhaltspflichtigen. Auch in der Wortbedeutung schließen sich die Öffentlichkeit und ein Beteiligter, wie der Unterhaltspflichtiger, aus.

Die Frage nach der Relevanz der Betroffenheit des Unterhaltspflichtigen zeigt aber, dass der Pflichtige eigentlich derjenige ist, den die neue Beziehung einschränkt und daher in sein Interesse fällt. Die Öffentlichkeit ist von einer neuen Verbindung des Unterhaltsberechtigten nicht betroffen. Daher scheint es problematisch, die Öffentlichkeit als Maßstab für die Annahme einer verfestigten neuen Beziehung zu sehen.

(6) Stellungnahme

Am zweckmäßigsten lässt sich der Begriff der Öffentlichkeit wohl durch das konkrete Umfeld bestimmen, in Form von Freunden, Arbeitskollegen, Nachbarn und Menschen, die sonst in Kontakt mit dem Paar stehen. Diese Personen haben einen Bezug zu der neuen Verbindung und dadurch zumeist einen Einblick in deren Alltag.

Es stellt sich allerdings die Frage, ob es erwünscht sein kann, dass eben diese Menschen vor Gericht aussagen und somit in einen Konflikt geraten. Manchen Nachbarschaftsstreitigkeiten mag eine Aussage zuträglich sein, aber wenn man nun von Freunden oder einem guten Nachbarschaftsverhältnis ausgeht, werden diese Zeugen dazu instrumentalisiert, die neue Verbindung auszuspionieren. Unter diesen Voraussetzungen kann man sich als neue Lebensgemeinschaft nicht mehr in seinem eigenen Umfeld wohl fühlen.

Auf der einen Seite ist dieses Umfeld als einziges dazu befähigt, eine Aussage über die Verfestigung der Beziehung zu treffen; auf der anderen Seite bringt ein Abstellen auf eben dieses Umfeld als ausschlaggebendes Bild der Verbindung in der Öffentlichkeit Konflikte mit sich.

Weiterhin lässt sich dieser enge Begriff von Öffentlichkeit nicht mit der eigentlichen Wortbedeutung als unbegrenzter und unbeteiligter Personenkreis vereinbaren.

Auch in anderen Gesetzesnormen, insbesondere im Familienrecht, wird der Begriff der Öffentlichkeit anders verstanden.

Die Analyse der Rechtsprechung hat gezeigt, dass feststehende, wertungsfreie und belegbare Indizien für die Bestimmung der Beziehung als verfestigt nötig sind.

Mit dem Vergleich zu stereotypen Ehebildern, die durch die Öffentlichkeit wahrgenommen werden, um auf eine Verfestigung der neuen Lebensgemeinschaft zu schließen, verkennt man den Unterschied zwischen der Ehe und der nichtehelichen Lebensgemeinschaft. Wie festgestellt, gibt es erhebliche Unterschiede zwischen einer Ehe und einer nichtehelichen Lebensgemeinschaft, die auch gewollt sind. Das Bild der neuen Partnerschaft in der Öffentlichkeit sollte nicht aufgrund eines Vergleichs mit der Ehe bestimmt werden.

ff) Fazit

Die Analyse und Auswertung der Rechtsprechung hat gezeigt, dass es keine eindeutigen Indizien für das Erscheinungsbild einer verfestigten Lebensgemeinschaft i.S.d. § 1579 Nr. 2 BGB in der Öffentlichkeit gibt. Es bedarf mehrer Anzeichen und einer Abwägung. Das Bild einer Lebensgemeinschaft in der Öffentlichkeit eignet sich nicht, um eine Verfestigung festzustellen.

Die Diskussion hat gezeigt, dass das Merkmal des Erscheinungsbildes einer verfestigten Lebensgemeinschaft i.S.d. § 1579 Nr. 2 BGB in vielen Aspekten nicht zweckmäßig ist. Die Öffentlichkeit bestimmt sich am zweckmäßigsten durch die Menschen im unmittelbaren Umfeld der neuen Lebensgemeinschaft. Jedoch geraten diese Zeugen durch die Zeugenaussage in einen Konflikt zwischen der Wahrheit und der Nähe zu dem Paar. Außerdem ist der Begriff von Öffentlichkeit nicht mit der allgemeinen Begriffsbestimmung und der Verwendung des Begriffs der Öffentlichkeit im Gesetz vereinbar.

e) Analogie zum Sozialrecht: Abgrenzung der Bedarfsgemeinschaft bzw. verfestigten Lebensgemeinschaft von der bloßen Wohngemeinschaft

Man könnte im Wege der Gesetzeseinheit § 7 Abs. 3 Nr. 3 c SGB II heranziehen zur Definition der verfestigten Lebensgemeinschaft i.S.d. § 1579 Nr. 2 BGB. § 7 III Nr. 3 c. Zu einer Bedarfsgemeinschaft gehören Partner, die in einem Haushalt gemeinsam leben. Ebenso muss der Würdigung der Gesamtumstände der Wille anzunehmen sein, dass sie füreinander Verantwortung tragen und gegenseitig für sich einstehen.

Eine Übernahme der Definition ist jedoch abzulehnen. Im Sozialgesetzbuch wird in erster Linie auf den gemeinsamen Haushalt als Basis abgestellt. Die für die verfestigte Lebensgemeinschaft i.S.d. § 1579 Nr. 2 BGB entscheidenden

Aspekte der Beziehung zu einer Person und der Dauerhaftigkeit finden in der Definition des Sozialgesetzbuches keine Berücksichtigung.[476]

Dennoch könnte man in dem besonderen Fall der Abgrenzung der verfestigten Lebensgemeinschaft von der bloßen Wohngemeinschaft eine Analogie ziehen zur Bedarfsgemeinschaft von der bloßen Wohngemeinschaft im Sozialrecht.

Eine Analogie soll das Recht fortbilden und Gesetzeslücken schließen. In diesem Fall könnte sie die verfestigte Lebensgemeinschaft in dem besonderen Fall der Abgrenzung der verfestigten Lebensgemeinschaft von der bloßen Wohngemeinschaft definieren. Die Voraussetzungen für die Zulässigkeit einer Analogie sind, dass eine gesetzliche Regelung des Sachverhalts fehlt, eine Regelungslücke vom Gesetzgeber unbeabsichtigt besteht und die Sach- und Rechtslage mit dem gesetzlich geregelten Fall vergleichbar ist, sog. wertungsgleiche Norm.

Wie bereits festgestellt, kann man den Begriff der Bedarfsgemeinschaft nicht als Definition der verfestigten Lebensgemeinschaft i.S.d. § 1579 Nr. 2 BGB verwenden, denn dazu fehlen die Aspekte der Beziehung zu einer Person und die Dauer der verfestigen Lebensgemeinschaft.[477] Jedoch könnten die Begriffe im Falle der Abgrenzungen von der bloßen Wohngemeinschaft übereinstimmen.

Im Sozialrecht besteht das Problem, die Bedarfsgemeinschaft von einer bloßen Wohngemeinschaft abzugrenzen. Bei einer Bedarfsgemeinschaft wird das Einkommen der Partner gegenseitig angerechnet. Ein bloßes Zusammenleben eines Mannes und einer Frau bzw. zweier gleichgeschlechtlicher Personen reicht noch nicht aus, um eine Bedarfsgemeinschaft im Sinne des SGB II anzunehmen.[478] Einige Arbeitslosengeld II- oder Sozialgeld-Berechtigte geben daher an, in einer bloßen Wohngemeinschaft zu leben, um so der Einkommensanrechnung zu entgehen und mehr Geld als eine Bedarfsgemeinschaft zu bekommen.

Ein ähnliches Problem ergibt sich im Familienrecht, wenn es darum geht, den nachehelichen Unterhaltsanspruch zu behalten. Wenn der Berechtigte in einer neuen verfestigten Lebensgemeinschaft i.S.d. § 1579 Nr. 2 BGB lebt, kann ihm der Unterhaltsanspruch versagt, herabgesetzt oder zeitlich begrenzt werden. Darum geben oft Partnerschaften im Zuge einer nachehelichen Unterhaltsrechtsstreitigkeit an, eine bloße Wohngemeinschaft zu sein, um den Unterhaltsanspruch zu behalten.

Die Indizien, die im Sozialrecht bei der Abgrenzung einer Bedarfsgemeinschaft von einer bloßen Wohngemeinschaft berücksichtigt werden, könnten auf die Abgrenzung einer verfestigten Lebensgemeinschaft i.S.d. § 1579 Nr. 2 BGB

---

476 Büttner, FamRZ 2007, 773 (776).

477 Büttner, FamRZ 2007, 773 (776).

478 Brühl/Schloch, in: Münder, SGB II, § 7 Rdnr. 59; SG Düsseldorf, NZS 2005, 272 (272 f.).

im nachehelichen Unterhaltsrecht von einer bloßen Wohngemeinschaft übertragbar sein.

aa) Grundsätze des SGB II, insb. in Bezug auf die nichteheliche Lebensgemeinschaft

Ziel des Sozialgesetzbuches (SGB), Zweites Buch (II) (Grundsicherung für Arbeitsuchende) ist es, die Eigenverantwortung von Hilfebedürftigen zu stärken, die erwerbsfähig sind, und Personen, die mit ihnen in einer Bedarfsgemeinschaft leben. Es soll dazu beigetragen werden, dass sie ihren Lebensunterhaltsbedarf unabhängig aus eigenen Mitteln bestreiten können, ohne auf die Grundsicherung zurückgreifen zu müssen, § 1 Abs. 1 S. 1 SGB II.

Erwerbsfähige Hilfebedürftige und die mit ihnen in einer Bedarfsgemeinschaft lebenden Personen müssen alle Möglichkeiten ausschöpfen, um ihre Hilfebedürftigkeit zu beenden oder zumindest zu verringern. Es wird gefordert, dass der erwerbsfähige Hilfebedürftige aktiv mitwirkt an allen Maßnahmen, die dazu dienen, ihn in die Arbeit einzugliedern. Dazu muss insbesondere eine Eingliederungsvereinbarung abgeschlossen werden. Der erwerbsfähige Hilfebedürftige soll eine ihm angebotene zumutbare Arbeitsgelegenheit übernehmen, wenn in absehbarer Zeit der allgemeine Arbeitsmarkt keine Möglichkeit bietet, eine Erwerbstätigkeit zu finden, § 2 Abs. 1 SGB II. Grundsätzlich ist der erwerbsfähige Hilfebedürftige und die mit ihnen in einer Bedarfsgemeinschaft lebende Person selbst dafür verantwortlich, alle Möglichkeiten zu nutzen, um den eigenen Lebensunterhaltsbedarf mit ihren Mitteln und Kräften zu erwirtschaften. Dazu soll ihre Arbeitskraft eingesetzt werden, § 2 Abs. 2 SGB II.

Arbeitslosengeld II können alle erwerbsfähigen Personen erhalten, wenn sie hilfebedürftig sind. Personen, die nicht erwerbsfähig sind, können Sozialgeld beziehen. Arbeitslosengeld II und Sozialgeld sind Leistungen, die eine Grundsicherung des Lebensunterhalts gewährleisten sollen und aus Steuern finanziert werden. Beide Zuwendungsformen sind nicht davon abhängig, ob der Leistungsempfänger vorher arbeitslosenversicherungspflichtig gearbeitet hat, denn die Leistung wird nicht aus der Arbeitslosenversicherung finanziert.[479]

Der Begriff „Grundsicherung“ bezeichnet die Absicherung des Mindestbedarfs, eine Sicherung des Existenzminimums, das zum Leben notwendig ist. Darauf sollen sich diejenigen berufen, die dafür zu wenig oder gar keine eigenen Mittel haben.[480]

---

479 Infoheft: SGB II, Grundsicherung für Arbeitsuchende, Arbeitslosengeld II / Sozialgeld (Hrsg.: Bundesagentur für Arbeit, Marketing, April 2008, S. 8.

480 Infoheft: SGB II, Grundsicherung für Arbeitsuchende, Arbeitslosengeld II / Sozialgeld (Hrsg.: Bundesagentur für Arbeit, Marketing, April 2008, S. 8.

In Bezug auf die nichteheliche Lebensgemeinschaft findet im Sozialrecht eine Gleichstellung mit der Ehe statt. Damit soll nicht etwa die nichteheliche Gemeinschaft geschützt werden, sondern es soll bewirkt werden, dass die Ehegatten nicht dadurch, dass die Einkommen im Bereich der Sozialhilfe, Grundsicherung, Arbeitslosenhilfe und Arbeitslosengeld II angerechnet werden, schlechter gestellt werden.[481]

Mit der Vorschrift des § 7 Abs. 3 a SGB II, die anknüpft an § 7 Abs. 1 Nr. 3 c SGB II, hat der Gesetzgeber Vermutungsregelungen eingeführt.

Es wird ein wechselseitiger Wille vermutet, Verantwortung füreinander zu tragen und füreinander ein zu stehen, wenn Partner länger als ein Jahr zusammenleben, mit einem gemeinsamen Kind zusammenleben, Kinder oder Angehörige im Haushalt versorgen oder befugt sind, über Einkommen oder Vermögen des anderen zu verfügen (§ 7 Abs. 3 a SGB II).

Dadurch wird die Verwaltungspraxis bei der Feststellung nichtehelicher Lebensgemeinschaften erleichtert[482] und ein Leistungsmissbrauch durch falsche Angaben zu den häuslichen Verhältnissen verhindert.[483] Die Vermutungsregelungen des § 7 Abs. 3 a SGB II sind alternativ anzuwenden, sodass eine Bedarfsgemeinschaft bereits vorliegt, wenn nur einer der genannten Tatbestände erfüllt ist.[484] Dennoch bleibt die Abgrenzung schwierig.

bb) Bedarfsgemeinschaft

Bei der Berechnung der Leistung der Grundsicherung für Arbeitsuchende wird eine einzelne erwerbsfähige Person (§ 7 Abs. 1 S. 1 Nr. 2 u. 3 SGB II) oder eine Bedarfsgemeinschaft betrachtet (§ 7 Abs. 2 S. 1 SGB II).

In § 7 Abs. 3 SGB II ist gesetzlich festgeschrieben, wer zu einer Bedarfsgemeinschaft gehört. Der Partner bildet mit dem erwerbsfähigen Hilfebedürftigen eine Bedarfsgemeinschaft gem. § 7 Abs. 3 Nr. 3 SGB II. Ein Partner ist in diesem Sinne „eine Person, die mit dem erwerbsfähigen Hilfebedürftigen in einem gemeinsamen Haushalt so zusammenlebt, dass nach verständiger Würdigung der wechselseitige Wille anzunehmen ist, Verantwortung füreinander zu tragen und füreinander einzustehen“ (§ 7 Abs. 3 Nr. 3 c) SGB II). Eine eheähnliche Partnerschaft ist die Voraussetzung für eine Bedarfsgemeinschaft, d.h. die Partner müssen eine innere Bindung zueinander haben, die sich in einem gegenseitigen Einstehen füreinander ausdrückt. Indiz dafür ist zumeist eine Wirtschafts- und

481 Jahnke, NZV 2008, 57 (64); Brosius-Gersdorf, NZS 2007, 410 (411).

482 BT-Drucks. 16/1410, S. 16.

483 BT-Drucks. 16/1410, S. 19.

484 BGBl. 2006 I Nr. 36; Brosius-Gersdorf, NZS 2007, 410 (412).

Wohngemeinschaft. Dabei kommt es nicht darauf an, ob die Partner verschiedengeschlechtlich oder gleichgeschlechtlich sind.[485]

In die Berechnung für eine Bedarfsgemeinschaft werden alle ihr angehörenden Personen mit den persönlichen Einkommen und Vermögen berücksichtigt. Also ist das Einkommen einer Person in der Berechung auch für eine weitere Person der Bedarfsgemeinschaft einzusetzen. Damit findet ein gewisser Ausgleich statt.[486]

Bis zur Grenze der eigenen Hilfebedürftigkeit müssen die Personen, die mit dem Hilfebedürftigen in einer Bedarfsgemeinschaft leben, ihr Einkommen und Vermögen für den Lebensunterhalt des Hilfebedürftigen aufwenden. Die Bedarfsgemeinschaft mit ihrer privaten (Eigen-)Verantwortung der Partner füreinander ist der staatlichen Unterstützung im Fall der Hilfebedürftigkeit vorrangig.[487]

cc) Abgrenzung: Bedarfsgemeinschaft von Wohngemeinschaft

Ein erklärtes Ziel des „Gesetzes zur Fortentwicklung der Grundsicherung für Arbeitsuchende"[488] war es, den Nachweis eheähnlicher Gemeinschaften zu vereinfachen und deren Definition auf gleichgeschlechtliche Partnerschaften auszuweiten. Die Bundesregierung wollte erschweren, dass sich zusammenwohnende Menschen als Wohngemeinschaft anstatt als anspruchsmindernde Bedarfsgemeinschaft ausgeben. Darum wurde in § 7 Abs. 3 a SGB II eine Beweislastumkehr eingeführt. Der Begriff der „eheähnlichen Gemeinschaften" wurde durch die Bezeichnung „Verantwortungs- und Einstehensgemeinschaft" ersetzt.

Beweisurkunden sind vorzulegen oder ihrer Vorlage zuzustimmen. Eine Pflicht zur Angabe aller Tatsachen, die für die Geldleistung erheblich sind, besteht nach § 60 Abs. 1 Nr. 1 SGB I. Anderenfalls wird die Geldleistung wegen fehlender Mitwirkung nach § 60 Abs. 1 SGB I i.V.m. § 66 SGB I versagt.

Bei dem Antrag auf Leistung zur Sicherung des Lebensunterhalts nach dem Sozialgesetzbuch II dient die Anlage VE zur Angabe, ob eine Verantwortungs- und Eingestehensgemeinschaft vorliegt.

Es soll Auskunft darüber erteilt werden, ob der/die Antragssteller/in in einem gemeinsamen Haushalt länger als ein Jahr mit einer nicht verwandten Person lebt; dazu zählen auch ein Kind oder mehrere gemeinsame Kinder. Erklärt wird, ob Kinder oder Angehörige im Haushalt versorgt werden. Relevant ist weiterhin,

485 BVerfGE 1987, 264; Brühl/Schoch, in: Münder, SGB II, § 7 Rdnr. 56 f.

486 Infoheft: SGB II, Grundsicherung für Arbeitsuchende, Arbeitslosengeld II / Sozialgeld (Hrsg.: Bundesagentur für Arbeit, Marketing, April 2008, S. 9.

487 Brosius-Gersdorf, NZS 2007, 410 (411).

488 BGBl. I Nr. 36.

ob der/die Antragssteller/in über Einkommen oder Vermögen des anderen verfügen kann. Wenn diese Fragen verneint werden, muss noch begründet erklärt werden, dass keine Verantwortungs- und Einstehungsgemeinschaft vorliegt. Die Richtigkeit der Angaben muss versichert und evtl. durch Belege gestützt werden.[489]

Bei falschen Angaben drohen neben der Verpflichtung, die zu Unrecht erhaltene Leistung zurückzuzahlen, auch strafrechtliche Konsequenzen. Sozialbetrug wird mit einer Freiheitsstrafe bis zu fünf Jahren oder mit Geldstrafe bestraft. In schweren Fällen sind nach § 263 StGB bis zu zehn Jahren Freiheitsstrafe vorgesehen.

dd) Instrumentarien zur Abgrenzung Bedarfsgemeinschaft von Wohngemeinschaft

Die Bedarfsgemeinschaft ist im Sozialrecht im Gesetz legal definiert in § 7 Abs. 3 Nr. 3 und Abs. 3 a SGB II. Trotz der Normierung tauchen gerade bei der Abgrenzung von Bedarfsgemeinschaft und bloßer Wohngemeinschaft Probleme auf.

Bei der Einschätzung der Lebenssituation und insbesondere der Frage, ob eine Verantwortungs- und Einstehungsgemeinschaft vorliegt, muss man das Umfeld betrachten. Es besteht ein Unterschied zwischen Stadt und Land. Auf dem Land sind Wohngemeinschaften ungewöhnlicher. In der Stadt wird diese Lebensweise aus Kostengründen oftmals bevorzugt. Zudem ist man heute freier als noch vor 50 Jahren. Wohngemeinschaften, auch wenn sie verschiedengeschlechtlich sind, gehören zu den üblichen Lebensformen.[490]

Wenn Angaben in begründeten Fällen angezweifelt werden, müssen Beweise erbracht werden. Der Betreuungsdienst, der Teil des Job-Centers ist, hat die Aufgabe, die Angaben vor Ort, d.h. in der Regel in der Wohnung der Antragsteller, zu überprüfen und einzuschätzen.[491]

Der Betreuungsdienst, der unangemeldet Hausbesuche macht, müsste zwar nicht in die Wohnung zur Überprüfung gelassen werden, aber aufgrund der Mitwirkungspflicht und der sonst drohenden Versagung der Geldleistung bleibt den Leistungsbeantragenden oder -empfängern keine andere Wahl, als dem Betreuungsdienst Zutritt zu gewähren. Zudem entstehen Verdachtsmomente, wenn

489 Antrag auf Leistung zur Sicherung des Lebensunterhalts nach dem Zweiten Buch Sozialgesetzbuch (SGB II) – Arbeitslosengeld II / Sozialgeld (Anlage 2).

490 Interview mit Gerhard Nauke, team.arbeit.hamburg, Leiter Job-Center Wandsbek (geführt: 11.9.2008).

491 Interview mit Gerhard Nauke, team.arbeit.hamburg, Leiter Job-Center Wandsbek (geführt: 11.9.2008).

der Eintritt verweigert wird.[492] Der Betreuungsdienst überprüft lediglich sachlich die Lebenssituation des Leistungsbeantragenden oder -empfängers, ohne eine Wertung vorzunehmen. Aus Gründen des Datenschutzes dürfen Dritte, wie beispielsweise Nachbarn, nicht befragt werden.[493]

Die Verdachtsmomente entstehen intuitiv durch die Erfahrung der Mitarbeiter, die die Anträge prüfen.

In der Praxis geht man folgerdermaßen vor: Man achtet als erstes auf den Grund, der die Person bedürftig hat werden lassen. Denn bei jedem Neuantrag muss zunächst irgendetwas vorgefallen sein, das die neue Situation verursacht hat. Belege, die mit dem Antrag eingereicht werden müssen, geben erste Aufschlüsse. Dann überprüft man, ob der Antrag schlüssig ist und ist sensibel für Ungereimtheiten, z.B. wenn zwar ein Untermietvertrag vorliegt, aber es sich bei der Wohnung nur um eine 1 Zimmer-Wohnung handelt.[494]

Auch wenn die Partner zusammen in einer Wohnung leben, spricht gegen eine verfestigte Lebensgemeinschaft, wenn der Haushalt getrennt geführt wird. Dafür sprechen Indizien, dass jeder für sich allein einkauft und kocht, keine gemeinsamen Anschaffungen, wie Möbel oder Haushaltsgegenstände, getätigt werden und keine Rücksicht bei der Lebensgestaltung auf den anderen genommen wird.[495] Wohingegen ein gemeinsames Konto oder dass alle anfallenden Kosten gemeinsam getragen werden, die Vermutung nahe legt, dass es sich um eine Lebensgemeinschaft handelt.[496]

Ein Zweifel ist z.B. dann begründet, wenn die Antragssteller bereits seit etlichen Jahren in einer gemeinsamen Wohnung leben und dies einem Sachbearbeiter aufgrund seiner früheren Sozialamtstätigkeit noch bekannt ist.[497]

Wenn der Betreuungsdienst zum Beispiel beschreibt, dass nur ein Schlafzimmer bzw. eine Schlafstätte mit einer Bettdecke sowie ein Kleiderschrank, in dem die Sachen gemischt hängen, vorhanden ist und die Zahnbürsten im gleichen Zahnputzbecher zusammenstehen, liegt der Verdacht nahe, dass es sich nicht nur

---

492 Interview mit Gerhard Nauke, team.arbeit.hamburg, Leiter Job-Center Wandsbek (geführt: 11.9.2008).

493 Email-Interview mit Marina Marquardt, Presse und Öffentlichkeitsarbeit, X1-21, team.arbeit.hamburg, Hamburger Arbeitsgemeinschaft SGB II (geführt: 10.9.2008).

494 Interview mit Gerhard Nauke, team.arbeit.hamburg, Leiter Job-Center Wandsbek (geführt: 11.9.2008).

495 Infoheft: SGB II, Grundsicherung für Arbeitsuchende, Arbeitslosengeld II / Sozialgeld (Hrsg.: Bundesagentur für Arbeit, Marketing, April 2008, S. 10 (Anlage 1).

496 Interview mit Gerhard Nauke, team.arbeit.hamburg, Leiter Job-Center Wandsbek (geführt: 11.9.2008).

497 Email-Interview mit Marina Marquardt, Presse und Öffentlichkeitsarbeit, X1-21, team.arbeit.hamburg, Hamburger Arbeitsgemeinschaft SGB II (geführt: 10.9.2008).

um eine bloße Wohngemeinschaft handelt, sondern um eine Lebensgemeinschaft.[498]

In einem Fall, in dem zunächst alle Angaben richtig erschienen, stellte sich nach längeren Recherchen heraus, dass die angeblich in einer bloßen Wohngemeinschaft lebenden Bedürftigen gemeinsam von Bayern, wo sie zuvor fünf Jahre zusammen lebten, nach Hamburg in eine Wohnung gezogen sind. Dies lässt auf eine Lebensgemeinschaft schließen.[499]

Der Kühlschrank gibt Aufschluss darüber, ob eine Lebensgemeinschaft oder eine bloße Wohngemeinschaft geführt wird. Wenn die Lebensmittel in den Kühlschrankfächern getrennt sind und somit den Bewohner zugeordnet werden können, handelt es sich um eine bloße Wohngemeinschaft. Wenn sich eine Zuordnung der Lebensmittel jedoch nicht vornehmen lässt, ist es ein Indiz für eine Lebensgemeinschaft.[500]

Jedoch können die Mitarbeiter vom Job-Center den Leuten nur vor den Kopf schauen. Eine Prüfung muss äußerst sorgfältig erfolgen. Denn es ist existenzbedrohend für den Bedürftigen, dessen Angaben richtig sind, wenn ihm zu Unrecht die Leistungen versagt werden.[501]

Als Maßstab, um einen Verdacht entstehen zu lassen, sind die gewöhnliche Umstände anzulegen, d.h. die Intuition der Mitarbeiter des Job-Centers sowie deren Verständnis von verschiedenen Formen des Zusammenlebens.

Ein schwieriger Fall, der in diesem Zusammenhang auftauchen kann, ist der, wo zwei Ehegatten angeben, nun getrennt zu leben, obwohl sie sich aus Kostengründen weiterhin alles wie in der Ehe teilen.[502]

ee) Vergleichbarkeit der Sach- und Rechtslage

Für eine Analogie der Abgrenzung einer nichtehelichen Lebensgemeinschaft von einer bloßen Wohngemeinschaft müsste die Sach- und Rechtslage vergleichbar sein.

Die Unterschiede zwischen dem zivilrechtlichen Unterhaltsanspruch und dem sozialrechtlichen Leistungsanspruch sind sozialpolitisch gewollt. Schon der

---

498 Interview mit Gerhard Nauke, team.arbeit.hamburg, Leiter Job-Center Wandsbek (geführt: 11.9.2008).

499 Interview mit Gerhard Nauke, team.arbeit.hamburg, Leiter Job-Center Wandsbek (geführt: 11.9.2008).

500 RTL Reportage „Sozialhilfebetrug“, Punkt 9 (4.9.2008).

501 Interview mit Gerhard Nauke, team.arbeit.hamburg, Leiter Job-Center Wandsbek (geführt: 11.9.2008).

502 Interview mit Gerhard Nauke, team.arbeit.hamburg, Leiter Job-Center Wandsbek (geführt: 11.9.2008).

Bedarfsbegriff, die Bedürftigkeit und die Leistungsfähigkeit unterscheiden sich.[503]

Arbeitslosen- sowie Sozialgeld II sind öffentliche Förderung, wohingegen sich der Unterhaltsanspruch privatrechtlich gegen den Pflichtigen richtet.

Der Unterhalt der geschiedenen Ehegatten basiert auf dem Prinzip der nachehelichen Solidarität. Allerdings wird der Grundsatz der nachehelichen Solidarität durch die nacheheliche Eigenverantwortung begrenzt. Wenn der geschiedene Ehegatte dazu in der Lage ist, muss er sich grundsätzlich selbst versorgen.[504]

Im Gegensatz dazu handelt es sich bei der Grundsicherung für Arbeitsuchende um staatliche Leistungen, die aus Steuern finanziert werden. Staatliche Leistungen müssen eine gerechte und gleichmäßige Leistung sichern.[505]

Die Ehe und somit auch die nacheheliche Solidarität sind frei gewählt, wohingegen Steuern und soziale Leistungen Pflichten des Bürgers sind. Der nacheheliche Unterhalt und die Grundsicherung basieren somit auf verschiedenen Grundsätzen.

Der Ausgleich wirtschaftlicher Interessen Geschiedener im nachehelichen Unterhaltsrecht beruht auf anderen Grundsätzen als das Eintreten der öffentlichen Hand für den Lebensunterhalt im Sozialrecht. Die jeweiligen Regelungsbereiche und Normzwecke lassen sich insoweit nicht miteinander vergleichen.[506]

Dennoch könnte man die Indizien des Sozialrechts für die Annahme einer Lebensgemeinschaft ins Familienrecht übernehmen. Bei der Feststellung der verfestigten Lebensgemeinschaft i.S.d. § 1579 Nr. 2 BGB taucht im Recht des nachehelichen Unterhalts das gleiche Abgrenzungsproblem auf, wenn die Partner vorgeben, in einer bloßen Wohngemeinschaft zu leben und nicht als eine verfestigte Lebensgemeinschaft zusammenzuleben. Eine reine Wohngemeinschaft ist nicht ausreichend für die Annahme einer verfestigten Lebensgemeinschaft[507] und somit kein Unterhaltausschlussgrund gem. § 1579 Nr. 2 BGB.

ff) Stellungnahme

Für die Stellungnahme sind insbesondere zwei Einzelaspekte hervorzuheben: zum einen der Betreuungsdienst des Job-Centers und zum anderen die Festschreibung der Dauer der Beziehung, die die Annahme einer Einstehensgemeinschaft erlaubt.

---

503 Münder, NJW 1998, 5 (10).

504 Kemper, in: Schulze/Dörner, Vorbem. zu §§ 1569-1586 b Rdnr. 1.

505 Starck, S. 274.

506 VGH Mannheim, NJW 1993, 2886.

507 Schnitzler, FPR 2008, 41 (43).

(1) Betreuungsdienst

Man könnte auch im Familienrecht eine Art Betreuungsdienst einsetzen, um festzustellen, ob eine verfestigte Lebensgemeinschaft i.S.d. § 1579 Nr. 2 BGB oder eine bloße Wohngemeinschaft vorliegt.

Bei der Rechtfertigung des Einsatzes des Betreuungsdienstes im Sozialrecht ist der Hintergrund der Leistungen zu betrachten. Der Aspekt der gerechten staatlichen Verteilung der Steuern in Form des Arbeitslosengeldes II oder Sozialgeldes rechtfertigt den Einsatz des Betreuungsdienstes des Job-Centers im Sozialrecht. Beim nachehelichen Unterhalt handelt es sich jedoch nicht um eine staatliche Leistung. Der Gedanke der gerechten Leistungsausteilung überwiegt bei einer Verbindung, die man wissentlich eingegangen ist –wie die Ehe – nicht. Dagegen basiert der Unterhalt auf der nachehelichen Solidarität.

Der Betreuungsdienst dringt, zwar mit Erlaubnis, in die intimste Privatsphäre des Bürgers ein. Allerdings bleibt dem Leistungsempfänger aufgrund der Mitwirkungspflicht und dem sonstigen Anfangsverdacht keine andere Möglichkeit, als ihn gewähren zu lassen.

Man könnte auf die Idee kommen, den Betreuungsdienst mit der Beauftragung eines Privatdetektivs in unterhaltsrechtlich strittigen Fällen zu vergleichen.

Wenn das Gericht im Zuge eines Unterhaltsverfahrens eine Begehung der Wohnung der angeblich verfestigten Lebensgemeinschaft anordnen könnte, würde das dazu führen, dass die Justiz in die privatesten Lebensbereiche des Bürgers eindringt. Das Privatrecht lässt sich nicht mit staatlicher Kontrolle vereinbaren.

(2) Dauer

Nach einem Jahr ist eine Bedarfsgemeinschaft anzunehmen, § 7 Ab. 3 a Nr. 1 SGB II i.V.m. § 7 Abs. 3 Nr. 3 c SGB II. Das Zusammenleben der Partner als Gemeinschaft hat sich so verfestigt, dass sie füreinander Verantwortung übernehmen. Es ist auf einen wechselseitigen Willen zu schließen, füreinander einzustehen.

Im Gegensatz dazu ist die Dauerhaftigkeit einer verfestigten Beziehung i.S.d. § 1579 Nr. 2 BGB nicht legal definiert. Die Dauer bestimmt sich aufgrund der konkreten Umstände im Einzelfall.[508] In der Regel ist eine Zeit von zwei bis drei Jahren festzusetzen.[509] Ein Zeitraum von einem Jahr wird zweifellos als zu kurz

508 MüKo/Maurer, § 1579 Rdnr. 60.

509 Palandt/Brudermüller, § 1579 Rdnr. 38; BeckOK/Beutler, BGB, § 1579 Rdnr. 5; Gerhardt, in: Wendl/Staudigl, § 4 Rdnr. 662; MüKo/Maurer, § 1579 Rdnr. 60; BGH, NJW 2004, 1326 (1327); FPR 2002, 294 (295); FamRZ 1997, 671; NJW 1997, 1851 (1852); NJW 1989, 1083 (1086).

erachtet, weil von einem Bestand der neuen Beziehung noch nicht ausgegangen werden kann.[510]

Im Sozialrecht legte das Bundessozialgericht zunächst auch einen Drei-Jahres-Zeitraum für das Zusammenleben zur Annahme der Dauerhaftigkeit der Beziehung fest.[511] Dann wurde jedoch angeführt, dass es nicht als absolute zeitliche Mindestdauer zu verstehen sei. Die bisherige Dauer des Zusammenlebens ist allerdings ein wesentliches Indiz für die Ernsthaftigkeit einer Beziehung. Bei einer Dauer des Zusammenlebens von bis zu einem Jahr, abgesehen von besonderen Umständen, wie z.B. der gemeinsamen Sorge für Kinder, liegt in der Regel keine Einstehensgemeinschaft vor.[512] Aufgrund dieser Ausführungen wird ein Jahr als Zeitraum des Zusammenlebens, der die Annahme für das Bestehen einer Einstehensgemeinschaft rechtfertigt, bestimmt.[513]

Unverständlich scheint, warum die Grenzen für die Dauerhaftigkeit für eine Beziehung unterschiedlich definiert werden.

Wie festgestellt, sind die Rechtsgrundlagen unterschiedlich, aber im Gegensatz zum Einsatz des Betreuungsdienstes scheint bei der Dauerhaftigkeit der Unterschied aufgrund der Prinzipien und der normativen Ausgangslage nicht rechtgefertigt zu sein.

Zu bedenken ist aber, dass der Berechtigte, wenn die Beziehung zum neuen Partner doch nicht so verfestigt ist und zerbricht, eventuell nicht in der Lage ist, sich selbst zu unterhalten und dann womöglich dem Steuerzahler zur Last fällt. Um dieser Situation vorzubeugen, ist ein längerer Zeitraum für die Dauerhaftigkeit der Beziehung festzusetzen.

Im Sozialrecht liegt hingegen der umgekehrte Fall vor. Wenn eine Einstehensgemeinschaft vorliegt, wird der Steuerzahler durch die gegenseitige Anrechnung der Einkommen der Partner entlastet.

(3) Fazit

Eine Analogie zum Sozialrecht zur Abgrenzung von verfestigter Lebens- und bloßer Wohngemeinschaft ist nicht zu ziehen. Es fehlt an der Vergleichbarkeit der Sach- und Rechtslage. Die Justiz würde im Falle einer Analogie in die intimsten Bereiche des Unterhaltsberechtigten unerwünscht eindringen können. Aufgrund der staatlichen Leistungen ist dies gerechtfertigt, aber im familienrechtlichen Bereich sollte die Justiz dazu nicht die Möglichkeit erhalten.

---

510 OLG Hamm, NJW-RR 1997, 963 (964).

511 BSG, Urteil vom 29.4.1998, B 7 AL 56/97 R, SozR 3-4100 § 119 Nr. 15.

512 LSG Berlin-Brandenburg, Beschluss vom 18.1.2006 – L 5 B 1362/05 AS ER.

513 Begründung der Bundesregierung zum Optimierungsgesetz des SGB II, S. 46 (http://www.flegel-g.de/Optimierung_SGB_II__Begruendung_180406-1.pdf; Stand: 22.9.2008).

Man könnte jedoch im Familienrecht den Ansatz im Sozialrecht übernehmen und Regelungen – wie die Dauer – legal bestimmen. Je mehr objektive Kriterien man im Gesetz festschreibt, desto weniger wird die Justiz in intimsten Bereichen des Bürgers eindringen. Allerdings bedeutet eine Festschreibung von Kriterien auch einen Verlust der Einzelfallgerechtigkeit.

4. Justiz in privatesten Angelegenheiten

Fraglich ist, wie die Justiz eine verfestigte Lebensgemeinschaft feststellen soll. Die Gefahr besteht darin, dass die Justiz und die staatlichen Instanzen in die privatesten Angelegenheiten des Bürgers eindringen, um die Ernsthaftigkeit einer Lebensgemeinschaft zu beurteilen.

Laut dem Gesetzesentwurf der Bundesregierung soll die Lebensführung des geschiedenen Ehegatten nicht kontrolliert werden. Kriterien wie die Leistungsfähigkeit des neuen Partners oder das Führen von intimen Beziehungen sind daher unbeachtlich. Ebenso wird nicht darauf abgestellt, ob eine Ehe bzw. Lebenspartnerschaft eingegangen werden kann.[514]

Fraglich ist somit, ob eine verfestigte Lebensgemeinschaft i.S.d. § 1579 Nr. 2 BGB festgestellt werden kann, ohne dass eine Lebensführungskontrolle durchgeführt wird.

a) Fragenkatalog für die Beweisaufnahme i.S.d. § 1579 Nr. 2 BGB

Fragen sind z.B. im Münchener Anwaltshandbuch der Praxis vorgegeben um eine verfestigte Lebensgemeinschaft festzustellen. Anhand dieser Fragen sollen die Lebensumstände der Beteiligten aufgeklärt werden.[515]

aa) Wohnsituation

Zunächst soll die Wohnsituation erfragt werden. Dazu gehört die Frage, ob das angebliche Paar in einer Eigentumswohnung oder in einem Haus wohnt. Über die Eigentums- und Besitzverhältnisse können Grundbuchauszüge, Grundrisse und Fotos Aufschluss geben. Es ist festzustellen, ob das Haus gemeinsam erworben wurde, was anhand des Grundstückskaufvertrags belegt werden kann. Wenn es sich um Miteigentum handelt, kann man durch die Darlehensverträge erfahren, wie die Belastungen bei den Banken geregelt sind, also wer welchen Betrag finanziert. Zudem ist entscheidend, wer die Grundsteuer und Wohngebäudever-

514 BT-Drucks. 16/1830, S. 21.

515 MüAnwhdb/Schnitzler, § 9 Rdnr. 162.

sicherung bezahlt. Zu beobachten ist, ob die Partner auch permanent in diesem Haus leben. Bei einer Mietwohnung ist herauszufinden, ob diese gemeinsam angemietet worden ist. Dies belegt der Mietvertrag. Der exakte finanzielle Beitrag zur Kaltmiete ist zudem interessant. Es ist festzustellen, ob die neuen Partner einen Schlüssel zur Wohnung oder zum Haus besitzen. Ebenso ist in Erfahrung zu bringen, wer die Nebenkosten, den Telefonanschluss und sonstige Kosten bezahlt. Von außen erkennbar ist, ob ein gemeinsamer Name auf Klingelschild und Briefkasten steht. Außerdem könnte ein Text in beider Namen auf den Anrufbeantworter gesprochen worden sein.

bb) Arbeitswoche

Weiteren Aufschluss über das Bestehen einer verfestigten Lebensgemeinschaft i.S.d. § 1579 Nr. 2 BGB gibt die Arbeitswoche, d.h. wer welche Versorgungsleistungen erbringt, also das Frühstück, Mittagessen und Abendbrot zubereitet, wer wäscht und bügelt und wer die Wohnung säubert.

cc) Freizeitbereich

Der Freizeitbereich gibt Einblicke in gemeinsame Unternehmungen. Das Augenmerk liegt dabei auf gemeinsamem Sport, Theater- oder Kinobesuche, sonstiges Ausgehen, wie z.B. Essen oder Tanzen, Unternehmungen mit den Kindern aus vorheriger Ehe oder Besuche in der Verwandtschaft. Gefragt wird, ob gemeinsame Urlaube gemacht werden und wie es mit der finanziellen Beteiligung daran aussieht.

dd) Auftreten in der Öffentlichkeit

Zuletzt ist das Auftreten in der Öffentlichkeit von Bedeutung. Interessant ist, ob die Partner der verfestigten Lebensgemeinschaft erkennbar als Paar auftreten. Indizien für eine verfestigte Lebensgemeinschaft sind, wenn der Ehegatte das Fahrzeug des Partners fährt, sonstige Gegenstände des Partners benutzt, wie beispielsweise Computer, CD-Player, DVD-Player, Fernseher, Möbel oder wenn eine gegenseitige Versorgung bei Krankheit stattfindet, wie beispielsweise eine Pflege zu Hause.

b) Instrumente der Feststellung einer verfestigten Lebensgemeinschaft

Den Fragen des Fragenkatalogs muss nachgegangen werden. Manche Indizien sind belegbar, wie ein Mietvertrag, andere Indizien müssen durch Zeugenbefragung oder Beobachtung ermittelt werden.

aa) Beauftragung und Vorgehensweise eines Detektivs

Teilweise wird zur Beweisermittlung ein Detektiv beauftragt, um eine verfestigte Lebensgemeinschaft i.S.d. § 1579 Nr. 2 BGB festzustellen.[516]

In der Praxis stellt es sich zumeist so dar, dass der Anwalt den Detektiv anweist, was ermittelt werden soll. Diese Aufgabenstellung kann z.B. der Fragenkatalog des Münchener Anwaltshandbuchs sein. Zum Teil wird zusätzlich von den Anwälten ein Pflichtenheft formuliert, das die gesetzliche Grundlage für die Detektive aufzeigt, auf der die Beweise ermittelt werden können.[517] Dabei sind insbesondere der Datenschutz und die Beweisverwertungsverbote zu beachten.

Die anwaltlichen Pflichte werden nicht verletzt, wenn der Anwalt die Beauftragung eines Detektivs im Rahmen eines Unterhaltsstreits empfiehlt, um herauszufinden, ob der Unterhaltsberechtigte eine neue verfestigte Lebensgemeinschaft eingegangen ist.[518]

Der Anwalt bestimmt in der Regel, wann die Beweise, die der Detektiv ermittelt, für den Unterhaltsprozess ausreichen. Dabei spiegeln Zwischenberichte, die der Detektiv während seiner Ermittlungen dem Anwalt zukommen lässt, den Stand der Ermittlungen wider. Ein limitierender Faktor, auch wenn bei den ersten Beobachtungen keine Anzeichen für eine neue verfestigte Lebensgemeinschaft i.S.d. § 1579 Nr. 2 BGB vorliegen, sind zumeist die Kosten.[519]

Die Feststellung einer verfestigten Lebensgemeinschaft ist für einen Detektiv in der Praxis schwierig und es bedarf komplexer Abläufe. Um Hinweise zu liefern, um welche Form der Lebensgemeinschaft es sich im Einzelfall handelt, werden die Detektive in regelmäßigen Seminaren in der neusten Gesetzgebung und Rechtsprechung geschult. Die Feststellung einer verfestigten Lebensgemeinschaft ist Detektivarbeit im „klassischen Stil“, d.h. Beobachtung und Dokumentation. Technische Hilfsmittel, wie z.B. Kameras, Diktiergeräte oder GPS Sender, dürfen nur vereinzelt eingesetzt werden, ansonsten unterliegen die unzulässig erlangten Beweise dem Beweisverwertungsverbot.[520]

---

516 BGH, NJW 1997, 1851.

517 Interview mit Jörn S. Hauschild, Geschäftsführer Hannover und Bereich Nord-West, A AA Detective Astor International GmbH, geführt: 2.10.2008.

518 OLG Jena, BeckRS 2006, 11763, 8 U 1171/05 v. 26.7.2006.

519 Interview mit Jörn S. Hauschild, Geschäftsführer Hannover und Bereich Nord-West, A AA Detective Astor International GmbH, geführt: 2.10.2008.

520 Email-Interview mit Jörn S. Hauschild, Geschäftsleitung Hannover und Bereich Nord-West, A AA Detective Astor International GmbH, geführt: 8.9.2008. nterview mit Jörn S. Hauschild, Geschäftsführer Hannover und Bereich Nord-West, A AA Detective Astor International GmbH, geführt: 2.10.2008.

Technische Hilfsmittel zur Ermittlung der verfestigten Lebensgemeinschaft können gegen das allgemeine Persönlichkeitsrecht nach Art. 2 Abs. 1 i.V.m. Art. 1 Abs. 1 GG verstoßen.

Das allgemeine Persönlichkeitsrecht schützt die engere persönliche Lebenssphäre und die Erhaltung ihrer Grundbedingungen.[521] Jedem einzelnen wird ein autonomer Bereich privater Lebensgestaltung zugesichert, in dem er seine Individualität entwickeln und wahren kann.[522]

Aus Art. 2 Abs. 1 i.V.m. Art. 1 Abs. 1 GG lässt sich ein Grundrecht auf informationelle Selbstbestimmung hergeleiten.[523] Der Schutz des Einzelnen in allen Phasen des Umgangs mit Daten, insbesondere die Erhebung, Speicherung, Verwendung, Weitergabe und Veröffentlichung wahrer Tatsachen, soweit sie personenbezogen und datengeschützt sind, wird davon umfasst.[524]

Für die Praxis des Detektivs ist entscheidend, dass der Auftraggeber ein berechtigtes Interesse für die Ermittlungen der verfestigten Lebensgemeinschaft nachweist. Zudem muss zielgerichtet auf den ehemaligen Ehegatten ermittelt werden. Die Beobachtungen dürfen nur punktuell erfolgen und nicht lückenlos ausgestaltet sein. Trotzdem muss eine Regelmäßigkeit nachgewiesen werden, sonst lässt sich eine verfestigte Lebensgemeinschaft i.S.d. § 1579 Nr. 2 BGB nicht belegen. Dazu wird zu den entscheidenden Zeiten, wie morgens, wenn die mutmaßlichen Partner das Haus verlassen, und abends, wenn sie wieder zuhause sind, observiert. Bei einer Ermittlung werden zwei Detektive zu Beweiszwecken beschäftigt, sonst könnte im anschließenden Prozess womöglich die Aussage des Detektivs gegen die Aussage des Partners der verfestigten Lebensgemeinschaft stehen.[525]

Die Kosten der Beauftragung des Detektivs sind im Verfahren erstattungsfähig. Voraussetzung dafür ist, dass die Rechtsverfolgung zweckentsprechend notwendig war.[526] Dabei sind dazu nur gewonnene gerichtlich verwertbare Feststellungen zu rechnen.[527]

Nach der Beweissicherung liegt es im Ermessen der Richter, die Beweise und Zeugenaussagen, die der Detektiv ermittelt hat, entsprechend zu würdigen und damit eine verfestigte Lebensgemeinschaft festzustellen oder nicht. Bei den Er-

---

521 Jarass, in: Jarass/Pieroth, GG, Art. 2 Rdnr. 30; BVerfGE 54, 148 (153); 72, 155 (170).

522 Jarass, in: Jarass/Pieroth, GG, Art. 2 Rdnr. 30; BVerfGE 79, 267 (268).

523 BVerfGE 65,1.

524 BeckOK/Bamberger, BGB, § 12 Rdnr. 160 f.

525 Interview mit Jörn S. Hauschild, Geschäftsführer Hannover und Bereich Nord-West, A AA Detective Astor International GmbH, geführt: 2.10.2008.

526 OLG Oldenburg, BeckRS 2008, 11088, 13 WF 93/08 v. 20.5.2008; OLG Jena, BeckRS 2006, 11763, 8 U 1171/05 v. 26.7.2006.

527 OLG Oldenburg, NJW 2008, 3508 (3509).

mittlungen des Detektivs wird daher, wenn möglich, auf die Vorstellungen des Richters eingegangen, wenn diese bekannt sind, und entsprechende einschlägige Beweise gesammelt.[528]

Ein Detektiv geht in der Praxis seinem Empfinden nach. Die angeblichen Partner müssen den Eindruck bei ihm entstehen lassen, dass sie ein Alltagsleben zusammen führen und sich die Kosten teilen. Die bildliche Grundfrage, die ein Detektiv bei seinen Ermittlungen aufklären sollte, ist, ob die angeblichen Partner Tisch und Bett miteinander teilen. Anzeichen dafür ist ein aufeinander abgestimmter Tagesrhythmus. Allerdings können sich Detektive nicht alle Situationen beobachten.[529]

(1) Beobachtungen und Ermittlungen

Die folgenden Ausführungen über das Vorgehen bei detektivischen Ermittlungen entstammen einem Interview mit dem Detektiv Jörn S. Hausschild.[530] Die Darstellungen wurden plausibel dargelegt. Herr Hausschild ist Geschäftsführer von AAA Detective Astor International GmbH im Bereich Hannover und Nord-West. Die Unternehmensgruppe Condor/Astor hat seit über 30 Jahren Erfahrung und hat 14 bestehende Niederlassungen flächendeckend in den Städten des Bundesgebiets sowie internationale Kontakte.

In der Praxis wird zunächst die Wohnsituation betrachtet. Wenn die angeblichen Partner ein Einfamilienhaus mit Einliegerwohnung bewohnen, ist es wahrscheinlicher, dass die beiden dort lebenden Personen keine verfestigte Lebensgemeinschaft führen, als in dem Fall, in dem eine 1-Zimmer-Wohnung bewohnt wird. Die Aufteilung des Hauses oder der Wohnung ist – wenn möglich – im Vorfeld der Beobachtung des Detektivs zu ermitteln.

Die Ermittlungen beginnen mit Abfragen beim Einwohnermeldeamt, Grundbuchamt oder Vermieter bzw. bei der Hausverwaltung. So gibt z.B. das Grundbuchamt Auskunft darüber, ob das bewohnte Haus Eigentum beider Partner ist. Das Einwohnermeldeamt kann bestätigen, dass der Unterhaltsberechtigte nicht allein in der Wohnung lebt, sondern auch der angebliche Partner dort gemeldet ist. Ein Indiz für eine verfestigte Lebensgemeinschaft wäre ein gemeinsam unterzeichneter Mietvertrag, den man vom Vermieter oder der Hausverwaltung erhalten könnte. Wenn beide Partner die Wohnung oder das Haus bewohnen, hat

528 Interview mit Jörn S. Hauschild, Geschäftsführer Hannover und Bereich Nord-West, A AA Detective Astor International GmbH, geführt: 2.10.2008.

529 Interview mit Jörn S. Hauschild, Geschäftsführer Hannover und Bereich Nord-West, A AA Detective Astor International GmbH, geführt: 2.10.2008.

530 Interview mit Jörn S. Hauschild, Geschäftsführer Hannover und Bereich Nord-West, A AA Detective Astor International GmbH, geführt: 2.10.2008.

der Vermieter bzw. die Hausverwaltung aufgrund der Mietabsicherung ein Interesse, beide Parteien in den Mietvertrag als Gesamtschuldner aufzunehmen.

Aufschluss über das Bestehen einer verfestigten Lebensgemeinschaft i.S.d. § 1579 Nr. 2 BGB gibt auch ein Auto, das regelmäßig vor der Haustür der Zielperson parkt. Das Auto kann durch eine Halterermittlung zugeordnet werden und somit auf eine neue verfestigte Partnerschaft schließen lassen, der in der Wohnung des Unterhaltsberechtigten lebt oder sich zumindest dort überwiegend aufhält.

Entscheidende Indizien für eine verfestigte Lebensgemeinschaft i.S.d. § 1579 Nr. 2 BGB, die durch Beobachtung und Dokumentation gewonnen werden, sind z.B., dass der Name des angeblichen Partners auf dem Klingelschild und dem Briefkasten steht, Einkäufe für den anderen mitgemacht werden, das Auto getauscht wird und beispielsweise gemeinsam bei Ikea ein Regal gekauft wird. Ebenso lässt es darauf schließen, wenn beispielsweise die Kinder aus der Ehe mit dem Unterhaltsschuldner vom neuen Lebensgefährten regelmäßig zur Schule gebracht werden und somit das Bild einer „normalen" Familie entsteht.

Der Augenschein des Detektivs kann bei seiner Zeugenaussage vor Gericht entscheidend sein, wenn er beobachtet, dass die Partner einander vertraut sind, wie beispielsweise, dass die Frau dem Mann beim Verlassen des Hauses den Kragen geraderückt, die Partner Händchen halten, Arm in Arm gehen oder sich küssen.

Schwierigkeiten ergeben sich bei Wochenendbeziehungen. Dabei gilt es für den Detektiv, den Lebensmittelpunkt der neuen Partner auszumachen. Telefonrechnungen, die an die Adresse der gemeinsamen Wohnung geschickt werden, obwohl der angebliche Partner die Woche über an einem anderen Ort verweilt, der Großteil der Kleidung, der in der gemeinsamen Wohnung verbleibt, während nur ein Koffer für die Arbeitswoche mitgenommen wird oder die Winterreifen, die in der gleichen Stadt der gemeinsamen Wohnung gelagert werden, geben Aufschluss über einen gemeinsamen Lebensmittelpunkt des Paares und somit eine verfestigte Beziehung i.S.d. § 1579 Nr. 2 BGB.

Probleme ergeben sich, wenn es gilt, gleichgeschlechtliche Partnerschaften zu ermitteln. Oft wird in solchen Konstellationen beim Unterhaltsschuldner keine Vermutung des Bestehens einer neuen Partnerschaft geweckt, weil der neue Partner z.B. als beste Freundin der Unterhaltsberechtigten gesehen wird. Allerdings gibt es auch die Fälle, in denen durch Zufall entdeckt wird, dass der neue Lebenspartner nicht verschiedengeschlechtlich, sondern gleichgeschlechtlich ist.

(2) Befragung der Partner selbst

Zusätzlich sind Befragungen der Partner selbst oder von Fremdpersonen hilfreich für den Detektiv zur Ermittlung einer verfestigten Lebensgemeinschaft i.S.d. § 1579 Nr. 2 BGB. Eine Methode dabei ist beispielsweise das Klingeln an der Wohnungstür der Zielperson. Wenn die Zielperson öffnet, kann man sie nach Hinweisen geschickt befragen. Eine Frage wäre beispielsweise, ob der neue Partner im Haus ist, um etwas mit ihm zu besprechen. Wenn darauf geantwortet wird, dass er heute Abend wieder nach Hause komme, kann man dies als Hinweis im Prozess verwerten, da die Zielperson freiwillig Auskunft erteilt hat.

In der Praxis erweisen sich insbesondere die Nachbarn als hilfreich zur Aufklärung der Lebensverhältnisse der neuen Verbindung. Zunächst werden Tricks angewandt, um den ersten Kontakt aufzunehmen und Vertrauen aufzubauen. Danach werden Informationen auf Fragen oft freiwillig ohne Angabe des wahren Interesses des Detektivs preisgegeben.

Auch Postboten können wichtige Hinweise liefern. Als Beamte im öffentlichen Dienst können sie bezeugen, dass Briefe für den neuen Partner schon seit Jahren hier in den Briefkasten eingeworfen werden.[531]

(3) Eindringen in die Privatsphäre

Ein Detektiv wird „idealerweise" durch einen Vorwand in die Wohnung der Zielperson hineingelassen. Ein genaues Bild der Lebenssituation kann bei einem Gang zur Toilette z.B. erworben werden, wenn sie sich gleichzeitig im Hauptbadezimmer befindet. Stehen beispielsweise zwei Zahnbürsten in einem Glas und der Rasierpinsel direkt neben ihrem Schminkzeug, kann man auf eine verfestigte Lebensgemeinschaft i.S.d. § 1579 Nr. 2 BGB schließen. Ein Gegenbeweis wären z.B. Kosmetika, die nur in einer kleinen Ecke stehen oder sich zum großen Teil im Kulturbeutel befinden. Ebenso geben auch aufgestellte gemeinsame Fotos in der Wohnung oder in dem Haus Aufschluss über das Bestehen einer verfestigten Lebensgemeinschaft.

In einem Beispielfall aus der Detektivpraxis hatte die Unterhaltsberechtigte mit Schwangerschaftsbauch in dem Haus des neuen Lebensgefährten die Tür bei Klingeln aufmacht und ein Geschirrhandtuch über der Schulter hängen. Zudem war der Sohn aus der vorherigen Ehe im Hintergrund beim Spielen zu sehen und die Zielperson gab auf Nachfrage die Auskunft, dass ihr Mann gerade mit ihrem Auto unterwegs sei. Bei einer Befragung der Nachbarn stellte sich heraus, dass

531 Interview mit Jörn S. Hauschild, Geschäftsführer Hannover und Bereich Nord-West, A AA Detective Astor International GmbH, geführt: 2.10.2008.

die Frau hier regelmäßig ein- und ausgehe sowie öfters bei der Gartenarbeit und beim Fensterputzen gesehen worden sei. Diese Anhaltspunkte ließen auf eine verfestigte Lebensgemeinschaft i.S.d. § 1579 Nr. 2 BGB schließen.

Ein Blick durchs Fenster der Wohnung oder des Hauses der neuen Lebensgemeinschaft kann für die Ermittlungen des Detektivs dienlich sein, um sich Einblick in die Alltagssituation zu verschaffen. Wenn beispielsweise das Frühstück oder Abendessen in der Küche gemeinsam eingenommen wird, ist das ein Anzeichen für eine verfestigte Lebensgemeinschaft i.S.d. § 1579 Nr. 2 BGB. Auch die Beobachtung des Hauses kann hilfreich sein, wenn man sieht, wie zur Abendbrotzeit das Licht in der Küche angeht, dann im Wohnzimmer Fernsehen geschaut wird und danach das Licht im Schlafzimmer angeht. Um letztere Feststellungen treffen zu können, müssen Angaben über die Räume des Hauses oder der Wohnung, wie beispielsweise in Form eines Grundrisses, vorliegen. Ein Gegenindiz wäre z.B. die Beobachtung, dass zur Schlafenszeit im Schlafzimmer und in der Einliegerwohnung Licht angeht.

Alle Beobachtungen sind für die Beweisführung vor Gericht mit Datum und Zeit zu dokumentieren.[532]

bb) Technische Mittel

Im Strafverfahren sind die technischen Mittel und ihr Einsatz gesetzlich definiert. Zum Schutz der Privatsphäre sind moderne technische Geräte zur heimlichen Personenüberwachung nur unter strengen Voraussetzungen einsetzbar. Bildaufnahmen dürfen außerhalb von Wohnungen auch ohne Wissen der Betroffenen aufgenommen werden. Dies gilt auch für die Verwendung von sonstigen besonderen, für Observationszwecke bestimmten, technischen Mittel gem. § 100 h Abs. 1 S. 1 StPO.

Ein sonstiges technisches Mittel i.S.d. § 100 h Abs. 1 Nr. 2 StPO ist ein besonderes für Observationszwecke bestimmtes Mittel, wenn es weder Bild- noch Tonaufzeichnungen, aber Observationen ermöglicht und im konkreten Strafverfahren eingesetzt wird, auch wenn es nicht eigens dafür konzipiert wurde.[533] Unter die sonstigen technischen Mittel fallen z.B. Peil- und Personenschutzsender, Nachtsichtgeräte, Bewegungsmelder, Alarmkoffer,[534] Satellitenbilder und GPS-Sender.[535]

---

532 Interview mit Jörn S. Hauschild, Geschäftsführer Hannover und Bereich Nord-West, A AA Detective Astor International GmbH, geführt: 2.10.2008.

533 BeckOK/Hegmann, StPO, § 100 h Rdnr. 6.

534 BeckOK/Hegmann, StPO, § 100 h Rdnr. 4.

535 BGH, NStZ 2001, 386; BeckOK/Hegmann, StPO, § 100 h Rdnr. 4.

Nach den allgemeinen Regeln des § 161 Abs. 1 StPO sind gewöhnliche Sehhilfen wie Ferngläser oder Kommunikationsgeräte, Markierungssysteme oder andere technisch präparierte Gegenstände keine technischen Mittel i.S.d. § 100 h StPO.[536]

Maßnahmen, die die Verwendung des technischen Mittels vorbereiten oder begleiten, werden, wenn die Verhältnismäßigkeit gewahrt bleibt, von § 100 h StPO umfasst.[537] Dieser Maßstab ist auch bei dem gleichzeitigen Einsatz mehrer Observationsmaßnahmen oder anderer heimlicher Ermittlungsmethoden zu beachten. Dennoch darf keine „Totalüberwachung" durchgeführt werden. Damit könnte ein umfassendes Persönlichkeitsprofil eines Beteiligten erstellt werden.[538]

Die Vorschriften über technische Mittel im Strafverfahren könnten analog auf den privaten Bereich anzuwenden sein. Dies betrifft insbesondere die Beobachtung einer neuen verfestigten Lebensgemeinschaft. Damit wären dann auch heimliche, datengeschützte Aufenthaltskontrollen, die von Zivilpersonen oder von ihnen beauftragte Unternehmen durchgeführt werden, zulässig.

Der Wortlaut des § 100 h Abs. 1 S. 2 StPO spricht gegen eine Anwendung der Norm auf die Ermittlung einer verfestigten Lebensgemeinschaft i.S.d. § 1579 Nr. 2 BGB. Nur wenn eine Straftat von erheblicher Bedeutung vorliegen könnte, sollten technische Mittel als Gegenstand der Untersuchungen verwandt werden. Allerdings könnte man die Definitionen übertragen.

Das OLG Oldenburg[539] urteilte, dass durch den Einsatz eines GPS-Systems in das Recht auf informationelle Selbstbestimmung nach Art. 2 Abs. 1 GG i.V.m. Art. 1 Abs. 1 GG nach Beachtung des allgemeinen Grundsatzes der Verhältnismäßigkeit erheblich eingegriffen wird. In dem Fall beauftragte der Unterhaltspflichtige einen Detektiv, um festzustellen, ob der geschiedene Ehegatte eine neue verfestigte Lebensgemeinschaft eingegangen ist. Dazu wurden von dem Detektiv durch einen GPS-Sender Fahrten mit dem Auto der Berechtigten überwacht, der zu diesem Zweck heimlich an dem Pkw angebracht worden war. Durch den Einsatz eines GPS-Systems kann der Standort eines Kraftfahrzeugs laufend geortet werden. Somit kann ein umfassendes Bewegungsprofil einer Person erstellt werden. Problematisiert wurde vom OLG Oldenburg, dass es sich dabei nicht nur um eine punktuelle Feststellung handele. Die Aufzeichnung umfasst unvermeidbar lückenlos alle Fahrten aus privaten oder geschäftlichen Gründen. Diese Gesamtkontrolle ist für das angestrebte Ermittlungsergebnis nicht erforderlich.

---

536 BeckOK/Hegmann, StPO, § 100 h Rdnr. 7.

537 BeckOK/Hegmann, StPO, § 100 h Rdnr. 8.

538 BGH, NStZ 2001, 386; BVerfGE 109, 279 (323); BeckOK/Hegmann, StPO, § 100 h Rdnr. 9.

539 OLG Oldenburg, NJW 2008, 3508 (3508).

Bei dem heimlichen Anbringen eines GPS-Senders am Auto handelt es sich um eine Betätigung im öffentlichen Raum. Es wird zwar nicht in die private Lebensgestaltung im unantastbaren Kernbereich eingegriffen, dennoch stellt es eine weitreichende Beobachtung dar.[540]

Vorrangig wäre – in Form einer punktuellen persönlichen Beobachtung – ein milderes Mittel einzusetzen gewesen. Indiz für eine verfestigte Lebensgemeinschaft ist nicht nur die Häufigkeit und Dauer der zusammen verbrachten Zeit, sondern auch das Bild in der Öffentlichkeit.[541] Für eine solche Feststellung ist eine persönliche Beobachtung geeigneter.

Aufgrund der unzulässigen Ermittlungsmethode konnte das Beweismittel folglich nicht prozessual verwertet werden.[542]

cc) Fotos

In einem Beispielsfall[543] belegten zahlreiche Fotos vom dem Pkw des neuen Lebenspartners vor dem Anwesen der Unterhaltsverpflichteten, dass ein Unterhaltsausschlussgrund i.S.d. § 1579 Nr. 2 BGB vorliegt.

Ebenso sind Fotos von dem Unterhaltsberechtigten zulässig aufgrund des berechtigten Interesses des Unterhaltsschuldners an einer Feststellung einer verfestigten Lebensgemeinschaft i.S.d. § 1579 Nr. 2 BGB.

Fraglich ist, ob es zulässig ist, auch den verfestigte Partner oder andere Personen auf den Bildern abzulichten. Bilder vom angeblichen Partner sind wohl noch vom berechtigten Interesse des Unterhaltsschuldners umfasst, aber bei fremden Dritten rechtfertigt das Interesse des Unterhaltspflichtigen nicht die Ablichtung.

In der Praxis werden die Bilder, die meist der Detektiv macht, in der Regel dem Auftraggeber ausgehändigt.[544] Sie sind nicht für die Öffentlichkeit bestimmt und auch ein familienrechtlicher Prozess ist nicht öffentlich. Daher sind Fotos grundsätzlich zulässig.

---

540 OLG Oldenburg, NJW 2008, 3508 (3508); OLG Koblenz, NJW 2007, 2863; OVG Hamburg, NJW 2008, 96 (96).

541 OLG Oldenburg, NJW 2008, 3508 (3508).

542 OLG Oldenburg, NJW 2008, 3508 (3508).

543 OLG Zweibrücken, BeckRS 2008, 13427 (Urt. v. 22.6.2007 – 2 UF 26/07).

544 Interview mit Jörn S. Hauschild, Geschäftsführer Hannover und Bereich Nord-West, A AA Detective Astor International GmbH, geführt: 2.10.2008.

dd) Zeugenbefragung

In der Praxis wird der Lebenspartner zumeist als Zeuge vernommen.[545] Er hat wohl den privatesten Einblick in die Gemeinschaft, aber gleichzeitig ist er dadurch auch am subjektivsten. Weiterhin werden Familie, Freundeskreis, Arbeitskollegen, Nachbarn und Menschen im Umfeld der Verbindung befragt.[546] Es ist festzustellen, dass der Einblick in die Beziehung und damit auch die Subjektivität der Aussagen von der Familie bis hin zu dem Menschen in dem Umfeld der Verbindung stetig sinkt.

Zudem kann auch ein beauftragter Detektiv als Zeuge vor Gericht über seine Ermittlungen aussagen. Dabei kann er nicht nur seine Beobachtungen darlegen, sondern auch die von ihm befragten Personen im Umfeld wiedergeben.

ee) Fazit

Wenn man einen Detektiv beauftragt, um eine verfestigte Lebensgemeinschaft i.S.d. § 1579 Nr. 2 BGB feststellen, dringt man in die privatesten Angelegenheiten der Verbindung ein. Jeder Detektiv verfolgt seine eigenen Ermittlungsstrategien; dennoch mag wohl der Fragenkatalog wegweisend sein. Schon eine bloße Beobachtung mit Dokumentation greift in die Privatsphäre der neuen Lebensgemeinschaft ein. Je umfassender sich die Ermittlungen des Detektivs gestalten, desto größer wird der Eingriff in die Privatsphäre. Wenn sich ein Detektiv unter einem Vorwand Zutritt zu der Wohnung der neuen Lebensgemeinschaft verschafft, stellt dies einen kaum zu rechtfertigenden Eingriff in die Privatsphäre des neuen Paares dar. Ob dies gewollt sein kann, scheint äußerst fraglich.

Der Einsatz von technischen Mitteln, wie dem GPS-Sender, ist im Prozess nicht als Beweismittel für eine verfestigte Lebensgemeinschaft i.S.d. § 1579 Nr. 2 BGB zulässig.

Sowohl Fotos von der neuen Lebensgemeinschaft als auch eine Zeugenbefragung des unmittelbaren Umfeldes vor Gericht greifen in die Privatsphäre der neuen Lebensgemeinschaft ein. Bei der Zeugenbefragung vor Gericht werden z.B. Freunde des Paares geladen, die dann womöglich zu Lasten der neuen Lebensgemeinschaft bezeugen müssen, dass sich die neue Lebensgemeinschaft i.S.d. § 1579 Nr. 2 BGB verfestigt hat. Dadurch entstehen Konflikte im unmit-

545 OLG Hamm, NJWE-FER 1999, 76; OLG Zweibrücken, NJW 1993, 1660; OLG Köln, NJW-RR 1994, 1030; OLG Koblenz, NJW-RR 2000, 1097; NJOZ 2005, 2979; BGH, NJW 1997, 1851.

546 OLG Schleswig, BeckRS 2000, 30141598; BGH, FPR 2002, 56 (57); OLG Schleswig, NJW-RR 2004, 799 (800); OLG Köln, BeckRS 2007, 04384; OLG Zweibrücken, BeckRS 2008, 08901.

telbaren Umfeld der neuen Lebensgemeinschaft. Wenn die Freunde ihrer Wahrheitspflicht vor Gericht nachkommen, schaden sie womöglich den Lebenspartnern. Denn durch die Aussage, dass sich die Lebensgemeinschaft verfestigt hat, ist der Unterhaltsanspruch verwirkt. Die Freunde können allerdings auch nicht gegen ihre Zeugenpflicht verstoßen und wahrheitswidrig eine lockere Beziehung der Partner vor Gericht bekunden. Es kann nicht gewollt sein, Freunde des Paares in einen Gewissenskonflikt zu bringen und sie zu illoyalem Verhalten zu bewegen.

c) Stellungnahme

Die Justiz muss in die privatesten Angelegenheiten der Beteiligten eindringen, weil zu der Feststellung einer neuen verfestigten Lebensgemeinschaft i.S.d. § 1579 Nr. 2 BGB objektive Kriterien fehlen. Die unterschiedlichen Ausgestaltungen der einzelnen verfestigten Lebensgemeinschaften lassen jedoch schwerlich gemeinsame objektive Kriterien festlegen.

Wenn man beispielsweise eine Wohnung, in der die Partner zusammenleben, als objektives Kriterium vorgeben würde, würde eine Fern- oder Wochenendbeziehung diese Voraussetzung nicht erfüllen. Eine Fern- oder Wochenendbeziehung kann aber genauso verfestigt sein wie eine Beziehung, bei der die Partner zusammenleben, zumal eine Fernbeziehung von den Arbeitsbedingungen vorgegeben werden kann.

Die Bewertung des Gerichts ist entscheidungserheblich. Es ist nicht möglich, das ganze Spektrum der Komponenten sozialer Beziehungen zu erfassen und verlässlich festzustellen, ob es sich um eine feste Verbindung handelt. Problematisch ist, wie die Justiz und die staatlichen Instanzen eine verfestigte Lebensgemeinschaft i.S.d. § 1579 Nr. 2 BGB annehmen kann, ohne in die privatesten Angelegenheiten der Partner einzudringen.

Eine überspitzte Darstellung von Büttner[547] verdeutlicht die Schwierigkeit der Festlegung einer verfestigten Lebensgemeinschaft: Man könne zu einem exemplarischen Vorgehen raten. Die Intensität einer Beziehung lässt sich nach soziologischen Untersuchungen, wenn man, wie respektiert werden soll, die sexuellen Komponenten nicht beachtet, an der Ausgestaltung des Frühstücks erkennen. Es ist zu unterscheiden zwischen frühstücksfreien sozialen Verbindungen mit solchen mit Stehfrühstück und mit Frühstücken, gemessen an der gewöhnlichen Frühstücksskala von Continental Breakfast bis zum Brunch. Letzteres bekundet immer eine feste soziale Verbindung. Bei einer frühstücksfreien Verbindung ist zu prüfen, ob dies anlage- oder verbindungsbedingt ist, wobei letzteres eine lose

547 Büttner, FamRZ 1987, 23 (24).

soziale Verbindung offenlegt. Um diese Feststellung zu machen, kann man z.B. die Eltern befragen, wie die Gewohnheiten vor der Beziehung waren. Wenn sich jedoch diese Praxis in der Rechtsprechung verbreitet, führt es vielleicht dazu, dass immer mehr Menschen aus Angst vor Unterhaltsverlust gar nicht mehr frühstücken. Mit Rücksichtnahme auf Volksgesundheit und Agrarüberschüsse sollte man es nicht soweit kommen lassen.

Diese überspitzte Darstellung des Problems zeigt im Kern, dass keine objektiven Indizien für eine verfestigte Beziehung festgelegt sind und daher in private Bereiche des Paares eingedrungen wird. Man muss versuchen, Vergleiche herzustellen, Situationen zu kategorisieren und Personen im unmittelbaren Umfeld zu befragen, um eine verfestigte Lebensgemeinschaft i.S.d. § 1579 Nr. 2 BGB annehmen zu können. Allein aufgrund objektiver Indizien lässt sich keine Verbindung als verfestigt bestimmen.

Auf der einen Seite stehen die Interessen der neuen Lebensgemeinschaft der Privatsphäre, auf der anderen Seite steht das Vermögensinteresse des Unterhaltsverpflichteten. Die Justiz ist dazu verpflichtet, beide Interessen auszugleichen.

Die Justiz oder die staatlichen Instanzen begeben sich in die privatesten Angelegenheiten der neuen Lebensgemeinschaft ohne gesetzliche Vorgaben, wie beispielsweise im Strafrecht. Festgeschriebene Kriterien einer verfestigten Lebensgemeinschaft i.S.d. § 1579 Nr. 2 BGB würden nicht nur dazu führen, dass die Justiz nur in einem festgelegten Rahmen in die privatesten Angelegenheiten eindringen kann, sondern auch verhindern, dass die Justiz eindringen muss, um eine Beziehung als verfestigt oder nicht zu beurteilen.

5. Stellungnahme zu § 1579 Nr. 2 BGB

Abschließend ist zu der Einführung des § 1579 Nr. 2 BG Stellung zu nehmen. Es scheint wohl für den Unterhaltsberechtigten das Beste zu sein, alles daran zu setzen, seine feste soziale Verbindung zu verheimlichen. Der Pflichtige sollte dagegen dem Expartner möglichst intensiv „nachschnüffeln". Die Prozessvertretung könnte dem Unterhaltsberechtigten den praktischen Rat geben, aus der festen sozialen Beziehung intermittierend auszubrechen, denn so schädlich der Ehebruch für die intakte Ehe ist, ist ein Verbindungsbruch für die intakte feste soziale Verbindung nützlich, um keinen Unterhaltsverwirkungsgrund zu erfüllen. Das Beste scheint für den Unterhaltsberechtigten zu sein, häufig wechselnde lose Verbindungen in der Öffentlichkeit zu pflegen, um seinen Unterhaltsanspruch nicht zu verwirken.[548]

548 Büttner, FamRZ 1987, 23 (24).

Der Berechtigte muss nach besten Kräften versuchen, die Unterhaltsbelastung des Verpflichteten zu mindern. Dies wird von der nachehelichen Eigenverantwortung vorgegeben, die durch die Unterhaltsrechtsreform gestärkt wurde. Dem Berechtigten könnte daher aufgeben werden, eine lose in eine feste soziale Beziehung umzuwandeln, um den Pflichtigen dadurch von seiner Unterhaltslast zu befreien. Auch wenn die optimalen Zuwendungsgefühle in der neuen Partnerschaft des Bedürftigen fehlten, könnte man parallel zur Obliegenheit zur Aufnahme einer Arbeit argumentieren, dass auch bei der Obliegenheit zur Arbeit nicht darauf abgestellt werde, ob der Bedürftige gern eine Arbeit aufnehmen möchte. Daraus könnte man folgern, dass auch eine Obliegenheit zum Eingehen einer festen sozialen Beziehung besteht und diese nur eine unüberwindliche Abneigung gegen einen potentiellen neuen Partner ausschließt.[549]

Dies kann jedoch kein erwünschtes Ergebnis sein. Vielmehr ist der Grundsatz der Eigenverantwortung mit dem Grundsatz der nachehelichen Solidarität in Ausgleich zu bringen bei der Anwendung des Härtegrundes der verfestigten Lebensgemeinschaft i.S.d. § 1579 Nr. 2 BGB.

Als wesentliche Frage bleibt offen, wie eine verfestigte Lebensgemeinschaft definiert wird.

Zu der verfestigten Lebensgemeinschaft hat sich eine überaus reiche, auch nahezu unüberschaubare Kasuistik entwickelt. Die Rechtsprechung, die sich zunächst zu der verfestigten Lebensgemeinschaft als Untertatbestand der Auffangklausel des § 1579 Nr. 7 BGB a.F. und zu § 1579 Nr. 4 BGB a.F. entstand, wird nach der Einführung des Härtegrundes ins Gesetz unter § 1579 Nr. 2 BGB beibehalten. Die Kasuistik ist inkohärent.[550] Für den Betroffenen ist sie uneinsichtig und nicht vertrauensvoll.[551] Durch die Einführung des § 1579 Nr. 2 BGB wurde keine Klarheit erreicht.

Die Gesetzesbegründung[552] stützt sich bei dem Unterhaltsausschluss wegen einer verfestigten Lebensgemeinschaft i.S.d. § 1579 Nr. 2 BGB auf das Herauslösen des Unterhaltsberechtigten aus der nachehelichen Solidarität aufgrund der neuen Partnerschaft.

Fraglich ist, ob dies fundiert ist, denn man könnte dem Unterhaltsberechtigten einen konkludenten Verzichtswillen im Hinblick auf den Unterhaltsanspruch durch die Aufnahme einer neuen Lebensgemeinschaft unterstellen, der durch eine gegenläufige ausdrückliche Erklärung einfach aufgehoben werden könnte.[553]

Einzelne Aspekte gilt es für die Stellungnahme herauszuarbeiten.

549 Büttner, FamRZ 1987, 23 (24).

550 BGH, FamRZ 2002, 951 (952) m. Anm. Bergschneider.

551 Schnitzler, FamRZ 2006, 239 (240); Büttner, FamRZ 2007, 773 (776).

552 BT-Drucks. 16 /1830, S. 12.

553 Schwab, FamRZ 2007, 773 (776).

a) Widerstreitende Interessen

Die Auslegung der unbestimmten Rechtsbegriffe zur Definition der verfestigten Lebensgemeinschaft i.S.d. § 1579 Nr. 2 BGB in der Rechtsprechung lässt keinen methodischen Weg erkennen, insbesondere kann man nicht nachvollziehen, warum die zur verfassungsrechtlichen Dimension der Auslegung unerlässliche Abwägung der widerstreitenden Interessen nicht mehr herausgearbeitet wird.[554]

Die Unterhaltslast greift in die allgemeine Handlungsfreiheit nach Art. 2 Abs. 1 GG des Pflichtigen ein. Diese wird eingeschränkt durch die Auferlegung von verschuldensunabhängigen Unterhaltspflichten zum Ausgleich von Bedürfnislagen, die im Zusammenhang mit der Ehescheidung gem. Art. 6 Abs. 1 GG entstehen. Diese Grundrechte sind unter Berücksichtigung des Verhältnismäßigkeitsgrundsatzes abzuwägen.[555]

§ 1579 BGB ist die einfache Konkretisierung des Verhältnismäßigkeitsgrundsatzes vor dem Hintergrund der Grundrechte. Ausnahmen von der Unterhaltspflicht bedürfen einer verfassungsrechtlichen Rechtfertigung zur Wahrung der Verhältnismäßigkeit.[556]

Die widerstreitenden Interessen im konkreten Fall der neuen Lebensgemeinschaft sind zugrunde zu legen. Auf der einen Seite steht der Unterhaltspflichtige, der mit der Unterhaltslast für seinen ehemaligen Ehegatten belegt ist, und auf der anderen Seite steht der Unterhaltsberechtigte, der zwar einen neuen Partner hat, aber dem dadurch keine gesetzliche finanzielle Absicherung wie in einer Ehe widerfährt.

Zwei unterschiedliche Beispiele, die sich gegenüberstehen, sind: zum einen der Fall, in dem der Unterhaltsberechtigte den Unterhaltsanspruch verliert, weil er in einer neuen verfestigten Lebensgemeinschaft lebt, und sein neuer Partner keine finanziellen Mittel zur Verfügung hat. Der Unterhaltsberechtigte kann den Lebensunterhalt nicht allein bestreiten und ist auf staatliche Unterstützung angewiesen. Zum anderem der Fall, in dem der Unterhaltsverpflichtete den ehemaligen Ehegatten samt neuem Lebensgefährten ein angenehmes Leben ermöglicht, ohne dass sie aus eigener Anstrengung etwas zu ihrem Lebensunterhalt beisteuern müssen. Der Unterhaltspflichtige ist mit der Unterhaltslast belegt, weil eine verfestigte Lebensgemeinschaft i.S.d. § 1579 Nr. 2 BGB nicht bejaht werden kann. Dies wäre beispielsweise dann der Fall, wenn eine Lebensgemeinschaft erst kurze Zeit bestünde.

---

554 AG Bochum, FamRZ 1998, 753 (754).
555 BVerfG, NJW 1981, 1771 (1771).
556 AG Bochum, FamRZ 1998, 753 (754).

Wenn man die Fälle überspitzt, kann man die Frage stellen, ob es einen Unterschied macht, wenn die unterhaltsberechtigte Ehefrau mit hohem Unterhalt sich Pelzmäntel kauft oder ihren neuen Partner, der Hartz-IV-Empfänger ist, unterhält und damit den Steuerzahler entlastet. Mit der Entlastung des Steuerzahlers wäre der Unterhalt vielleicht besser angelegt als in einen Pelzmäntel. Fraglich ist, ob der Unterhalt verwirkt sein sollte, wenn der Unterhalt gemeinnützlich verwandt wird.

Anders stellt sich das zweite Beispiel im Empfinden dar, wenn der Unterhaltspflichtige viel arbeiten muss, um den Unterhalt überhaupt aufbringen zu können, und die unterhaltsberechtigte Ehefrau sich davon mit ihrem neuen Partner ein Leben ohne Arbeit finanziert.

Bei dem Maßstab der verfestigten Lebensgemeinschaft wird das Auskommen in der neuen Lebensgemeinschaft nicht berücksichtigt. Die Verfestigung ist das entscheidende Kriterium für die Verwirkung des Unterhaltsanspruchs. Dies führt zu diesen beiden Extremen.

Auf der einen Seite steht, wie im Falle des ersten Beispiels, das Interesse des Unterhaltsberechtigten an einer Sicherung des Lebensunterhalts, wenn er nicht aus eigener Kraft seinen Lebensbedarf bestreiten kann; auf der anderen Seite steht das Interesse des Unterhaltspflichtigen, dass das zweite Beispiel beschreibt, möglichst mit keiner Unterhaltslast belegt zu werden und zu vermeiden, womöglich nicht nur den Exehegatten, sondern auch noch den neuen Lebenspartner zu finanzieren. Diese widerstreitenden Interessen gilt es abzuwägen und auszugleichen.

Ein Argument für den Wegfall des Unterhaltsanspruchs ist, dass der Unterhaltsberechtigte sich bewusst auf den neuen Partner und somit auf andere Lebensverhältnisse eingelassen hat.[557] Er hat seine Lebenssituation selbstständig geändert und verlässt damit die nacheheliche Solidarität.

Die geschiedene Ehe tritt hinter der neuen Partnerschaft zurück. Für den Unterhaltsverpflichteten ist es nicht zumutbar, für den Unterhalt des neuen Partners mit aufzukommen und der neuen Beziehung, womöglich ohne eigenes Dazutun, den Lebensbedarf zu finanzieren.[558]

Der Ausgestaltung einer Beziehung kommt wesentliche Bedeutung zu. Nicht jede Zuwendung zu einem neuen Partner macht die Unterhaltslast für den Verpflichteten unzumutbar, denn mit der Ehescheidung entfällt die eheliche Treuepflicht und eine Aufnahme einer Partnerschaft zu einem Dritten ist nicht ver-

557 OLG Köln, NJW-RR 1994, 1030 (1031); BGH, NJW 1989, 1083 (1086); OLG Frankfurt a.M., FamRZ 1987, 161 (162); OLG Koblenz, FamRZ 1991, 1314 (1315); OLG Schleswig, NJW-RR 1994, 457.

558 OLG Koblenz, FamRZ 1987, 1269 (1270); Staudinger/Strätz, Anh. §§ 1297 ff. Rdnr. 204.

werflich oder geeignet, den Verpflichteten zu kränken. Daher ist eine neue Beziehung nicht von vornherein gleichzusetzen mit der negativen Folge der Unterhaltsverwirkung. Vielmehr gilt es, Kriterien festzusetzen, die eine derartige Folge eintreten lassen. Durch die Unterhaltsrechtsreform 2008 wurde die nacheheliche Eigenverantwortung gestärkt, aber diese steht dem Eheversprechen und den Verpflichtungen, die damit eingegangen wurden, insbesondere der nachehelichen Solidarität, gegenüber.

Die Verpflichtung zur Aufnahme einer Erwerbstätigkeit, die aus der nachehelichen Eigenverantwortung resultiert, führt dazu, dass der Geschiedene seinen Lebensunterhalt wieder selbst bestreiten kann. Diesem Gedanken scheint der Unterhaltsausschluss durch eine verfestigte Beziehung zu widersprechen.

Durch die Gewährung des nachehelichen Unterhalts wird der Unterhaltsberechtigte eine gewisse Zeitlang finanziell unterstützt, bis man davon ausgehen kann, dass er seinen Lebensunterhalt eigenverantwortlich bestreiten kann. Wenn jedoch der Unterhaltsanspruch wegen der Aufnahme einer neuen Lebensgemeinschaft nach § 1579 Nr. 2 BGB entfällt, so heißt das nicht, dass der Unterhaltsberechtigte seinen Lebensunterhalt eigenverantwortlich bestreiten kann.

Wenn man annimmt, dass die neue Lebensgemeinschaft auch eine finanzielle Unterstützung bietet, führt die Bestreitung des Lebensunterhalts des Unterhaltsberechtigten durch eine neue verfestigte Beziehung in eine Abhängigkeit und nicht zur Eigenverantwortung. Wenn das Bestreiten des Lebensunterhalts durch das Konstrukt der nichtehelichen Lebensgemeinschaft einer gesetzlichen Grundlage entbehrt, ist es zudem eine ungesicherte Abhängigkeit. Auch wenn der Unterhaltsanspruch gegen den Exehegatten wiederaufleben kann, so ist dies doch wiederum von Voraussetzungen abhängig.

Auf der anderen Seite gilt es, die Interessen des Unterhaltspflichtigen zu betrachten, dem es nicht zugemutet werden kann, den ehemaligen Ehegatten samt neuen Partner zu finanzieren und ihnen womöglich damit ein angenehmes Leben ohne Arbeit zu bescheren. Das Argument, der Unterhaltspflichtige müsse mit dem von ihm gezahlten Unterhalt auch den neuen Partner des Berechtigten unterhalten, ist unbillig, denn der Berechtigte kann frei über die erhaltene Unterhaltsleistung verfügen.[559]

Durch die Scheidung wird die Verbindung der Ehe aufgelöst, dennoch bleiben Verpflichtungen. Diese Verpflichtungen sollten jedoch nur als „Starthilfe“ für ein neues Leben nach der Ehe und nicht als Versorgung bis an das Lebensende verstanden werden.

559 BGH, FamRZ 1989, 487.

Dabei ist zu bedenken, dass das Eheversprechen bis zum Lebensende gegeben wurde, doch es scheint unbillig, auch bis an das Lebensende eine nacheheliche Finanzierung des Lebensunterhalts sicherzustellen.

In erster Linie sind Hausfrauen von einer Versagung des Unterhaltsanspruchs betroffen, die zugunsten der Familie oder Karriere des Mannes auf eine eigene Erwerbstätigkeit ganz oder teilweise verzichtet haben und nun nicht imstande sind, sich durch eigene Erwerbstätigkeit selbst zu unterhalten.

Es besteht ein Ungleichgewicht. Eine neue verfestigte Partnerschaft mündet für den Unterhaltsberechtigen in einer Unterhaltsanspruchsversagung und somit in den Verlust der Existenzgrundlage, wohingegen eine neue verfestigte Lebensgemeinschaft für den Unterhaltsverpflichteten keine Folgen nachsichzieht.[560]

b) Berücksichtigung der Leistungsfähigkeit des neuen Partners

Die Leistungsfähigkeit des neuen Partners des Unterhaltsberechtigten soll bei den Voraussetzungen für das Bestehen einer verfestigten Lebensgemeinschaft i.S.d. § 1579 Nr. 2 BGB nicht mehr beachtet werden; nur bei der Billigkeitsprüfung fließt die Leistungsfähigkeit des neuen Partners mit ein.[561] Vergütungen von Seiten des neuen Partners muss sich der Berechtigte in Form einer Minderung seiner Bedürftigkeit anrechnen lassen.[562]

Für die Darstellung des „Für" und „Wider" der Leistungsfähigkeit des neuen Partners ist das Urteil des OLG Celle[563] anzuführen, in dem einer geschiedenen Ehefrau im Rahmen einer Abänderungsklage ihr Anspruch auf Betreuungsunterhalt aus § 1570 BGB aberkannt wurde, weil sie mit einem nicht erwerbstätigen Mann in einer nichtehelichen Lebensgemeinschaft zusammenlebte. Argumentiert wurde damit, dass der neue Lebensgefährte, weil er erwerbslos ist, die Kinderbetreuung übernehmen könne und die Unterhaltsberechtigte ihren Unterhalt somit selbst erwirtschaften könne.

Dagegen spricht jedoch, dass den Unterhaltsberechtigten die Möglichkeit gegeben werden muss, die Kinder selbst zu betreuen.

Wenn man bei der verfestigten Lebensgemeinschaft i.S.d. § 1579 Nr. 2 BGB als Härtegrund für die Reduzierung oder den Wegfall des Unterhalts auf das Zusammensein an sich als Anknüpfungstatbestand abstellt, würde man dem Unterhaltsverpflichteten entgegen den fortbestehenden verfassungsrechtlichen Gründen für die Unterhaltspflicht ermöglichen, dass seine Pflicht bei Leistungsunfä-

---

560 Wiegmann, NJW 1982, 1369 (1370).

561 Büttner, FamRZ 2007, 773 (776); AG Bochum, FamRZ 1998, 753 (754).

562 BGH, FamRZ 1989, 487 (488).

563 OLG Celle, NJW 2000, 2282.

higkeit des neuen Partners ganz oder teilweise auf die Allgemeinheit übergeht.[564] Dem kann nur entgegnet werden, indem man auf die konkrete Bedürftigkeit abstellt.

Entscheidende Indizien sollen ein gemeinsamer Haushalt, Investitionen von gewichtiger Bedeutung, wie z.B. der Erwerb einer Immobilie, oder die zeitliche Länge der Beziehung sein.[565] Dies erscheint jedoch widersprüchlich. Damit wird eine wirtschaftliche Verknüpfung der Partner der verfestigten Lebensgemeinschaft ausgedrückt.

Fraglich ist, ob man dagegen die finanzielle Komponente bei den Maßstäben der verfestigten Lebensgemeinschaft i.S.d. § 1579 Nr. 2 BGB unberücksichtigt lassen sollte. Der Staat kommt an letzter Stelle für den nicht mehr Unterhaltsberechtigten auf, wenn dieser bedingt durch das Führen einer neuen verfestigten Lebensgemeinschaft zwar keinen Unterhaltsanspruch mehr inne hat, aber nicht aus eigenen Mitteln seinen Lebensunterhalt bestreiten kann.

Eine Fortdauer der Unterhaltsbelastung für den Pflichtigen ist dann unzumutbar i.S.d. § 1579 Nr. 2 BGB, wenn der Bedürftige eine Lebensgemeinschaft mit einem leistungsfähigen neuen Partner eingegangen ist und diese zu einer ehegleichen ökonomischen Solidarität und somit zur Unterhaltsgemeinschaft wird.[566]

Eine Unterhaltsgemeinschaft ist anzunehmen, wenn eine feste soziale Verbindung zwischen dem Bedürftigen und dem neuen Partner entstanden ist, sie füreinander wirtschaften und dadurch dem Partner, der den gemeinsamen Haushalt führt, wie in einer Ehe von dem anderen Unterhalt gezahlt wird.[567] Weitere Voraussetzung ist, dass der Bedürftige in der neuen Gemeinschaft sein wirtschaftliches Auskommen findet, d.h. der neue Partner leistungsfähig ist. Der Kauf oder Bau eines Hauses, in dem gemeinsam gewohnt werden soll, indiziert eine Unterhaltsgemeinschaft.[568] Ebenso lässt ein gemeinsames Kind, das aus der neuen Partnerschaft entstanden ist, auf eine verfestigte Gemeinschaft schließen. Wenn die neuen Partner mit den beiderseitigen Kindern zusammenleben und das Einkommen gemeinsam für den Haushalt, die Finanzierung des Hauses oder einer Wohnung verwandt wird, legt dies ebenfalls den Schluss auf eine Unterhaltsgemeinschaft nahe.[569]

Eine Unterhaltsgemeinschaft dürfte nach der Unterhaltsrechtsreform 2008 nicht mehr unter eine verfestigte Lebensgemeinschaft i.S.d. § 1579 Nr. 2 BGB

---

564 AG Bochum, FamRZ 1998, 753 (755).

565 BT-Drucks. 16/1830, S. 21.

566 BGH, NJW 1989, 1063 (1086).

567 BGH, FamRZ 1995, 540 = R479A; FamRZ 1989, 487; 1987, 1011.

568 BT-Drucks. 16/1830, S. 21; BGH, FamRZ 2002, 810; OLG Karlsruhe, FamRZ 2006, 706; OLG Schleswig, FamRZ 2006, 954; FamRZ 2005, 277.

569 Gerhardt, in: Wendl/Staudigl, § 4 Rdnr. 661.

subsumiert werden, weil nicht auf die Leistungsfähigkeit des neuen Partners abgestellt werden soll.

Im Falle des leistungsfähigen Partners scheint ein Unterhaltsausschluss billig, wohingegen im zweiten Fall der Unterhaltsausschluss problematisch wirkt, wenn man die finanzielle Absicherung des ehemaligen Unterhaltsberechtigten betrachtet.

Das Festhalten am Unterhaltsanspruch wird wohl meist mit der mangelnden Leistungsfähigkeit des neuen Partners einhergehen. Es fällt schwerer, auf den Unterhalt zu verzichten, wenn der neue Partner nicht leistungsfähig ist, gerade wenn man die Beziehung durch gegenläufige ausdrückliche Erklärungen vor Gericht schon entkräften kann. Die Versuchung, die neue Partnerschaft zu verbergen, steigt also mit dem Risiko des Unterhaltsverlustes.

Man könnte ausschließlich auf die tatsächlich erbrachten wirtschaftlichen Leistungen abstellen, die den Bedarf des Unterhaltsberechtigten senken.[570]

Zur Verdeutlichung könnte man einen Beispielsfall bilden, in dem ein Pflichtiger Unterhalt für den Berechtigten bezahlt, obwohl er schon seit Jahren in einer anderen Beziehung lebt, aber sein neuer Partner arbeitslos ist und folglich den Berechtigten nicht unterhalten kann. Es wäre von der Partnerwahl des ehemaligen Ehegatten abhängig, wann ein Pflichtiger von seiner Unterhaltslast entbunden ist. Man kann nicht annehmen, dass es dem Pflichtigen zumutbarer ist, seinen ehemaligen Ehegatten und dessen neuen Partner nur zu finanzieren, weil sie nicht aus eigenem Antrieb ihren Lebensunterhalt bestreiten können. Zudem kommen Beweisschwierigkeiten hinzu.

Der Unterhaltspflichtige sollte nicht mit dem Risiko der Partnerwahl des Unterhaltsberechtigten belegt werden. Allerdings würde dann dem Unterhaltsberechtigten das Risiko seiner Partnerwahl aufgebürdet werden. Wenn er nämlich einen finanziell schwachen Partner aussucht, läuft er Gefahr, dass ein Unterhaltsanspruch trotz der nicht gewährleisteten finanziellen Absicherung entfällt. Die nacheheliche Eigenverantwortung kann nicht auf die neue Partnerschaft zielen.

Man könnte unabhängig vom gesetzlichen Unterhaltsrecht annehmen, dass in einer Partnerschaft die Verantwortung für die finanzielle Sicherung übernommen werden muss.

Fraglich ist, ob man diese Pflicht zur Verantwortung für die finanzielle Sicherung in einer Partnerschaft aus einer vertraglichen Regelung familienrechtlicher Art, die in der Absprache der Partner über die Bestreitung ihres Lebensbedarfs zu sehen wäre, herleiten kann.[571]

---

570 Verschraegen, FPR 2005, 328 (329).

571 MüKo/Maurer, § 1579 Rdnr. 62.

Dies kann bei der Relevanz der finanziellen Komponente bei der Bestimmung der verfestigten Lebensgemeinschaft i.S.d. § 1579 Nr. 2 BGB dahinstehen. Festzustellen ist, dass der finanzielle Aspekt bei einer Verfestigung der Lebensgemeinschaft einer Betrachtung bedarf.

Ein Indiz könnte dabei sein, ob von den neuen Partnern eine Verantwortung für ihre finanzielle Situation übernommen werden sollte. Dies ist z.B. daran zu messen, ob es eine Absprache der Partner über die Bestreitung ihres Lebensbedarfs gibt und wie diese ausgestaltet ist. Die Schwierigkeit besteht darin, dass der neue Lebenspartner gesetzlich nicht verpflichtet ist, für den Unterhaltsberechtigten wie bei einer Ehe aufzukommen.

Zudem ließe sich die finanzielle Situation des Paares leichter in Erfahrung bringen als die emotionale Bindung der neuen Partner zueinander.

Man kann argumentieren, dass beim nachehelichen Unterhalt die finanziellen Mittel entscheidend sind. Somit sollte es bei der Prüfung einer verfestigten Lebensgemeinschaft i.S.d. § 1579 Nr. 2 BGB nicht erst bei der Billigkeit, sondern schon bei den Voraussetzungen darauf ankommen, ob der neuen Partnerschaft finanzielle Mittel hat.

c) Tendenz: Unterhaltsausschlussfreundliche Rechtsprechung

§ 66 EheG a.F. legte fest, dass der Berechtigte den Unterhaltsanspruch verwirkte, wenn er sich nach der Scheidung einer schweren Verfehlung gegen den Verpflichteten schuldig machte oder gegen dessen Willen einen ehrlosen oder unsittlichen Lebenswandel führte. Die Rechtsprechung[572] urteilte zu den Unterhaltsverwirkungsgründen § 66 EheG a.F. restriktiv. Der Unterhaltsanspruch war nicht verwirkt, wenn eine Ehe nicht geschlossen wurde, um den Unterhalt weiter zugestanden zu bekommen. Somit wurde kaum ein Unterhaltsanspruch verwirkt.

Wenn man betrachtete, dass Diskussionen um die Frage, ob eine Haushaltsgemeinschaft mit Haushaltsführung oder eine Wohngemeinschaft den Unterhaltsverwirkungsgrund der verfestigten Lebensgemeinschaft i.S.d. § 1579 Nr. 2 BGB verwirklichen kann, nun bei den Voraussetzungen einer verfestigten Lebensgemeinschaft platziert sind,[573] kann man mutmaßen, dass die Rechtsprechung tendenziell nicht wie einst zu § 66 EheG a.F. restriktiv entscheidet, sondern immer öfter einen Unterhaltsausschluss annehmen wird.

Dazu trägt die Unterhaltsrechtsreform 2008 bei, indem sie die Basis einer Zweitfamilie fördern will. Nach einer gescheiterten Ehe soll eine finanzielle

572 BGH, FamRZ 1984, 986 (986).

573 Büttner, FamRZ 2007, 773 (776).

Grundlage vorhanden sein, um eine neue Familie mit Kindern zu gründen.[574] Je eher man also als Pflichtiger von der Unterhaltsbelastung befreit ist, desto eher ist die Basis zur Gründung einer neuen Familie geschaffen.

Dagegen ist jedoch anzuführen, dass der Unterhaltspflichtige sich willentlich für die Ehe mit dem Unterhaltsberechtigten entschieden hat und somit auch Pflichten eingegangen ist. Eine Ehe besteht nicht immer bis an das Lebensende, aber dieses Versprechen wird zunächst von den Eheleuten bei Eheschließung gegeben. Nach der Scheidung besteht die Ehe zwar nicht mehr, aber Pflichten bestehen darüber hinaus. Im Zuge des Interessenausgleichs gilt es, die Pflicht, den Unterhaltsberechtigten zu versorgen, wenn er nicht oder nicht sofort seinen Lebensunterhalt aus eigenem Antrieb bestreiten kann, mit den Interessen des Pflichtigen abzuwägen.

Die Unterhaltsrechtsreform 2008 stärkte den Grundsatz der nachehelichen Eigenverantwortung. Auch dies müsste dazu führen, dass ein Unterhaltsausschluss durch eine neue verfestigte Lebensgemeinschaft i.S.d. § 1579 Nr. 2 BGB eher angenommen wird mit der Argumentation, dass jeder Ehegatte nach einer Scheidung für seinen eigenen Unterhalt Sorge tragen muss.

Dem steht jedoch entgegen, dass zur Bestimmung der verfestigten Lebensgemeinschaft auf die Gerichtsentscheidung im Einzelfall und die vorherige Rechtsprechung verwiesen wird. Es ist keine klare Linie in der Rechtsprechung zu erwarten.

d) Fazit

Durch die Einführung des Härtegrundes der verfestigten Lebensgemeinschaft in § 1579 Nr. 2 BGB wird die Auffangklausel des § 1579 Nr. 7 a.F. BGB entlastet. Der Auffangklausel kommt nun ihre zugedachte Funktion zu.

Dem Betroffenen wird vom Gesetz ausdrücklich aufgezeigt, dass eine verfestigte Lebensgemeinschaft einen Unterhaltsausschluss darstellen kann.

Die grundlegende Frage bleibt, welche Voraussetzungen für die Annahme einer verfestigten Lebensgemeinschaft i.S.d. § 1579 Nr. 2 BGB vorliegen müssen.

Neue Lebenspartnerschaften des Unterhaltsberechtigten werden zwar in dem Maße hingenommen, dass eine Unterhaltspflicht des geschiedenen Ehegatten nicht sofort allein durch das Unterhalten einer neuen Verbindung entfällt, aber gerade das fiktive Erscheinungsbild einer festen sozialen Verbindung wird die Rechtsprechung weiter beschäftigen. Es gilt in jedem Einzelfall, die widerstreitenden Interessen des Unterhaltsberechtigten und Pflichtigen abzuwägen. Mit der

574 BT-Drucks. 16/1830, S. 1 f.

Abwägung wird zwar dem Einzelfall Rechnung getragen, dennoch darf man nicht die allgemeinen Maßstäbe außer Acht lassen.

Durch die Unterhaltsrechtsreform wurden keine verbindlichen Maßstäbe festgesetzt. Für die Rechtsprechung besteht daher die Notwendigkeit, Fallgruppen und Leitlinien zu entwickeln, die nicht allein auf der früher ergangenen Rechtsprechung zu § 1579 Nr. 7 BGB a.F. beruhen. Regelbeurteilungen müssen dennoch unter Vorbehalt der Abweichung im Einzelfall ermöglicht werden. Die Rechtsprechung allein kann dieser Aufgabe nicht gerecht werden.

Es bestehen auch nach Inkrafttreten des neuen Unterhaltsrechts erhebliche Unsicherheiten. Die kaum überschaubare Kasuistik kann nicht überzeugen. Für die Bestimmung einer verfestigten Lebensgemeinschaft i.S.d. § 1579 Nr. 2 BGB gibt es zahlreiche Tatbestandsmerkmale, Indizien und Ausnahmen. Selbst diese lassen sich nicht definieren und bieten keine Lösung. Zum Teil ist sogar unklar, inwieweit sie noch prüfungsrelevant zur Feststellung einer verfestigten Lebensgemeinschaft sind.

Die ständige Rechtsfortbildung hängt bei den zahlreichen herausgebildeten Tatbestandsmerkmalen, Indizien und Ausnahmen den geänderten gesellschaftlichen und wirtschaftlichen Lebensverhältnissen hinterher.

Handlungsbedarf besteht daher weiterhin bei der Legislative. Sie müsste durch Definitionen eine Lösung für eine Reduzierung der reichen Kasuistik finden. Denn gerade für einen Betroffenen ist die reiche Kasuistik undurchschaubar und birgt ein hohes Prozessrisiko.

Die Aufgabe, Maßstäbe festzulegen, kann nicht allein auf die Rechtsprechung verlagert werden. Es ist Aufgabe der Legislativen, Rechtssicherheit und Vertrauen in das Rechtssystem für den Bürger zu schaffen.

Um für den Betroffenen das Prozessrisiko möglichst gering zu halten, bedarf es allgemein festgelegter Kriterien.

Durch die Unterhaltsrechtsreform wurde die verfestigte Lebensgemeinschaft i.S.d. § 1579 Nr. 2 BGB nicht definiert. Anhand der bereits bestehenden Kriterien ist eine Bestimmung der verfestigten Lebensgemeinschaft nicht möglich. Es wurden mit der Einführung der verfestigen Lebensgemeinschaft ins Gesetz keine Änderungen erzielt.

6. Anwendungsprobleme des 1579 Nr. 2 BGB im Erbrecht

Wenn eine Ehe durch Tod aufgelöst wird, erlischt gleichzeitig die gegenseitige Unterhaltspflicht der Ehegatten für die Zukunft (§§ 1615 Abs. 1, 1360 a Abs. 3 BGB). Im Falle einer Scheidung geht die Unterhaltspflicht infolge des Todes des Verpflichteten nicht unter, sondern als Nachlassverbindlichkeit auf den oder die Erben über. Der geschiedene Ehegatte hat grundsätzlich erbrechtliche Ansprüche an den Nachlass, welche wirtschaftlich betrachtet ein Äquivalent für den verlorenen Unterhalt darstellen. Der Verlust erbrechtlicher Ansprüche wird durch die passive Vererblichkeit des Unterhaltsanspruchs des geschiedenen Ehegatten ausgeglichen. Der Unterhaltsanspruch wird zu einer Nachlassverbindlichkeit auf Unterhalt, § 1586 b Abs. 1 BGB.[575]

Grundsätzlich kann sich der Erbe des Unterhaltspflichtigen erstmals oder weiterhin auf die Verwirkung nach § 1579 Nr. 2 BGB berufen, wenn der Unterhaltspflichtige nicht zuvor darauf verzichtet hatte.[576] Der Erbe kann dabei neue oder weiter fortgeschrittene Umstände seit dem Tod des Erblassers vorbringen. Ein Umstand wäre z.B., dass sich die Lebensgemeinschaft des Unterhaltsberechtigten zu eheähnlichen verfestigt hat. Die grobe Unbilligkeit einer weiteren Unterhaltsgewährung ist dann an der Person des Erben zu messen (z.B. seinen sonstigen finanziellen Verhältnissen).[577]

Zunächst ist der Verwirkungsgrund nach § 1579 Nrn. 1 bis 8 BGB zu prüfen und nach dem Grad der wirtschaftlichen Abhängigkeit sowie der persönlichen und wirtschaftlichen Lage des Berechtigten im Rahmen einer Gesamtwürdigung der Umstände des Einzelfalls abzuwägen, ob eine Unterhaltspflicht entfällt.[578]

a) Ausdrücklich stillschweigender Verzicht

Fraglich ist, wann ein ausdrücklich stillschweigender Verzicht des Verstorbenen auf die Rechtsfolgen des § 1579 Nr. 2 BGB vorliegt. Auf die Rechtsfolgen des § 1579 Nr. 2 BGB ist ausdrücklich stillschweigend verzichtet worden in dem Fall, in dem der verstorbene Unterhaltspflichtige in Kenntnis einer langjährigen neuen eheähnlichen Gemeinschaft dem Unterhaltsberechtigten weiterhin monatlich Unterhalt bezahlt hatte, um nach § 5 VAHRG eine Kürzung seiner Rente zu verhindern.[579] Generell ist von einem stillschweigenden Verzicht auszugehen, wenn der Unterhaltsberechtigte darauf vertrauen durfte, dass der Verpflichtete den Verwirkungseinwand auf Dauer nicht erheben werde.

Ein ausdrücklich stillschweigender Verzicht kann nicht nur in den Fällen des § 1579 Nrn. 3 bis 7 BGB, sondern auch in den Fällen des § 1579 Nrn. 1, 2 und 8 BGB vorliegen, denn es kann auch auf Verwirkungseinwände verzichtet werden,

---

575 Schindler, FPR 2005, 121 ff.

576 BGH, FPR 2003, 201 = NJW-RR 2003, 505 = FamRZ 2003, 521; FPR 2004, 249 = NJW 2004, 1326 = FamRZ 2004, 614 (615).

577 BGH, FPR 2003, 201 = NJW-RR 2003, 505 = FamRZ 2003, 521; FPR 2004, 249 = NJW 2004, 1326 = FamRZ 2004, 614 (615).

578 Wilhelm-Lenz, FPR 2005, 295 (299).

579 BGH, FPR 2003, 201 = NJW-RR 2003, 505 = FamRZ 2003, 521 (522); FPR 2004, 249 = NJW 2004, 1326 = FamRZ 2004, 614 (615 f.).

die aus objektiven Gründen bestehen. Im Falle der verfestigten Lebensgemeinschaft i.S.d. § 1579 Nr. 2 BGB ergibt sich der Verwirkungstatbestand immer wieder neu. Der Verzicht des Erblassers auf die Erhebung des Verwirkungseinwands hindert den Erben nicht, ihn gleichwohl zu erheben.[580]

Zur Annahme einer verfestigten Lebensgemeinschaft wird eine Dauer der Lebensgemeinschaft von zwei bis drei Jahren vorausgesetzt. Fraglich ist, ob der Erbe bei Verzicht des Erblassers auf den Verwirkungseinwand zwei bis drei Jahre nach dem Erbfall abwarten muss, damit die Voraussetzungen einer verfestigten Lebensgemeinschaft i.S.d. § 1579 Nr. 2 BGB in der Person des Erben erfüllt sind.[581]

Es ist nicht sachgerecht, eine erneute Zeitspanne von zwei bis drei Jahren nach dem Erbfall zu fordern, bis der Erbe sich auf eine verfestigte Lebensgemeinschaft als Unterhaltsverwirkungsgrund berufen kann. Bei der Dauer einer verfestigten Lebensgemeinschaft handelt es sich um eine objektive Voraussetzung. Man kann daher fordern, dass zunächst die objektiven Voraussetzungen des Verwirkungsgrundes zu prüfen sind. Somit muss sich eine bereits verfestigte Lebensgemeinschaft nicht erneut nach dem Erbfall verfestigen.

Der Unterhaltsanspruch gegen den Erben entfällt, wenn der Berechtigte wieder heiratet (§ 1586 I BGB). § 1579 BGB ist als Einwand des Verpflichteten und damit auch des Erben ausgestaltet. Die Darlegungs- und Beweislast obliegt den Erben für die Voraussetzungen des Tatbestands einer Verwirkung oder der Entkräftung der vorgehaltenen Tatsachen.

Die Unterhaltsschuld ist auf den fiktiven Pflichtteil beschränkt, § 1586 b Abs. 1 S. 3 BGB.

Die sog. Haftungsbegrenzung oder -beschränkung[582] könnte nicht von Gesetzes wegen eintreten, sondern müsste vom Erben durch einseitige empfangsbedürftige Willenserklärung geltend gemacht werden, die dann von Amts wegen zu beachten sei.[583]

Die Begrenzung der Unterhaltsschuld ergeht jedoch von selbst und kraft Gesetzes. Daher muss sie nicht vom Erben beantragt werden.[584] Der Unterhaltsanspruch ist eine kraft Gesetzes der Höhe nach auf den Gesamtpflichtteil beschränkte Nachlassverbindlichkeit.

---

580 BGH, FamRZ 2004, 614 (617) m. Anm. Büttner.

581 BGH, FamRZ 2004, 614 (617) m. Anm. Büttner.

582 Erman/Graba, § 1586b Rdnr. 7.

583 MüKo/Maurer, § 1586b Rdnr. 7; Bergschneider, FamRZ 2003, 1049 (1053); Haußleiter, NJW-Spezial 2005, 535 (535); OLG Hamm, FamRZ 1985, 385 (389) m. Anm. Bosch.

584 Erman/Graba, § 1586b Rdnr. 14; Staudinger/Baumann, § 1586b Rdnr. 26; Dieckmann, FamRZ 1977, 161 (171).

Der Unterhaltsberechtigte hat nach §§ 1580, 1605 BGB i.V.m. § 1967 BGB einen Auskunftsanspruch gegen den Erben, um die Höhe seines Unterhaltsanspruchs zu berechnen. Einen Wertermittlungsanspruch bezüglich des Nachlasses hat der Berechtigte nur nach Maßgabe des § 242 BGB. Der Auskunftsanspruch des Erben bezieht sich auf die anzurechnenden Vorempfänge des Berechtigten.

Der Umfang des Pflichtteils richtet sich nach dem Gesamtpflichtteil. Der Gesamtpflichtteil setzt sich aus dem ordentlichen Pflichtteil nach § 2303 BGB und dem Ergänzungspflichtteil nach § 2325 BGB zusammen.[585] Wenn die Höhe des Gesamtpflichtteils erreicht ist, ist die Schuld erfüllt.

Das prozessuale Verfahren bei der Erstklage zur Durchführung der kraft Gesetzes eingetretenen Haftungsbeschränkung auf den Gesamtpflichtteil ist strittig.

b) Berücksichtigung der Haftungsgrenze

Die Haftungsbegrenzung könnte zunächst unberücksichtigt bleiben. Der Gläubiger könnte also gegen den Erben klagen, ohne die Haftungsgrenze zu beachten. Der Erbe müsste sich auf die Haftungsbegrenzung berufen. Wenn der Haftungsrahmen bereits erschöpft ist, hätte das Berufen Wirkung für das gegenwärtige Verfahren. In der Regel müsste und könnte sich der Erbe erst im Rahmen der Vollstreckung der ausgeurteilten Unterhaltsschuld auf die Haftungshöchstgrenze, die dann der Höhe nach festzulegen wäre, berufen. Die betragsmäßige Festlegung des Haftungsumfangs nach § 1586 b Abs. 1 S. 3 BGB wäre nicht Gegenstand des Unterhaltsrechtsstreits, sondern des Vollstreckungsverfahrens. In dem Fall, in dem der maßgebliche Betrag durch umfangreiche Beweisaufnahme über den Wert der dem Erben vom Erblasser übertragenen Grundstücke und Gesellschaftsanteile ermittelt werden müsste, wäre ein vom Unterhaltsrechtstreit gesondertes Verfahren zuträglich. [586]

Der Erbe könnte sich jedoch gem. § 780 ZPO die Beschränkung seiner Haftung vorbehalten lassen.[587] Ein solcher Vorbehalt entsprechend § 780 ZPO ist nicht notwendig.[588] Die Erben können eine Feststellungsklage des Inhalts erheben, um die Haftsumme benennen zu können und eine Vollstreckungsklage nicht unbegründet erheben zu müssen.

---

585 BGHZ 146, 114 (118ff.) = NJW 2001, 828; BGHZ 153, 372 (392) = FPR 2003, 361 = NJW 2003, 1796; Palandt/Brudermüller, § 1586b Rdnr. 7; Schindler, FamRZ 2004, 1527.

586 OLG Celle, FamRZ 1987, 1038 (1039); OLG Koblenz, FPR 2003, 202 = NJW 2003, 439 (441); AG Tempelhof-Kreuzberg, FamRZ 2005, 914; MüKo/Maurer, § 1586b Rdnr. 13; OLG Hamm, FamRZ 1985, 388 (389 m. Fußn. 15) m. Anm. Bosch.

587 OLG Koblenz, FPR 2003, 202 = NJW 2003, 439 (441); AG Tempelhof-Kreuzberg, FamRZ 2005, 914.

588 Erman/Graba, § 1586b Rdnr. 14.

Der Unterhaltsberechtigte könnte verpflichtet sein, die Laufzeit seines Unterhaltsanspruchs zu ermitteln. Ein Urteil im Unterhaltsstreit gegen den Erben muss den Zeitpunkt beinhalten, bis zu dem der Unterhaltsberechtigte bei der im Urteilstatbestand ausgewiesenen summenmäßigen Begrenzung die ihm zustehenden Unterhaltsraten verlangen kann.[589] Der Unterhaltsanspruch wird im Wege der Stufeklage geltend gemacht. Auf der ersten Stufe wird Auskunft verlangt und auf der zweiten Zahlung. Die Haftsumme des Gesamtpflichtteils stützt sich auf den realen und den fiktiven Nachlass. Für den Zeitraum des Unterhaltsstreits kann der Unterhaltsberechtigte eine einstweilige Verfügung anstreben. Sinnvoller scheint eine sofortige Klärung der Rechtslage als eine Verlagerung auf den späteren Zeitpunkt des Vollstreckungsverfahrens.

Auch für die Erben ist eine Festsetzung der Haftsumme als Höchstgrenze des Unterhalts unerlässlich. Die Miterben können so das Erforderliche im Nachlass zurückbehalten (§ 2046 Abs. 1 S. 2 BGB), ohne sich im Falle einer anderweitigen Auseinandersetzung des Nachlasses der Gefahr einer infolge der Teilung unbeschränkbaren Haftung auszusetzen.

Bei einem höheren oder verminderten Bedarf des Unterhaltsberechtigten oder einem Wegfall (z.B. wegen fehlender Bedürftigkeit oder Verwirkung) kann eine spätere Abänderung des Unterhaltstitels in Form einer Abänderungsklage gem. § 323 ZPO geboten sein.[590] Bei einer bloßen Änderung der monatlichen Schuld bleibt die Haftsumme allerdings gleich. Lediglich die Laufzeit bis zum endgültigen Erreichen der Haftungshöchstgrenze verkürzt oder verlängert sich.

Der Unterhaltsanspruch ist eine Nachlassverbindlichkeit. Somit sind die allgemeinen Grundsätze der Erbenhaftung anzuwenden: Ein Erbe haftet unbeschränkt, aber beschränkbar,[591] beispielsweise durch Vorbehalt der Haftungsbeschränkung auf den Nachlass.[592] Die Durchsetzung des Unterhaltsanspruchs kann der Erbe durch Erhebung der Dürftigkeitseinrede nach § 1990 BGB abwehren, indem er die Haftung erfolgreich auf den dürftigen Nachlass beschränkt.[593] Die Haftungsbeschränkung nach §§ 1975 ff., 1990, 2059 ff. BGB, § 780 ZPO ist strikt von der „beschränkten Erbenhaftung“ nach § 1586 b Abs. 1 S. 3 BGB zu trennen. Einmal ist die Höhe der bestehenden Nachlassschuld und das andere Mal die Frage der Haftung entscheidend.

---

589 Dieckman, FamRZ 1977, 161 (171).

590 BGHZ 146, 114 (116) = NJW 2001, 828.

591 BGH, FPR 2004, 249 = NJW 2004, 1326 = FamRZ 2004, 614 (615).

592 OLG Koblenz, FPR 2003, 202 = NJW 2003, 439 (441); Palandt/Brudermüller, § 1586 b Rdnr. 2; Erman/Graba, § 1586 b Rdnr. 13; Haußleiter, NJW-Spezial 2005, 535 (536).

593 BGHZ 146, 114 (118) = NJW 2001, 828; OLG Celle, OLGR 1995, 88 (89); OLG Koblenz, FPR 2003, 202 = NJW 2003, 439 (441).

Es liegt in der Regel im Ermessen des Gerichts, ob es über den Einwand der auf den Nachlass beschränkten Erbenhaftung sachlich entscheidet oder die Parteien wegen des Streits über die Erschöpfung des Nachlasses auf das Vollstreckungsverfahren verweist und lediglich den Vorbehalt bzw. die Haftungsbeschränkung in den Tenor aufnimmt.

Zutreffender ist es, über den Einwand der auf den Nachlass beschränkten Erbenhaftung bei Spruchreife zu entscheiden. Die Nachlasserschöpfung kann somit festgestellt werden. Schon die Unterhaltsklage ist dann abzuweisen.[594]

IV. Bedarf es einer Auffangklausel in § 1579 Nr. 8 BGB?

1. Fälle des § 1579 Nr. 8 BGB

§ 1579 Nr. 8 BGB ist wortgleich mit dem früheren § 1579 Abs. 1 Nr. 4 BGB a.F. – nach dem Unterhaltsänderungsgesetz § 1579 Nr. 7 BGB a.F. – und übernimmt die Funktion eines Auffangtatbestandes in § 1579 BGB.[595]

a) Entlastung durch § 1579 Nr. 2 BGB

Von § 1579 Nr. 8 BGB werden die Fälle umfasst, in denen der Unterhaltsberechtigte nicht erneut heiratet, um den Unterhaltsanspruch nicht zu verwirken.[596] Die Fälle der unterlassenen Wiederheirat werden allerdings nach der Unterhaltsrechtsreform von § 1579 Nr. 2 BGB abgedeckt. Zwei Partner, die eine verfestigte Lebensgemeinschaft führen, stellen einen Unterhaltsausschlussgrund nach § 1579 Nr. 2 BGB dar, auch wenn sie von einer Heirat absehen. Dabei wird auf das Vorliegen einer verfestigten Lebensgemeinschaft abgestellt und nicht auf die Motivation, warum die Partner von einer Eheschließung absehen.[597]

Problematisch ist, dass für die Annahme einer verfestigten Lebensgemeinschaft i.S.d. § 1579 Nr. 2 BGB eine Dauer von zwei bis drei Jahren vorausgesetzt wird. Somit stellen Partnerschaften, die nicht als dauerhaft anzusehen sind, keinen Härtegrund i.S.d. § 1579 Nr. 2 BGB dar. Der Beispielsfall, in dem die Partner nach sechs Monaten heiraten wollten und dieses Vorhaben unterlassen, weil sie den Unterhaltsanspruch gegen den ehemaligen Ehegatten des einen nicht

594 SchlOLG, SchlHA 1998, 236.

595 BeckOK/Beutler, § 1579 Rdnr. 24.

596 BGH, NJW 1984, 2692; 1989, 1083 (1086); OLG Köln, NJW-RR 1994, 1030 (1031); Palandt/Brudermüller, § 1579 Rdnr. 44; BeckOK/Beutler, BGB, § 1579 Rdnr. 26.

597 BT-Drucks. 16/1830, S. 21.

verlieren wollen, würde den Unterhaltsanspruch nicht nach § 1579 Nr. 2 BGB entfallen lassen.

Ein Tatbestand, der die Voraussetzungen der § 1579 Nr. 1 bis 7 BGB nicht erfüllt, kann grundsätzlich kein „anderer Grund“ im Sinne der Auffangregelung des § 1579 Nr. 8 BGB sein (Spezialität).[598]

Allerdings könnte man § 1579 Nr. 2 BGB weit auszulegen und argumentieren, dass eine Beziehung mit Heiratsabsicht als verfestigt i.S.d. § 1579 Nr. 2 BGB zu werten ist. Somit würde in diesem Fall ein Bedürfnis für eine Auffangklausel in § 1579 BGB nicht bestehen.

Der Unterhaltsanspruch ist verwirkt nach § 1579 Nr. 8 BGB, wenn der Berechtigte den Wohnort des Zusammenlebens der neuen Partnerschaft verheimlicht, indem der eine andere Adresse mitteilt.[599] Doch in diesem Fall kann eine verfestigte Lebensgemeinschaft i.S.d. § 1579 Nr. 2 BGB angenommen werden, auch wenn das Zusammenleben mit dem neuen Partner verheimlicht wird.

Man könnte annehmen, dass, wenn die Voraussetzungen für die Annahme einer die Unterhaltsanspruchsversagung begründenden verfestigten Lebensgemeinschaft noch nicht vorliegen, § 1579 Nr. 2 BGB spezieller ist. Somit wäre die Auffangklausel gesperrt.

§ 1579 Nr. 8 BGB unterliegt der Fall, in dem das frühere Fehlverhalten i.S.d. § 1579 Nr. 7 BGB in Form der Aufnahme einer nichtehelichen Lebensgemeinschaft während der Ehe bei Fortdauer der ehezerstörenden Beziehung nach der Scheidung fortwirkt, sodass eine Ausstrahlung auf den nachehelichen Unterhalt über § 1579 Nr. 8 BGB stattfindet.[600] Der Fall einer fortwirkenden ehezerstörerischen Beziehung ist nun wohl ebenfalls unter § 1579 Nr. 2 BGB zu subsumieren.

In den genannten Beispielen wäre § 1579 Nr. 2 BGB wohl im Einzelfall weit auszulegen. Es besteht kein Bedarf der Auffangklausel.

b) Ehebezogene Umstände

Wenn die Ehegatten nur kurze Zeit oder überhaupt nicht zusammengelebt oder ihre Lebensverhältnisse noch nicht aufeinander eingerichtet haben, aber ihre Ehe lange Zeit gedauert hat, sind die Voraussetzungen von Nr. 1 nicht gegeben. Die Auffangklausel in § 1579 Nr. 8 BGB würde bei einem nur kurzen Zusammenleben und unterschiedlichen Lebensverhältnissen der Ehegatten greifen.[601]

---

598 OLG Hamm, FamRZ 1997, 1485.

599 OLG Hamm, FamRZ 1995, 880.

600 BGH, NJW 1983, 1548 u. 1552; 1984, 297; 1991, 1290.

601 MüKo/Maurer, § 1579 Rdnr. 63; BGH, NJW-RR 1988, 834 = FamRZ 1988, 930, 932; Dieckmann, FamRZ 1987, 981 (983).

In einem Beispielsfall[602] wurde entschieden, dass der nach 40 Jahren geltend gemachte Anspruch auf Unterhalt einer in den neuen Bundesländern lebenden Ehefrau gegen ihren in den alten Bundesländern lebenden Ehemann, der nach der Heirat im Jahre 1942, in den Krieg ging und aus der Kriegsgefangenschaft nicht zu seiner Ehefrau zurückkehrte, jedenfalls dann als verwirkt anzusehen sei, wenn die Ehefrau nicht substantiiert vorbringt, warum eine Ermittlung des Aufenthalts und damit eine frühere Geltendmachung des Anspruchs unterblieben ist.

In einem anderen Beispielsfall[603] ist aus der Ehe zwar ein Kind hervorgegangen, aber die Ehegatten haben nur während einer 14-tägigen Hochzeitsreise und danach nur an wenigen Wochenenden zusammengelebt. Ein Härtegrund ist in diesem Fall nicht nach § 1579 Nr. 1 BGB, sondern nach § 1579 Nr. 8 BGB anzunehmen.

Wenn die Ehegatten vereinbaren, eine eheliche Lebensgemeinschaft nicht aufzunehmen, kann man daraus keinen Härtegrund folgern.[604] Eine andere Konstellation liegt vor, wenn dieser Vereinbarung religiöse Motive (z.B. eine kirchenrechtlich bislang nicht gültig aufgelöste vorheriger Ehe) zugrunde liegen.[605] Wenn die eheliche Lebensgemeinschaft nach Beseitigung der Hindernisse ohne das Hinzutreten weiterer zu berücksichtigender Umstände nicht aufgenommen wird, ist der Unterhaltsanspruch verwirkt.[606]

Die vorausgegangenen Fälle könnten unter § 1579 Nr. 1 BGB subsumiert werden, auch wenn keine Ehe von langer Dauer vorliegt. Maßgeblich ist jedoch, auf das Ziel des § 1579 Nr. 1 BGB abzustellen. Eine kurze Dauer der Ehe bestimmt sich nicht nach einer abstrakten, für alle Ehen gleichermaßen maßgeblichen, zeitlichen Abgrenzung.[607] Entscheidend ist die Lebenssituation der Ehegatten. Diese wird hauptsächlich durch einen gemeinsamen Lebensplan geprägt, der sich mit zunehmender Ehedauer verfestigt. Stetig steigen die Verflechtung und die Abhängigkeit der beiderseitigen Lebenssituationen. Genau dies soll durch die nacheheliche Solidarität abgesichert werden, wenn die einer solchen wirtschaftlichen Abhängigkeit des Unterhaltsbedürftigen erwachsen ist. Wenn die Ehegatten sich so weit aufeinander eingestellt und ihr gemeinsames Leben in wechselseitiger Abhängigkeit ausgerichtet hatten, kann es unbillig sein, eine unterhaltsrechtliche Verpflichtung zu beschränken.[608] Entscheidendes Indiz für die

---

602 AG Holzminden, FamRZ 1994, 1033.

603 Dieckmann, FamRZ 1987, 981 (983).

604 MüKo/Maurer, § 1579 Rdnr. 63.

605 BGH, LM § 1361 Nr. 64 = NJW-RR 1994, 644 = FamRZ 1994, 558f.

606 MüKo/Maurer, § 1579 Rdnr. 63.

607 BGH, LM Nr. 5 = NJW 1981, 754 = FamRZ 1981, 140, 141f.

608 MüKo/Maurer, § 1579 Rdnr. 5.

Bewertung der Ehedauer ist die Zeit des Zusammenlebens der Ehegatten vor und während der Ehezeit.[609]

Man könnte folglich eine Ehe, in der die Ehegatten faktisch nicht oder nur für sehr kurze Zeit zusammengelebt haben, auch wenn sie von langer Dauer war, unter den Härtegrund des § 1579 Nr. 1 BGB fassen.

Durch das Subsumieren dieser Fälle unter die Auffangklausel des § 1579 Nr. 8 BGB wird die Spezialität des § 1579 Nr. 1 BGB unterlaufen.[610]

Wenn die Ehegatten eine „Zweckehe" eingegangen sind, d.h., dass sie von vornherein ernstlich gar keine dauerhafte eheliche Lebensgemeinschaft begründen wollten und sich keine wirtschaftliche Abhängigkeit zwischen ihnen entwickelt hat, liegt ein Härtegrund nach § 1579 Nr. 8 BGB vor.[611]

Bei einer Verheiratung gegen den Willen des Unterhaltspflichtigen kann diese Ehe bei Kinderlosigkeit und Scheitern unter § 1579 Nr. 8 BGB subsumiert werden.[612]

Bei den beiden vorher genannten Fällen handelt es sich um Aufhebungsgründe einer Ehe. Die Aufhebung der Ehe setzt eine Frist von einem Jahr voraus, sodass bei Verstreichen der Frist die Ehe geschieden werden müsste und ein nachehelicher Unterhaltsanspruch nach § 1579 Nr. 8 BGB entfallen würde. Unter die bisher bestehenden Härtegründe sind diese Fälle schwerlich zu fassen, sodass man einen weiteren Härtegrund festschreiben müsste, der im laufenden Gesetzestext eingefügt werden könnte wie folgt:

ein Aufhebungsgrund der Ehe vorläge, die Antragsfrist aber abgelaufen ist.

c) Personenbezogene Umstände

Wenn bei Nr. 3 und Nr. 5 das Verschulden nicht nachgewiesen werden kann[613] und wenn bei einem schwerwiegenden Fehlverhalten nach § 1579 Nr. 7 BGB keine Einseitigkeit vorliegt,[614] greift der Auffangtatbestand des § 1579 Nr. 8 BGB. Allerdings müssten diese Fälle unter Nr. 3 und Nr. 5 fallen. Durch eine weite Auslegung der Nummern würde auch ihre Spezialität nicht unterlaufen.

---

609 BGH, NJW-RR 1995, 449 = FamRZ 1995, 1405, 1407.

610 BGH, LM § 1353 Nr. 26 = NJW 1987, 1761 = FamRZ 1987, 572, 575; BGH, LM § 1361 Nr. 64 = NJW-RR 1994, 644 f. = FamRZ 1994, 558 f.

611 MüKo/Maurer, § 1579 Rdnr. 63; BGH, NJW-RR 1988, 834 = FamRZ 1988, 930 (932).

612 OLG München, OLGR 1994, 118.

613 OLG Hamm, FamRZ 1998, 371 (372); BeckOK/Beutler, BGB, § 1579 Rdnr. 24; Johannsen/Henrich/Brudermüller, § 1579 Rdnr. 44.

614 BGH, NJW 1989, 1083 (1085) = FamRZ 1989, 487; BeckOK/Beutler, BGB, § 1579 Rdnr. 24.

Eine objektiv unzumutbare Belastung des Verpflichteten[615] und besondere kränkende oder anstößige Begleitumstände[616] können den Unterhaltsanspruch nach § 1579 Nr. 8 BGB entfallen lassen, ohne dass es entscheidend auf ein Verschulden des Berechtigten[617] ankäme. Beispiel für einen solchen Härtegrund können Prostitution oder wiederholte Straffälligkeit des Unterhaltsberechtigten sein,[618] dass der Unterhaltsberechtigte während des Urlaubs des Pflichtigen den bislang gemeinsamen Haushalt auflöst[619]. Oder dass der Unterhaltsberechtigte sich so weit von der Ehe entfernt, dass es Dritten schlechthin unverständlich wäre, dass der Unterhaltsverpflichtete mit diesem Partner verheiratet war, wie z.B. bei einer Geschlechtsumwandlung.[620]

Man könnte diese Fälle in einem eigenen Härtegrund fassen, der im laufenden Gesetzestext eingefügt werden könnte wie folgt:

> eine objektiv unzumutbare Belastung des Verpflichteten und besondere kränkende oder anstößige Begleitumstände durch den Unterhaltsberechtigten vorliegen.

Dieser Härtegrund würde allerdings Auslegungsspielraum bieten und eine Bestimmung durch die Rechtsprechung erfordern. Dennoch würde eine Klarstellung erfolgen.

d) Krankheit

Unterschiedliche Auffassungen gibt es über die Auswirkung einer unerkannten vorehelichen Erkrankung auf die Versagung des nachehelichen Unterhaltsanspruchs.[621] Fraglich ist, ob dieser Fall unter § 1579 Nr. 8 BGB zu subsumieren ist.

Man könnte die Auffassung vertreten, dass § 1579 BGB dabei § 1578 b BGB vorgeht, weil eine unerkannte voreheliche Erkrankung trotz Berufung auf die Unzumutbarkeit einer lebenslangen Verpflichtung grundsätzlich keine Verwirkung, sondern lediglich eine Herabsetzung nach § 1578 b BGB begründet.[622] In einem Beispielsfall[623] wurde entschieden, dass der Unterhaltsanspruch wegen

615 OLG Celle, FamRZ 1986, 912.
616 BGH, FamRZ 1995, 344 = NJW 1995, 655.
617 OLG Hamm, FamRZ 1998, 372.
618 BGH, LM Nr. 4 = NJW 1980, 2247 = FamRZ 1980, 981f.; Kalthoener/Büttner/Niepmann, Rdnr. 1122; OLG Karlsruhe, NJW 1995, 2796.
619 OLG Schleswig, NJW-RR 2004, 799.
620 Kemper, in: Schulze/Dörner, § 1579 Rdnr. 17.
621 BeckOK/Beutler, § 1579 Rdnr. 27.
622 BGH, FamRZ 1995, 1405 = NJW-RR 1995, 449; FamRZ 1994, 566 = NJW 1994, 1286.
623 OLG Hamburg, FamRZ 1998, 294.

Krankheit auf den objektiv angemessenen Unterhalt bei einer Ehedauer von etwa zehn Jahren nach § 1578 b BGB herabzusetzen ist.

Wenn die Unterhaltslast den Unterhaltspflichtigen nicht zu schwer belastet,[624] reichte allein die Tatsache, dass ein Anspruch auf Krankenunterhalt nach § 1572 BGB wegen einer nicht ehebedingten Krankheit besteht, zur Annahme eines Härtegrundes i.S.v. § 1579 Nr. 7 BGB a.F. nicht aus.[625] Wenn hingegen das Wissen des Unterhaltsberechtigten um die Krankheit und ihr Verschweigen[626] hinzukommen oder in dem Fall,[627] in dem die Krankheit bereits vor Eheschließung bestand und keine Nachteile durch die Ehe eingetreten sind, konnte ein Härtegrund nach § 1579 Nr. 7 BGB a.F. vorliegen.[628] Allerdings ist auch hier wie im Falle einer unerkannten vorehelichen Krankheit zu argumentieren und die Herabsetzung des Unterhalts nach § 1578 b BGB der Verwirkung nach § 1579 BGB vorzuziehen.

Bei einer Krankheit des Unterhaltsberechtigten, die auf Tätlichkeiten des neuen Partners zurückzuführen war, konnte der Unterhaltsberechtigte keinen Unterhalt verlangen nach § 1579 Nr. 7 BGB a.F., wenn – wie in diesem Fall –[629] der Unterhaltspflichtige allein für den Unterhalt von drei ehegemeinsamen Kindern aufkommen muss und die Inanspruchnahme zu einer Mangelverteilung führen würde.

In dem Fall[630] einer leichtfertigen Herbeiführung der Erwerbsunfähigkeit durch Verursachung eines Unfalls greift die Härteklausel des § 1579 Nr. 8 BGB ein.

In einem Fall,[631] in dem der Unterhaltsberechtigte an Multipler Sklerose erkrankt war, war der Härtegrund des § 1579 Nr. 7 BGB a.F. einschlägig. Dem Unterhaltsberechtigten waren keine wirtschaftlichen Einbußen durch die Ehe entstanden. Ebenso wurde in einem Fall[632] entschieden, in dem der Unterhaltsberechtigte unter dauerhaften epileptischen Anfällen litt. Dem Unterhaltsberechtigten waren ebenfalls keine wirtschaftlichen Nachteile durch die Ehe entstanden.

Bei vierjähriger Ehedauer, wobei bereits bei Eheschließung bestehende Folgeschäden aus einer Gehirnhautentzündung bestanden und der Unterhaltsberech-

---

624 BGH, LM § 1572 Nr. 5 = NJW 1994, 1286 = FamRZ 1994, 566; NJW-RR 1995, 449 = FamRZ 1995, 1405; LM § 1572 Nr. 6 = NJW 1996, 2793 = FamRZ 1996, 1272, 1273.

625 BGH, NJW-RR 1995, 449 = FamRZ 1995, 1405, 1407.

626 BGH, LM § 1572 Nr. 5 = NJW 1994, 1286 = FamRZ 1994, 566; OLG Hamburg, FamRZ 1995, 1417; AG Crailsheim, FamRZ 1999, 1077 f.

627 OLG Brandenburg, OLG-NL 1996, 92 = FamRZ 1996, 866, 867.

628 MüKo/Maurer, § 1579 Rdnr. 64.

629 OLG Düsseldorf, NJW-RR 1987, 774 = FamRZ 1987, 487 (488).

630 OLG Köln, FamRZ 1992, 1311 (1312 f.).

631 OLG München, OLGR 1992, 14.

632 AG Rastatt, FamRZ 1991, 824 (826).

tigte seine Medikamentenabhängigkeit nicht bekämpfte, wurde eine Unterhaltszahlung von 15 Jahren gewährt.[633]

Bei einer Ehe von kurzer Dauer konnte die Annahme eines Härtegrundes i.S.d. § 1579 Nr. 7 BGB a.F. trotz schwerer Krankheit, die zur Erwerbsunfähigkeit und zur Pflegebedürftigkeit des Unterhaltsberechtigten führt, gerechtfertigt sein, weil die nacheheliche Solidarität überdehnt wird, wenn der Pflegebedarf jedes für einen Durchschnittsverdiener unvorstellbare Maß übersteigt.[634]

Alkohol- und Drogenabhängigkeit sowie andere Selbstschädigungen fallen, weil sie nicht mutwillig sind, nicht unter § 1579 Nr. 4 BGB. In Ausnahmefällen, wie z.B. bei einem unverbesserlichen Abhängigen, war § 1579 Nr. 7 BGB a.F. einschlägig, wenn die Grenzen des Zumutbaren überschritten werden.[635] So war bei einer jahrelangen Vernachlässigung des Haushalts wegen übermäßigen Alkoholgenusses ein Härtegrund nach § 1579 Nr. 7 BGB a.F. anzunehmen.[636]

Im Falle der mutwilligen Herbeiführung der Unterhaltsbedürftigkeit vom Unterhaltsberechtigten bei fehlgeschlagenem Selbsttötungsversuch griff der Härtegrund des § 1579 Nr. 7 BGB a.F. ein.[637]

Alle diese vorgenannten Fälle unterfallen nun aber § 1578 b BGB.

e) Unterhaltsneurosen

Fraglich ist, ob Unterhaltsneurosen im Rahmen des § 1579 Nr. 8 BGB beachtlich sind. Unterhaltsneurosen sind vergleichbar mit Rentenneurosen, die insbesondere aus dem Haftpflicht- und Sozialrecht bekannt sind. Der Unterhaltsberechtigte flüchtet sich in die Vorstellung, dass er durch seine Unterhaltsansprüche versorgt sei und er deshalb keine Erwerbstätigkeit aufzunehmen brauche.[638]

Der Bundesgerichtshof[639] beschäftigte sich im Jahre 1988 mit der Herabsetzung des Unterhaltsanspruchs bei Vorliegen einer Unterhaltsneurose bei Arbeitsunfähigkeit wegen Medikamentenanhängigkeit. Der Unterhaltsberechtigte habe aus einer Unterhaltsneurose heraus mutwillig versäumt, Erträge aus dem Haus zu ziehen und so seine Bedürftigkeit selbst herbeigeführt. Letztendlich konnte jedoch die Feststellung einer Unterhaltsneurose dahinstehen.

---

633 AG Essen, FamRZ 1995, 880 (881).

634 MüKo/Maurer, § 1579 Rdnr. 64; OLG Oldenburg, NJW 1991, 3222 = FamRZ 1991, 827 (828).

635 OLG Köln, FamRZ 1992, 1311 (1312 f.).

636 OLG Düsseldorf, FamRZ 1981, 1177 (1179 f.).

637 BGH, LM Nr. 38 = NJW-RR 1989, 1218 = FamRZ 1989, 1054 (1057).

638 OLG Düsseldorf, FamRZ 1981, 255 (256); NJW 1989, 3227.

639 BGH, NJW-RR 1988, 1218.

In der Literatur wird vertreten, dass bei einer Unterhaltsneurose der Unterhaltsberechtigte arbeitsfähig und somit eine Bedürftigkeit zu verneinen sei.[640] Zum Teil wird sogar das Vorliegen einer Krankheit verneint[641] oder der Kausalzusammenhang zwischen der Unterhaltsneurose und der Erwerbslosigkeit.[642] Ein Unterhaltsanspruch entfällt.

Allerdings ist wohl anerkannt, dass eine Unterhaltsneurose entweder eine erhebliche Krankheit sein oder simuliert werden kann. Daher ist ein Sachverständigengutachten zur Beurteilung einzuholen.[643] Wenn dieses besagt, dass von einer Erwerbstätigkeit therapeutische Wirkungen zu erwarten sind, dann ist eine Erwerbstätigkeit aufzunehmen.[644] Wenn der Unterhaltsberechtigte die Unterhaltsneurose aus eigener Kraft oder mit ärztlicher Hilfe nach der Verwirkung des Unterhaltsanspruchs überwinden kann und die seelische Störung somit nicht so übermächtig ist, muss er einer Erwerbstätigkeit nachgehen, um seine Obliegenheit zu erfüllen.[645] Dem Unterhaltsberechtigten obliegt es je nach Art und Schwere der Erkrankung, sich ausbilden, fortbilden oder umschulen zu lassen, wenn er damit einer ihn unterhaltenden Erwerbstätigkeit nachgehen kann.[646]

Das OLG Hamburg[647] hat das Problem aktuell im Zusammenhang mit § 1578 b BGB diskutiert. Wenn der Unterhaltsberechtigte an einer sog. „Unterhaltsneurose“ erkrankt sei und der Unterhaltspflichtige erhebliche Einkommenseinbußen hinnehmen müsse, könne der nacheheliche Unterhalt im Einzelfall befristet werden.

Dennoch scheint eine Unterhaltsneurose wenig verbreitet und eventuell nur ein vorgeschobener Grund zu sein, um den Unterhalt entfallen zu lassen.

Es ist im Einzelfall zu bewerten, inwieweit die Unterhaltsneurose Krankheitscharakter hat. Dieses Problem ist nun auch im Rahmen unter § 1578 b BGB zu fassen.

f) Vermögensbezogene Umstände

Ein Augenmerk ist auf die Fälle zu legen, in denen der Unterhaltsverpflichtete und seine neue Familie unter die Sozialhilfeschwelle durch die Unterhaltszahlungen an den geschiedenen Ehegatten absinken.[648]

640 Göppinger/Wax, § 1579 Rdnr. 1209.
641 Soergel/Häberle, § 1579 Rdnr. 2.
642 Soergel/Häberle, § 1579 Rdnr. 7.
643 Göppinger/Wax, § 1579 Rdnr. 1209; MüKo/Maurer, § 1572 Rdnr. 3.
644 OLG Hamm, NJW-RR 1995, 642 = FamRZ 1995, 996.
645 BGHZ 91, 105 = LM EheG § 60 Nr. 5 = NJW 1984, 1816 = FamRZ 1984, 660, 661.
646 MüKo/Maurer, § 1572 Rdnr. 3.
647 OLG Hamburg, FamRZ 2009, 781.
648 BeckOK/Beutler, § 1579 Rdnr. 27.

Nach bisher geltendem Recht führte die Tatsache, dass die dem Unterhaltsberechtigten gleichrangige neue Ehefrau und die aus der neuen Ehe hervorgegangenen Kinder bei Berücksichtigung des Unterhaltsanspruchs des ehemaligen Ehegatten jedenfalls teilweise auf Sozialhilfe angewiesen waren, um ihren Lebensunterhalt zu bestreiten, nicht dazu, dass die Inanspruchnahme des Unterhaltspflichtigen auf nachehelichen Unterhalt – um die gesetzliche Rangregelung nicht zu unterlaufen – unzumutbar war.[649] Der neue Ehegatte musste wegen des Vorrangs des Unterhaltsberechtigten nach § 1582 Abs. 1 S. 2 BGB a.F. zur Bestreitung seines Lebensbedarfs Sozialhilfe in Anspruch nehmen. Dadurch entsteht keine Unzumutbarkeit der Unterhaltslast, es sei denn, dass z.B. Sozialhilfe im Ausland nicht gewährt wurde.[650]

Dagegen kann man jedoch annehmen, dass ein Unterhaltsausschluss nach § 1579 Nr. 8 BGB verwirkt ist, wenn der angemessene Selbstbehalt des Unterhaltspflichtigen unterschritten und die neue Familie sozialhilfebedürftig würde.

In einem anderen Fall,[651] in dem die neue Familie des Unterhaltsverpflichteten bei Erfüllung des Unterhaltsanspruchs des geschiedenen Ehegatten unterhalb der Sozialhilfeschwelle leben musste, wurde der Unterhaltsanspruch des mit den Familienangehörigen gleichrangigen Berechtigten nicht nach § 1579 Nr. 7 BGB a.F. herabgesetzt, und der Unterhaltsberechtigte musste nicht ergänzende Sozialhilfe in Anspruch nehmen.

Durch die Unterhaltsrechtsreform 2008 stehen nun minderjährige unverheiratete Kinder und Kinder i.S.d. § 1603 Abs. 2 S. 2 BGB auf dem ersten Rang der Unterhaltsberechtigten-Rangfolge nach § 1609 BGB ein. Auf dem zweiten Rang stehen Elternteile, die die Kinderbetreuung übernehmen und daher unterhaltsbedürftig sind, und Ehegatten bei einer langen Ehedauer. Erst auf dem dritten Rang stehen die übrigen Ehegatten, die nicht unter den zweiten Rang fallen. Zudem ist es ein Ziel der Reform, die Gründung von Zweitfamilien zu stärken. Durch die Änderung der Rangfolge ist dieses Problem hinfällig.

g) Splittingvorteil

Grob unbillig i.S.v. § 1579 Nr. 8 BGB ist es, wenn der frühere Ehegatte an dem Steuervorteil für die neue Ehe des Unterhaltspflichtigen teilhat, denn der Vorteil wurde dem Pflichtigen nach dem Willen des Gesetzgebers eingeräumt, um der neuen Ehe zugute zu kommen und für den Unterhalt des neuen Ehegatten erleichternd zu wirken.[652]

---

649 BGH, LM § 1572 Nr. 6 = NJW 1996, 2793 = FamRZ 1996, 1272, 1273.

650 BGHZ 104, 158 = LM Nr. 4 = NJW 1988, 1722 = FamRZ 1988, 705, 707 f.

651 BGH, FamRZ 1996, 1272 = NJW 1996, 2793.

652 BGH, NJW 1988, 2105 (2105) = LM Nr. 36 = FamRZ 1988, 486.

Der Splittingvorteil aus einer neuen Ehe des Unterhaltspflichtigen soll dem Unterhaltsberechtigten nicht angerechnet werden, weil er die ehelichen Lebensverhältnisse i.S.d. § 1578 Abs. 1 S. 1 BGB nicht prägte. Die Steuerersparnis musste dem Unterhaltspflichtigen über eine Herabsetzung des Unterhalts wieder zufließen, wenn er ihn zur Bestreitung des Unterhalts seines neuen Ehegatten benötigte.[653] Dies war in der Regel nur in Mangelfällen[654] und bei einem Vorrang des ehemaligen unterhaltsberechtigten Ehegatten gegenüber dem neuen Ehegatten nach § 1582 Abs. 1 S. 2 BGB a.F. der Fall.[655]

Im Hinblick auf den Beschluss des Bundesverfassungsgerichts vom 7.10.2003[656] ist für die Ermittlung des unterhaltsrelevanten Einkommens eines wiederverheirateten Unterhaltspflichtigen ein ggf. vorhandener Splittingvorteil außer Betracht zu lassen und die Steuerpflicht fiktiv der Grundtabelle zu entnehmen.[657] Der Bundesgerichtshof hält diese Rechtsprechung[658] in dem Fall nicht aufrecht, in dem der Unterhaltsbedarf eines geschiedenen Ehegatten herabgesetzt wird durch den hinzu gekommenen Unterhaltsbedarf eines neuen Ehegatten. Dann ist eine Dreiteilung des Gesamteinkommens einschließlich des Splittingvorteils aus der neuen Ehe geboten. Dem schließt sich eine Kontrollberechnung an.[659] Im Rahmen einer Dreiteilung wird zunächst der nach den ehelichen Lebensverhältnissen, gem. § 1578 Abs. 1 BGB, zu ermittelnde Unterhaltsbedarf jedes Berechtigten bemessen. Dies geschieht dadurch, „dass das Gesamteinkommen des Unterhaltspflichtigen und beider Unterhaltsberechtigter zusammengerechnet und durch drei geteilt wird“ in dem Fall, in dem der Pflichtige Unterhalt sowohl dem geschiedenen als auch dem neuen Ehegatten schuldet. Nur bei unterschiedlicher Rangfolge der Ansprüche im Rahmen der Leistungsfähigkeit wird von der Dreiteilung eine Ausnahme gemacht (§ 1609 Nrn. 2 und 3 BGB), wenn ein Mangelfall gem. § 1581 BGB gegeben ist.[660]

---

653 BGH, FamRZ 1985, 66 = NJW 1985, 2268; LM § 1578 Nr. 52 = NJW 1988, 2101 = FamRZ 1988, 817, 818; NJW 1989, 1432 = FamRZ 1988, 827; NJW-RR 1990, 580 = FamRZ 1990, 981, 983; FamRZ 2005, 1817.

654 OLG Stuttgart NJW-RR 1991, 69 = FamRZ 1990, 753, 754.

655 BGH LM § 1603 Nr. 5 = NJW 1980, 2251 = FamRZ 1980, 984, 985; LM Nr. 26 = NJW 1985, 2268 = FamRZ 1985, 911, 912; FamRZ 1988, 145, 148; LM Nr. 36 = NJW 1988, 2105 = FamRZ 1988, 486, 487; NJW-RR 1990, 580 = FamRZ 1990, 981, 983; OLG Düsseldorf, FamRZ 1984, 1103, 1105; OLG Karlsruhe, FamRZ 1987, 387, 390; OLG Hamm, FamRZ 1994, 1592, 1593; OLG Braunschweig, FamRZ 1995, 356, 357.

656 BVerfG, FPR 2004, 41 m. Anm. Machulla = NJW 2003, 3466 = FamRZ 2003, 1821.

657 BGH, NJW 2007, 1969 = FamRZ 2007, 882; NJW 2007, 1961 = FamRZ 2007, 793.

658 BGH, NJW 2005, 3277 = FamRZ 2005, 1817.

659 BGH, FPR 2008, 566 m. Anm. Stelzer = NJW 2008, 3213 m. Anm. Mleczko = FamRZ 2008, 1911; FPR 2009, 53 m. Anm. Stollenwerk = NJW 2009, 145 m. Anm. Born.

660 Strohal, FPR 2009, 87 (90).

Durch die Unterhaltsrechtsreform 2008 ist die Teilhabe am Splittingvorteil zum Nachteil des neuen Ehegatten als Härtegrund i.S.d. § 1579 Nr. 8 BGB entfallen, soweit der Splittingvorteil dem wiederverheirateten Verpflichteten für die zweite Ehe ohnehin verbleibt.[661] Die Dreiteilung einschließlich des Splittingvorteils aus der neuen Ehe ist geboten, wenn eine Herabsetzung des Unterhaltsbedarfs des geschiedenen Ehegatten durch den Unterhaltsbedarf eines neuen hinzugekommenen Ehegatten stattfindet.[662]

2. Stellungnahme

Es ist festzuhalten, dass diese Form von Einschüben, wie § 1579 Nr. 8 BGB, in den Gesetzestext dazu verleiten, Fälle zu umschließen, die nicht unter den Gesetzestext fallen. Ohne sich mit den Problemen genauer zu befassen, können Fälle unter den Gesetzeswortlaut subsumiert werden. Die Unbestimmtheit, die von derartigen Aufzählungen ausgeht, führt dazu, dass auch die Begründung, die das Umfassen von bestimmten Konstellationen rechtfertigt, unbestimmt und konstruiert wirkt.

Beispiel dafür ist die gleichgeschlechtliche Beziehung. Erst 2002 wich der Bundesgerichtshof[663] von seiner Rechtsprechung ab, die besagte, dass gleichgeschlechtliche Partner nicht ehegleich zusammenleben könnten und somit die entwickelten Grundsätze zur nichtehelichen Lebensgemeinschaft nicht anzuwenden sein. Die homosexuellen Partnerschaften wurden unter § 1579 Nr. 7 BGB a.F. thematisiert. Obwohl die Problematik vom Bundesgerichtshof weitesgehend offengelassen wurde, entschied er, dass gleichgeschlechtliche Lebenspartnerschaften, wenn sie sich verfestigt haben, nun unter § 1579 Nr. 2 BGB fallen.

Anhand von Beispielsfällen ist festzustellen, dass die meisten Fallgruppen entweder nicht mehr relevant sind oder durch weite Auslegung unter die einzelnen Nummern gefasst werden könnten.

Zwei weitere Nummern müssten in § 1579 BGB eingeführt werden mit dem Wortlaut „ein Aufhebungsgrund der Ehe vorliegt, die Antragsfrist aber abgelaufen ist“ und „eine objektiv unzumutbare Belastung des Verpflichteten und besondere kränkende oder anstößige Begleitumstände durch den Unterhaltsberechtigten vorliegen“.

Das Festschreiben von Härtegründen im Gesetz trägt zur rechtlichen Klarheit bei und fördert die Rechtssicherheit.

---

661 BeckOK/Beutler, § 1579 Rdnr. 28.

662 BGH, FamRZ 2008, 1911.

663 BGH, NJW 2002, 1947 (1949).

Man könnte die Auffassung vertreten, dass durch umfassende Härtegründe die Interessen des Unterhaltspflichtigen an dem Erlass der Unterhaltslast geschwächt werden, was den Zielen der Reform zuwiderlaufen würde, aber alle Fälle würden weiterhin erfasst und berücksichtigt, sodass die Interessen des Unterhaltspflichtigen nicht eingeschränkt werden.

Folglich bedürfte es keiner Auffangklausel gem. § 1579 Nr. 8 BGB.

V. Ersatzhaftung von Verwandten bei Ausschluss des nachehelichen Unterhalt nach § 1579 BGB?

Wenn der Unterhaltsanspruch nach § 1579 BGB verwirkt ist, könnte dem Berechtigten vorrangig Verwandte haften. So könnten die Eltern oder auch die Kinder des bedürftigen Ehegatten vorrangig die Unterhaltszahlung schulden. Erst dann müsste der Staat für den Unterhaltsberechtigten aufkommen.

In vielen Fällen beansprucht der Bedürftige bei Wegfall des Unterhaltsanspruchs Sozialhilfe. Die bürgerlich-rechtliche Fragestellung wird damit von der öffentlich-rechtlichen überlagert.[664]

Aus der Sicht der Verwandten scheint es wohl ausgeschlossen, nur deshalb zu haften, weil der vorrangig Haftende (der Unterhaltspflichtige) von seiner Pflicht aufgrund des (Fehl-) Verhaltens des Unterhaltsberechtigten frei wird.[665]

1. Verwandtenhaftung im Gesetz

Grundsätzlich sind Verwandte in gerader Linie einander zu Unterhaltsleistungen gem. § 1601 BGB verpflichtet. § 1606 BGB regelt die Rangfolge der Ersatzhaftenden.

§ 1607 Abs. 1 BGB bestimmt, dass ein entfernterer Verwandter dann einzutreten hat, wenn der vorrangig Haftende ganz oder teilweise nicht leistungsfähig ist. Damit haftet der Verwandte originär, ohne dass ihm die Möglichkeit des Rückgriffs eröffnet ist. Praktischer Anwendungsfall ist der Fall, in dem beide Eltern nicht leistungsfähig sind und daher den Unterhalt für ein Kind nicht aufbringen können. Die Großeltern haften dann dem Kind auf Unterhalt.[666]

Im Grundsatz ist die Ehegattenhaftung der Verwandtenhaftung vorrangig. Die Verwandten haften aber vorrangig im Falle der Leistungsunfähigkeit des pflichtigen Ehegatten (§ 1608 Abs. 1 BGB).

---

664 Beckmann, FamRZ 1983, 863.

665 Maurer, FPR 2005, 331 (332).

666 MüKo/Born, § 1607 Rdnr. 44 f.; BeckOK/Reinken, § 1607 Rdnr. 7 ff.

Nach § 1611 Abs. 1 BGB braucht der Unterhaltspflichtige nur einen der Billigkeit entsprechenden Beitrag zum Unterhalt in dem Fall zu leisten, in dem der Berechtigte sittlich unverschuldet bedürftig geworden ist. Gleiches gilt, wenn der Berechtigte seine eigene Unterhaltspflicht gegenüber vorher nicht wahrgenommen hat oder sich gegenüber einem nahen Angehörigen des Pflichtigen etwas zuschulden kommen lassen hat. In diesen Fällen ist die Inanspruchnahme des Pflichtigen auf Unterhalt grob unbillig. Der Unterhaltsanspruch ist damit verwirkt.

Voraussetzung ist demnach nicht, dass der Unterhaltspflichtige leistungsunfähig ist, sondern dass der Unterhaltsberechtigte bedürftig ist. Damit § 1611 Abs. 1 BGB einschlägig ist, bedarf es keiner Straftaten, sondern es ist ausreichend, wenn der Unterhalt Fordernde vorsätzlich und schuldhaft gegen gewichtige, ihm auferlegte Pflichten und/oder Rechte des in Anspruch Genommenen verstoßen hat und/oder verstößt.[667] Bei der Bedürftigkeit, die durch eigenes sittliches Verschulden herbeigeführt wurde, muss es sich um eine Vorwerfbarkeit von erheblichem Gewicht handeln. Das Verhalten des Bedürftigen muss sittliche Missbilligung verdienen. Er muss in vorwerfbarer Weise anerkannte Gebote der Sittlichkeit außer Acht gelassen haben.[668]

Wenn der Unterhaltsanspruch nach § 1611 Abs.1 BGB beschränkt ist, kann der Bedürftige in diesem Umfang keinen anderen Unterhaltspflichtigen gem. § 1611 Abs. 3 BGB in Anspruch nehmen. Damit wird die Ersatzhaftung nach §§ 1607, 1608 BGB eingeschränkt.

2. Praktische Anwendungsfälle von § 1611 Abs. 1 BGB in der Rechtsprechung

Der Unterhaltsanspruch kann nach § 1611 Abs. 1 BGB begrenzt oder ausgeschlossen werden in dem Fall, in dem die Mutter ihr Kind, das sie auf Unterhalt in Anspruch nehmen will, zuvor im Kleinkindalter den Großeltern überließ und sich nicht mehr um das Kind kümmerte. Kontakte bestanden nur in geringem Umfang. Dazu kam, dass sie keinen Unterhalt leistete.[669] Es wurde eine erhebliche Verletzung der elterlichen Betreuung und Erziehung vom Bundesgerichtshof bejaht, die eine Verwirkung des Unterhaltsanspruchs begründete. Entscheidend war, dass von der Mutter keine eigene Aktivität, Kontakt aufzunehmen, ausging. Es wurde weniger auf die nie erfolgten finanziellen Zuwendungen abgestellt, denn es folgten vier weitere Kinder und eigene Einkünfte dürften eher gefehlt haben.

---

667 OLG Bamberg, NJW 1992, 1112 ff.

668 OLG Hamm, NJW-RR 2002, 650; BGH, NJW 1985, 806 = FamRZ 1985, 273 (275).

669 BGH, JuS 2005, 75 ff.

In einem anderen Fall[670] hatte sich zum einen der Vater nach dem Scheitern der Ehe nicht mehr um das Kind gekümmert, das zu diesem Zeitpunkt zwei Jahre alt war, zum anderen hatte er zumindest 1 ½ Jahre lang keinen Unterhalt für das Kind gezahlt. Auch als das Kind schon aus dem Haushalt der Mutter ausgezogen war, nahm er keinen Kontakt zu ihm auf. Ebenfalls war ihm zu jedem Zeitpunkt die Unterhaltsleistung möglich, denn er hätte gespartes Vermögen verwerten können. Die Inanspruchnahme des Kindes auf Unterhalt für den Vater, der nun im hohen Alter unterhaltsbedürftig geworden ist, ist nach § 1611 Abs. 1 BGB grob unbillig.

Anders ist der Fall gelagert, in dem das volljährige Kind jeglichen Kontakt mit dem Elternteil verweigert, das es auf Unterhalt in Anspruch nimmt. In diesem Fall kann der Unterhalt für das Kind herabgesetzt oder ausgeschlossen werden.[671] Allerdings ist die Kürzung oder der Ausschluss von Unterhalt kein Druckmittel, um Kontakt mit dem volljährigen Kind zu erwirken.[672] Im Umkehrschluss wird es jedoch wohl darauf hinauslaufen, denn die Beschränkung oder der Ausschluss nach § 1611 Abs. 1 BGB ist nicht endgültig und kann im Wege der Abänderungsklage geändert werden. Würde der Kontakt, zumindest ein Mindestkontakt, aufgenommen, wäre auch mit Unterhaltszahlungen zu rechnen. Doch dieses Problem soll hier nicht vertieft werden.

Anders wurde jedoch ein Fall entschieden, in dem die Kontaktverweigerung des Kindes gegenüber dem Vater aus der Zeit der Minderjährigkeit herrührte. Nach Sinn und Zweck des § 1611 BGB konnte dies dem Kind auch später beim Verfolgen eines Anspruchs auf Ausbildungsunterhalt im Erwachsenenalter nicht entgegengehalten werden.[673] Der Unterhaltsanspruch wurde in diesem Fall nicht begrenzt.

Der Unterhaltsanspruch ist nach § 1611 Abs. 1 BGB nicht verwirkt, wenn die vom volljährigen Kind gegenüber dem Vater zu Unrecht erhobenen Vorwürfe des sexuellen Missbrauchs auf eine tiefgreifende neurotische Persönlichkeitsstörung des Kindes mit Krankheitswert zurückzuführen sind.[674] Auch der Umstand, dass das in Ausbildung befindliche volljährige Kind mit einem leistungsfähigen Partner zusammenlebt, führt nicht zu einem Ausschluss des Anspruchs auf Ausbildungsunterhalt.[675] Durch das alleinige Zusammenleben wird der Lebenspart-

670 OLG Koblenz BeckRS 2000, 30100966.

671 OLG Köln, NJWE-FER 2000, 144; OLG Koblenz, BeckRS 2000, 30098656; OLG Bamberg, NJW 1992, 1112 ff.; OLG Frankfurt a.M., NJW 1990, 1798 f.

672 OLG Düsseldorf, FamRZ 1995, 957.

673 BGH, NJW 1995, 1215 (1215).

674 OLG Hamm, NJW-RR 1996, 198 ff.

675 OLG Celle, NJW 1993, 2880.

ner nicht vorrangig unterhaltspflichtig. Der Partner einer nichtehelichen Lebensgemeinschaft steht einem Ehegatten i.S.d. § 1608 BGB nicht gleich.[676]

Zur Reduzierung des Volljährigenunterhalts, wenn das langjährige Studium nicht abgeschlossen wurde und der jetzt erwerbsunfähige Volljährige für seine soziale Sicherung nicht vorgesorgt hat, wurde eine Unterhaltsbeschränkung angenommen.[677]

Neben einem sittlichen Verschulden sind in einem Fall, in dem ein 32-jähriger nichtehelicher Sohn eine Freiheitsstrafe von acht Jahren wegen Drogenschmuggels in Ecuador verbüßt, auch die wirtschaftlichen Verhältnisse des Vaters und die Höhe des geltend gemachten Unterhaltsanspruchs bei der erforderlichen Billigkeitsabwägung als die wesentlichen Kriterien maßgeblich. Die Bedürftigkeit wurde auch vom sittlichen Verschulden verursacht. Dennoch kann ein schwerwiegendes Fehlverhalten des Sohnes gegenüber dem Vater nicht bejaht werden.[678]

Der Unterhaltsanspruch des Vaters ist nicht verwirkt, wenn er durch Kriegsfolgen nicht in der Lage war, das unterhaltsverpflichtete Kind in seiner Kindheit angemessen zu versorgen. Der Vater diente als Soldat der deutschen Wehrmacht im Zweiten Weltkrieg. Er kam nach mehreren Lazarettaufenthalten psychisch erkrankt aus dem Krieg zurück und war ununterbrochen in einer psychiatrischen Klinik und dann in einem Alten- und Pflegeheim. Die Bedürftigkeit des Vaters – in einem anderen Fall – ist nicht auf sittliches Verschulden zurückzuführen, er hat seine eigene Unterhaltsverpflichtung dem Kind gegenüber nicht gröblich vernachlässigt und hat sich nicht vorsätzlich einer schweren Verfehlung gegen die Pflichtige oder einen ihrer nahen Angehörigen schuldig gemacht (§ 1611 BGB).[679]

Eine Auskunfts- und Mitwirkungspflicht im Bereich der schulischen Laufbahn des Kindes führte in einem anderen Beispielsfall nicht zu einer Verwirkung des Ausbildungsunterhalts nach § 1611 BGB.[680]

Die Tatsache, dass der Antragsteller Briefe an den Antragsgegner an dessen Dienststelle gesandt hatte, in denen er sich völlig unangemessen, beleidigend und pflichtwidrig äußerte, stellt zwar ein schwerwiegenderes Fehlverhalten dar. Jedoch wurde dieses Verhalten vom Bedürftigen unterlassen, nachdem es durch anwaltliches Schreiben abgemahnt wurde, wohingegen eine Taktlosigkeit darin zu sehen ist, dass er seinen Vater mit „Sie“ und den Worten „Sehr geehrter Herr Vater“ anredete.

---

676 Soergel/Häberle, § 1608 Rdnr. 2.

677 OLG Hamm, NJW-RR 2002, 650.

678 OLG Hamm, BeckRS 2006, 08665.

679 OLG Frankfurt a.M., BeckRS 2001, 30198545.

680 OLG Köln, BeckRS 2004, 11633.

Dagegen abzuwägen ist die psychische Belastung, in der sich der Antragsteller befand. Durch die Unterhaltsverweigerung des Vaters sah der Sohn seine Ausbildung gefährdet und befand sich in einer finanziell schwierigen Lage. Zudem sind die weitreichenden Folgen, die eine Unterhaltsbeschränkung hätte, wie der Abbruch der Ausbildung, zu berücksichtigen. Die vorsätzlichen Verfehlungen des Bedürftigen wiegen daher nicht so schwer, dass der Unterhaltsanspruch entfiele oder eingeschränkt werden müsse.[681]

3. Umgang mit der Ersatzhaftung

In der Begründung des Entwurfs eines 1. EheRG wird auf die Rechtsähnlichkeit von § 1579 und § 1611 BGB hingewiesen.[682] Der Verlust des Unterhaltsrechts aufgrund des Verhaltens des Unterhaltsberechtigten unter Verwandten ist in § 1611 Abs. 1 BGB geregelt, für den unter geschiedenen Ehegatten findet sich die Vorschrift in § 1579 BGB.[683]

Zum Haftungsausschuss gibt es für § 1579 BGB keine Regelung entsprechend § 1611 Abs. 3 BGB. Daher müssten der Unterhaltsbedürftige eigentlich Verwandte in Haftung nehmen können.

Urteile, in denen eine Ersatzhaftung von Verwandten bei Ausschluss des Ehegattenunterhalts nach § 1579 BGB besteht, sind nicht veröffentlicht. So entschied z.B. das OLG Düsseldorf[684] das Problem der Ersatzhaftung von Verwandten bei Ausschluss des nachehelichen Unterhalts nach § 1579 BGB nicht, weil schon die Voraussetzungen des § 1579 BGB nicht vorlagen.

In der Literatur ist das Problem der Ersatzhaftung von Verwandten bei Ausschluss des nachehelichen Unterhalts nach § 1579 BGB umstritten.

Eine Ansicht, die in der Literatur[685] vertreten wird, besagt, dass § 1611 Abs. 3 BGB im Recht des nachehelichen Unterhalts entsprechend anzuwenden ist. Die Gründe für eine Beschränkung nach § 1579 BGB sind denen nach § 1611 Abs. 1 BGB gleichzustellen. Der Verwandte muss vor einer Abwälzung des unterhaltsschädlichen Verhaltens des Unterhaltsbedürftigen geschützt werden.

681 AG Eschweiler, BeckRS 2010, 05066.

682 BT-Drucks. 7/650, S. 138; BGH, NJW 2004, 1324; BGH, NJW 1984, 296.

683 BGH, NJW 1982, 1999.

684 OLG Düsseldorf, FamRZ 1982, 611 (612).

685 Staudinger/Engler, § 1611 Rdnr. 56 f.; Soergel/Häberle, FamilienR II, Bd. 8, § 1611 Rdnr. 8; dies., FamilienR I, Bd. 7, § 1584 Rdnr. 7; MüKo/Luthin, § 1608 Rdnr. 10; Palandt/Diederichsen, 64. Aufl., § 1611 Rdnr. 8; Pauling, in: Wendl/Staudigl, § 2 Rdnr. 606; Luthin/Seidel, Hdb. des UnterhaltsR, Rdnr. 5025; Beckmann, FamRZ 1983, 863 (865).

Andere Ansichten lehnen eine Analogie ab. So wird vertreten,[686] dass der Haftungsgrund für den Verwandtenunterhalt durch einen ehebezogenen Ausschlussgrund nicht ohne weiteres beeinträchtigt wird; andere meinen,[687] dass ein Ausschlussgrund gerade (auch) gegenüber dem ggf. ersatzhaftenden Verwandten vorliegen muss.

Eine Analogie setzt eine planwidrige Regelungslücke voraus. Planwidrig ist eine Lücke dann nicht, wenn der Gesetzgeber bewusst eine solche nicht geregelt hat.

Schon in der ursprünglichen Fassung des Bürgerlichen Gesetzbuches war die Regelung des § 1611 Abs. 3 BGB zum Verwandtenunterhalt enthalten,[688] wohingegen keine entsprechende Regelung zum Ehegattenunterhalt vorgesehen war. Es wurde auch nicht durch eine Regelung im nachehelichen Unterhaltsrecht auf § 1611 Abs. 3 BGB verwiesen.[689] § 1454 Abs. 1 S. 2-E (im Gesetz: § 1580 Abs. 2 BGB) verweist nur auf § 1490 Abs. 1-E (im Gesetz: § 1611 Abs. 1 BGB). Eine entsprechende Regelung von § 1611 Abs. 3 BGB für den Ehegattenunterhalt entfiel ebenso nicht aus dem Grund, dass nur der an der Scheidung schuldige Ehegatte unterhaltsberechtigt war, wie die Verweisung auf den Verwirkungstatbestand des § 1611 Abs. 1 BGB zeigt.

Der Gesetzgeber des 1. EheRG hat sich in der Begründung mehrfach ausdrücklich mit der Regelung des § 1611 BGB auseinandergesetzt,[690] allerdings lediglich hinsichtlich der Vergleichbarkeit der Verwirkungstatbestände im Verwandten- und Ehegattenunterhalt und nicht ausdrücklich mit der in § 1611 Abs. 3 BGB vorgesehenen Ersatzhaftung. Ebenso verfuhr der Gesetzgeber des Unterhaltsänderungsgesetzes.[691]

Sowohl der Gesetzgeber des Bürgerlichen Gesetzgebers als auch der des Ehegesetzes, des 1. EheRG, des Unterhaltsänderungsgesetzes und nun der Gesetzgeber der Unterhaltsrechtsreform 2008 wussten um das Problem der Ersatzhaftung im Recht des nachehelichen Unterhalts und um die Lösung der Ersatzhaftung im Recht des Verwandtenunterhalts in § 1611 Abs. 3 BGB. Wenn sich der Gesetzgeber bei der Regelung des ehelichen Unterhaltsrechts mehrfach mit den Paral-

686 MüKo/Born, § 1611 Rdnr. 50; Graba, in: Johannsen/Henrich, EheR, § 1611 Rdnr. 5; Schwab/Borth, Hdb. des ScheidungsR, V Rdnr. 237.

687 MüKo/Maurer, § 1579 Rdnr. 84; Kodal, in: Göppinger/Wax, § 1579 Rdnr. 1540; Büttner, in: Johannsen/Henrich, § 1584 Rdnr. 4; Odersky, Nichtehelichen-Gesetz, § 1611 Anm. I.

688 Jatzow, Motive zu dem Entwurf eines Bürgerlichen Gesetzbuchs für das Deutsche Reich, Bd. IV, FamilienR, 1888, S. 701 f. (zu § 1490-E).

689 Mugdan, Die gesammten Materialien zum Bürgerlichen Gesetzbuch für das Deutsche Reich, Bd. IV, FamilienR, 1899, S. 1246.

690 BT-Drucks. 7/650, S. 137 f. (zu § 1580 BGB-E).

691 BT-Drucks. 10/2888, S. 19.

lelen im Recht des Verwandtenunterhalts beschäftigt hat, ohne eine § 1611 Abs. 3 BGB entsprechende Regelung im nachehelichen Unterhaltsrecht zu übernehmen oder auf die Regelung zu verweisen, muss man daraus folgern, dass keine Regelung oder Verweisung und somit auch keine Anwendbarkeit von § 1611 Abs. 3 BGB im Recht des nachehelichen Unterhalts gewollt ist.

4. Unterschied zwischen § 1611 Abs. 1 BGB und § 1579 BGB

Obwohl das Maß für die Beschränkung des Unterhalts nach § 1611 Abs. 1 BGB und § 1579 BGB eine Unbilligkeit bzw. grobe Unbilligkeit der Inanspruchnahme des Unterhaltspflichtigen ist, setzt § 1611 Abs. 1 BGB eine höhere Eingriffsschwelle als § 1579 BGB voraus, indem er ein sittliches Verschulden, eine gröbliche Vernachlässigung oder eine vorsätzlich schwere Verfehlung fordert. Im Scheidungsrecht wird die Unterhaltsverpflichtung nicht so weitgehend beschränkt, wie es in § 1611 Abs. 1 BGB für den Verwandtenunterhalt vorgesehen ist.[692]

Der Verwandte unterliegt im Gegensatz zum Ehegatten einer verhaltensunabhängigen Unterhaltspflicht. Daraus lässt sich schließen, dass der Ersatzhaftende beim Verwandtenunterhalt eher mit einer Inanspruchnahme als beim nachehelichen Unterhalt rechnen muss.[693]

Sowohl § 1579 BGB als auch § 1611 Abs. 1 BGB schränken den Unterhaltsanspruch ein oder schließen ihn aus. Sie sind sich daher strukturell ähnlich.

§ 1611 Abs. 1 BGB sanktioniert die sittliche Schuld des Unterhaltsbedürftigen, die gegenüber den nachrangig Haftenden wirkt, wohingegen § 1579 BGB an ein Verhalten anknüpft, das stark auf die Person des Ehegatten und die zu ihm bestehenden Pflichten bezogen ist.

Entscheidend ist, dass der Ersatzhaftende in § 1611 Abs.1 BGB selbst betroffen ist. Dies führt dazu, dass die Verwandten nach § 1611 Abs. 3 BGB nicht nachrangig haften. Es gibt keine Solidarität und somit keine Unterhaltszahlung an die, die sittlich schuldig sind.

In § 1579 BGB wird eine andere Verhaltensintensität gefordert. Das Verhalten des Unterhaltsberechtigten zeigt sich als ein personenbezogenes Fehlverhalten gegenüber dem Ehegatten.

692 MüKo/Born, § 1611 Rdnr. 2; BT-Drucks. 7/650, S. 137 (zu § 1580-E).

693 Maurer, FPR 2005, 331 ff.

5. Betroffenheit

Fraglich ist, ob ein ersatzhaftender Verwandter in den Fällen, in denen § 1611 Abs. 1 BGB einschlägig ist, im Vergleich zu den Fällen, die § 1579 BGB unterfallen, anders betroffen ist.

Bei den praktischen Anwendungsfällen des § 1611 Abs. 1 BGB wurde der Unterhaltsanspruch zumeist ausgeschlossen oder beschränkt, wenn sich der Unterhaltsberechtigte um den Pflichtigen nicht gekümmert hat.

Parallel könnte man den Fall[694] anführen, in dem nach § 1579 Nr. 4 BGB der Unterhaltsanspruch wegen einer Straftat zu Lasten des eigenen ehelichen Kindes entfallen ist. Die Mutter hatte dem Säugling zweimal die Atemwege blockiert, bis dieser ohnmächtig wurde. Unberücksichtigt blieb für den Unterhaltsausschluss, dass sie bei Begehung der Tat sich im Zustand verminderter Schuldfähigkeit befand. Sie litt unter dem Münchhausen-by-proxy-Syndrom. Dabei manipulieren und erzeugen fürsorglich erscheinende Mütter (seltener Väter) bei ihren Kindern Krankheitssymptome.

Es ist nicht davon auszugehen, dass in dem Fall der Mutter, die ihr Kind verletzt hat, ein Verwandter weniger betroffen ist als in dem Fall, in dem sich der Berechtigte nicht um den Pflichtigen gekümmert hat.

Man könnte nach den Verwirkungstatbeständen des § 1579 BGB differenzieren. Die Verwandten würden nur dann haften, wenn ein objektiver Grund zur Beschränkung oder zur Verwirkung des Unterhaltsanspruchs, wie in § 1579 Nr. 1, 2 und 8 BGB, geführt hat.

Parallel kann man dann den Fall einer neuen verfestigten Lebensgemeinschaft i.S.d. § 1579 Nr. 2 BGB anführen. Doch auch hier taucht die Schwierigkeit auf, dass man individuelle Betroffenheit schwerlich feststellen kann. Bei schwerwiegenden Verfehlungen kann man wohl annehmen, dass dem Verwandten nicht zuzumuten ist, für den Unterhalt nachrangig zu haften. Doch auch wenn der Unterhaltsberechtigte sich nicht um den Pflichtigen gekümmert hat, bestand diese Situation allein zwischen diesen beiden. Es muss nicht zwangsläufig daraus geschlossen werden, dass damit auch der Unterhalt in der Verwandtschaft ausgeschlossen oder begrenzt ist. Damit wird auch keine Betroffenheit ausgelöst.

6. Fazit

§ 1611 Abs. 3 BGB ist weder direkt noch entsprechend anwendbar auf das Recht des nachehelichen Unterhalts. Im Falle des § 1579 BGB ist die Ersatzhaftung der Verwandten nur ausgeschlossen, wenn das Fehlverhalten des Ehegatten ihnen

694 OLG Hamm, BeckRS 2006, 13173.

gegenüber (auch) die Voraussetzungen aus § 1611 Abs. 1 BGB erfüllt. In der Regel wird das bei den Härtegründen § 1579 Nr. 3 bis 8 BGB vorliegen, denn in diesen Fällen wird an ein vorwerfbares Fehlverhalten angeknüpft. Dennoch muss das Verhalten so schwer wiegen wie in § 1611 Abs. 1 BGB.

Auch bei den objektiven Härtegründen nach § 1579 Nr. 1, 2 und 8 BGB ist es vom Einzelfall abhängig, ob die Verwandten ersatzweise haften. In der Praxis wird wohl die individuelle Betroffenheit nicht festgestellt werden können. Der Begriff der Betroffenheit ist zu ungenau und nicht messbar. Somit kann in den meisten Fällen kein Unterschied zwischen der Betroffenheit eines Verwandten durch den Grund für eine Unterhaltsbeschränkung oder einen Unterhaltsausschluss nach § 1611 Abs. 1 und § 1579 BGB gemacht werden.

E. Vertrag über Nachfolgeregelungen nach der Scheidung

Oft werden in der Praxis Vergleiche über die Nachfolgeregelungen nach der Scheidung geschlossen. Damit könnten viele Probleme, insbesondere die Begriffsbestimmungsschwierigkeiten, umgangen werden. Diese Vergleiche sind unterschiedlicher Qualität. Zum einen gibt es die Vergleiche, die neue und kreative Lösungen finden, mit Fragen des nachehelichen Unterhalts individuell umzugehen; zum anderen gibt es aber auch Vergleiche, die sich ausschließlich an das Gesetz und die Rechtsprechung anlehnen.

Durch eine Vertragsgestaltung kann nach den individuellen Bedürfnissen eine Herabsetzung oder eine zeitliche Begrenzung des nachehelichen Unterhalts geregelt werden. Besser als die Gerichte, die den Ehegatten von außen eine Regelung vorgeben, können die Ehegatten auf der Grundlage der Ehe bestimmen, wie es nach der Ehe für jeden Ehegatten einzeln weitergehen soll, zumal die Gerichte für ihre Entscheidungen auf keine hinreichenden gesetzlichen Bestimmungen zum nachehelichen Unterhalt zurückgreifen können.

Bereits bei der Schließung der Ehe gibt es intensiven Beratungsbedarf; daher wäre es von Vorteil, wenn schon bei der Eheschließung eine vertragliche Vereinbarung geschlossen würde. Im Vorfeld einer Ehe sollte Vorsorge betrieben werden und eine Verständigung darüber erfolgen, was möglicherweise auf die Ehegatten zukommt, wenn z.B. Kinder aus der Ehe entstehen oder ein Haus gekauft wird und welche Regelungen dann im Falle einer Scheidung zu treffen sind.

Problematisch ist zu sehen, dass am Anfang einer Ehe nicht vorhergesehen werden kann, wie sich die Rollenverteilung innerhalb der Ehe entwickelt. Doch beide zukünftigen Ehegatten sind bei der Schließung der Ehe oder in deren Verlauf angehalten, für den Fall des Scheiterns der Ehe eine ausgewogene Regelung für beide Seiten zu treffen.

Regelungsbedarf für Scheidungsfolgen entsteht in den meisten Fällen allerdings kurz nach der Trennung und somit vor der Scheidung. In einem solchen Stadium, in dem noch kein Verfahren anhängig ist, bietet sich ebenfalls eine vertragliche Regelung der wesentlichen Scheidungsfolgen als Lösung an.

Als Scheidungsvereinbarungen dienen endgültige Lösungen zur Vorbereitung einer einvernehmlichen Scheidung, in denen eine komplette Einigung der Ehegatten in allen Scheidungsfolgen dokumentiert wird. Es wird eine gesamte Einigung erzielt, bei der jeder Ehegatte weiß, was er nach der Scheidung erhält, sodass er damit sicher planen kann. Die verbreitete Rechtsunsicherheit über den Ausgang eines Unterhaltsstreits vor Gericht fördert die Einigungsbereitschaft der Ehegatten. Spielräume, die das Gesetz vorsieht, können durch scheidungsbezogene Vereinbarungen von den Ehegatten festgelegt werden.[695] Für die einzelnen Lebensphasen – insbesondere für den Eintritt in das Rentenalter – sollten unterschiedliche Regelungen vorgesehen sein.

Die Vereinbarungen beschäftigen sich überwiegend mit dem nachehelichen Unterhalt, der vielfältige Regelungsmöglichkeiten aufweist. Aufgrund der komplizierten Materie, zu der das nacheheliche Unterhaltsrecht geworden ist, bedarf es einer intensiven Befassung mit der jeweils aktuellen Rechtsprechung.

Fraglich ist, ob tatsächlich vertragliche Regelungen zunehmen, in denen Frauen, die wegen der Kinderbetreuung Nachteile im beruflichen Fortkommen erleiden, besser gestellt werden, als es das Gesetz vorsieht.[696] Die Analyse der §§ 1578 b, 1579 BGB hat ergeben, dass die Gerichte sich mit einer Herabsetzung oder zeitlichen Begrenzung des Unterhalts schwer tun, da keine ausreichenden gesetzlichen Bestimmungen vorliegen. Allerdings wird wohl schwerlich ein unterhaltsverpflichteter Mann seiner getrennten Ehefrau mehr Unterhalt als nötig einräumen. Abgestellt auf die Ehe und ihre Grundsätze wäre ein angemessener Unterhalt wünschenswert.

I. Scheidung „ultra-light“

Aktuell kann man eine Entwicklung hin zur Scheidung „ultra-light“ erkennen, bei der Ehegatten allein aufgrund einverständlichen Scheidungsantrags durch richterliches Urteil ohne Urteilsgründe geschieden werden (Konsensualschei-

695 Münch, in: NotRV 2008, S. 34 ff.

696 Raket-Dombek, DRiZ 2009, 172 (173).

dung).[697] Die Ehegatten regeln dabei ohne jeden verfahrensrechtlichen Schutz und familienrechtlichen Beurkundungszwang (§ 1585 c BGB, der eine notarielle Beurkundung nur vor Rechtskraft der Scheidung vorschreibt, und § 1378 BGB, wo Rechtsgeschäfte über die Ausgleichsforderung nach Auflösung des Güterstandes nicht mehr beurkundungsbedürftig sind) die Scheidungsfolgesachen.

Das gesetzliche Scheidungssystem wird als gescheitert angesehen, weil sich die Scheidung „ultra-light“ in der Gerichtspraxis durchgesetzt hat.[698] Ehegatten sollten nicht allein deshalb geschieden werden, weil sie geschieden werden wollen. Die Scheidung einer Ehe sollte nicht allein aus dem Scheidungswillen der Ehegatten gerechtfertigt werden.[699]

Die Scheidung „ultra-light“ zeichnet sich dadurch aus, dass der Einigungszwang über Scheidungsfolgen abgeschafft und die asymmetrische anwaltliche Vertretung festgesetzt wird. Der Schutz des Schwächeren durch die Beratung beider Ehegatten tritt dabei in den Hintergrund. Voraussetzungen für eine Scheidung „ultra-light“ sind nur, dass die Ehegatten ein Jahr getrennt leben und der Scheidung zustimmen, dass der Scheidungsantrag von einem Anwalt eingereicht wird und übereinstimmende Erklärungen beider Ehegatten enthalten sind. Die Ehegatten müssen sich somit nicht über Scheidungsfolgen geeinigt haben. Gerichtlich sind weder weitere Feststellungen zum Scheitern der Ehe erforderlich noch Ermittlungen hinsichtlich der Scheidungsfolgen. Dies führt zu einem Scheidungsverfahren ohne jegliche Inhalte („ultra-light“), denn zu einer Scheidung reicht bloßes Einvernehmen der Ehegatten nach Ablauf der Trennungszeit aus. Verfassungsrechtlich ist der Weg zur Scheidung „ultra-light“ auch bedenklich, denn es fehlen die eheerhaltenden Elemente.[700]

Davon profitiert wohl der Mann, der Alleinverdiener und ihm bei einer vertraglichen Regelung daran gelegen ist, möglichst wenig von seinem Verdienten an seine geschiedene Ehefrau abzugeben.

Eine vertragliche Regelung wird vorrangig vor dem Gesetz berücksichtigt, sodass die Gerichte sich nach den individuellen Vorstellungen der Herabsetzung und zeitlichen Begrenzung des nachehelichen Unterhalts zunächst richten. Die Gerichte müssen die ehelichen Verträge jedoch inhaltlich kontrollieren, wodurch den Gerichten Arbeitsaufwand entsteht. Allerdings findet nur eine Missbrauchs-

697 Gernhuber/Coester-Waltjen, § 14 Rdnr. 14.

698 MüKo/Wolf, Vor § 1564 Rdnr. 15 ff.; § 1566 Rdnr. 7 ; Bergschnieder, in: Münchener Prozessformularbuch, A. I. 1., Anm. 1.

699 MüKo/Wolf, Vor § 1564 Rdnr. 14.

700 Münch, in: NotRV 2008, S. 38 ff.

kontrolle statt. Die Inhaltskontrolle müsste auch bei Scheidungsvereinbarungen angewandt werden.[701]

Im Gegensatz zum vorsorgenden Ehevertrag, der eine Prognose über die zukünftige Entwicklung leisten muss, wird bei der Scheidungsvereinbarung eine Bilanz der Ehezeit gezogen, welche von Tatsachen und von einer rückblickenden Beurteilung der geführten Ehe ausgeht. Allerdings wird auch im Falle einer Scheidung eine Prognose im Vertrag abzugeben sein, nämlich die Prognose über den Werdegang der Ehegatten nach der Scheidung.

Die Prognoseentscheidung ist für die Gerichte wie im Falle des § 1578 b BGB kaum zu treffen. Damit stehen die Gerichte auch bei der Vertragskontrolle vor unüberwindbaren Schwierigkeiten.

Gegen den staatlichen Schutzauftrag nach Art. 6 Abs. 1 GG würde es nicht verstoßen, wenn die Scheidungsvereinbarung nicht von den Gerichten inhaltlich kontrolliert würde, denn der Schutzauftrag nach Art. 6 Abs. 1 GG richtet sich in erster Linie an den Gesetzgeber, der die Gesetze so auszugestalten hat, dass der Schutz der Ehe und Familie gewährleistet ist. Verfassungsrechtlich ist bedenklich, ob der Schutzauftrag erfüllt wird, wenn die Scheidung ausgesprochen wird, ohne die Regelungen der Ehegatten für den Kernbereich der Scheidungsfolgen betrachtet zu haben.[702] Unterstützt wird diese Tendenz durch die Forderung, Folgesachen aus Kostengründen nicht anhängig zu machen, was dazu führt, dass die Inhaltskontrolle – auch im Kernbereich – für Scheidungsvereinbarungen ausgehebelt wird.

Eine Warnung und Belehrung des verzichtenden Teils ist bei einer Scheidungsvereinbarung zu tätigen. Nach Rechtskraft einer Scheidung kann der Unterhaltsverzicht formlos geschlossen werden; damit kann das Formgebot umgangen werden zu Lasten des schwächeren Ehegatten. Wenn die Vorlage von Einigungen über die Scheidungsfolgen vor Gericht abgeschafft werden soll, wäre es geboten, Vereinbarungen nach der Scheidung beurkunden zu lassen.[703]

Durch eine Scheidung „ultra-light" werden Konfliktpotentiale nicht gelöst. Wenn die informellen Vereinbarungen vor oder nach der Scheidung nicht eingehalten werden, fehlt ein Titel zur Durchsetzung und die Gerichte werden mit isolierten Folgesachen im Nachhinein belastet. Der Gesetzgeber bestätigt mit Regelungen, dass die Scheidung „ultra-light" nicht in allen Fällen ausreicht, z.B. nicht im Sorge- und Umgangsrecht oder bei vermögensrechtlichen Regelungen. Es sollte daher eine vorherige außergerichtliche Einigung über die Scheidungs-

701 OLG Celle, DNotI-Report 2004, 81; OLG Celle, FamRZ 2004, 1969; OLG München, FamRB 2005, 3 m. Anm. Grziwotz.
702 Münch, in: NotRV 2008, S. 38 ff.
703 Münch, in: NotRV 2008, S. 38 ff.

folgen nicht nur bei den aufgezählten Ausnahmen gefördert werden. Damit allein würden die Gerichte entlastet und trotzdem beständige Regelungen für den nachehelichen Unterhalt und dessen Verwirkungsgründe geschaffen.

Dennoch scheint auch bei der vertraglichen Regelung der schwächere Ehegatte zu verlieren. Dies gleicht der Situation bei der gesetzlichen Herabsetzung oder zeitlichen Begrenzung des nachehelichen Unterhalts. Eine vorherige außergerichtliche Regelung würde beidem entgehen und die Ehegatten selbst bestimmen lassen, wie jeder für sich die jeweilige Zukunft gestaltet.

II. Problem der anwaltlichen Vertretung lediglich eines Ehegatten

Ein gerichtlicher Vergleich kann geschlossen werden, indem entweder eine Partei oder beide Parteien vor Gericht anwaltlich vertreten werden. Wenn die Parteien eine möglichst kostengünstige Regelung der Scheidung herbeiführen möchten, ist es möglich, dass nur eine von ihnen anwaltlich vertreten wird.

Die gemeinsame anwaltliche Beratung getrennt lebender Ehegatten ist nicht gänzlich untersagt, sondern in Grenzbereichen ohne widerstreitende Interessen zulässig. Wenn ein Anwalt die Beratung bei widerstreitenden Interessen der Ehegatten fortsetzt, ist der Anwaltsvertrag nach § 43 a Abs. 4 BRAO nichtig und der Vergütungsanspruch entfällt.[704] Wenn der Anwalt eine Beratung von beiden Ehegatten annimmt, trägt er ggf. das Risiko eines Verlustes des Vergütungsanspruchs.[705]

In dem Fall, in dem nur ein Ehegatte beim Scheidungsprozess anwaltlich vertreten ist, kann vor dem Prozess eine anwaltliche Beratung stattgefunden haben. In vielen Fällen werden im Vorfeld mit den Anwälten jeder Partei die Scheidungsfolgen erfolgreich verhandelt und erst im Verfahren selbst auf den zweiten Anwalt verzichtet.[706]

Die anwaltliche Vertretung von nur einem Ehegatten bei Stellung des Scheidungsantrags oder auch zuvor kann aber auch zu einer asymmetrischen Vertretungsstruktur führen. Eine Asymmetrie stellt der Fall dar, indem von vornherein und auch im Scheidungsverfahren nur ein Anwalt für die wirtschaftlich besser gestellte Partei tätig ist. Um den Schutz der schwächeren Partei zu gewährleisten, müsste ein Anwaltszwang für beide Ehegatten gefordert werden,[707] sonst löst der anwaltlich nicht beratende schwächere Ehegatte mit der Zustimmung zur Schei-

---

704 KG, FamRB 2008, 13.

705 Krause, FamRB 2008, 13.

706 Münch, in: NotRV 2008, S. 35.

707 BRAK, Stellungnahme zum Referentenentwurf des FGG-Reformgesetz, Beilage zu FPR 2006/Heft 11, 9.

dung Rechtsfolgen aus, die er nicht überblicken kann und zu denen er nicht beraten wurde. Der schwächere Ehegatte kann nicht wissen, ob und ggf. in welcher Höhe ihm Unterhalt zusteht und wie das Vermögen auseinanderzusetzen ist.[708]

Die vertragliche Regelung steht den Parteien frei und kann nur durch die Inhaltskontrolle vom Gericht nachvollzogen werden. Bei der gesetzlichen Regelung der §§ 1578 b, 1579 BGB werden die widerstreitenden Interessen abgewogen, wie es auch bei der vertraglichen Gestaltung gemacht werden sollte. Eine Lastenverteilung auf Kosten des Schwächeren sollte es nicht geben. Zunächst wird auch bei einer Herabsetzung oder zeitlichen Begrenzung eine Benachteiligung des Unterhaltsberechtigten vermutet. Dennoch geschieht dies nur unter strengen Voraussetzungen. Diese Voraussetzungen sollten auch für einen Vertrag gelten. Damit den widerstreitenden Interessen der beiden Ehegatten Rechnung getragen wird, müsste eine beidseitige anwaltliche Vertretung vorliegen.

III. Notariell begleitetes Scheidungsverfahren

Eine solche beidseitige Vertretung könnte auch von einem Notar vorgenommen werden. Einem Notar kann die streitverhütende Mittlerrolle zukommen, wenn die Ehegatten eine notarielle Scheidungsvereinbarung oder Scheidungsfolgenvereinbarung bei ihm beurkunden. Dem Notar kommt dabei eine Filterfunktion zu, bei der er die Fähigkeit besitzen muss, einigungsfähige Vertragsteile von denjenigen zu unterscheiden, die eines streitigen Verfahrens bedürfen. Oftmals kommen noch nicht einige Parteien zum Notar, die bei der Vorbesprechung zu einer Einigung über die Regelungen nach der Scheidung, insbesondere die Regelungen des nachehelichen Unterhalts und der Härteklauseln, gelangen. Der Notar muss somit durch Regelungstechniken, Schaffung von Zusammenhängen verschiedener Rechtsfragen zur Bildung eines Lösungsansatzes und Erläuterung der jeweils gegenläufigen Rechtspositionen einen Weg aufzeigen, der zu einer einvernehmlichen Vereinbarung und Abwicklung führt.[709]

Bei einer Scheidungs- oder Scheidungsfolgevereinbarung muss ein Notar hinzugezogen werden, wenn die Regelungen über Scheidungsimmobilien getroffen werden, die einer notariellen Beurkundung bedürfen. Auch im Falle einer Unternehmerehe kann ein Notar die hochkomplexen gesellschaftlichen Sachverhalte gestalten, mit denen er auch sonst befasst ist. Wenn eine vorsorgende ehevertragliche Vereinbarung mit nachfolgend abweichender Lebensentwicklung bestand, müsste sie angepasst werden, wenn sie auch im Scheidungsfalle wieder

708 Raket-Dombek, DRiZ 2009, 172 (173).
709 Münch, in: NotRV 2008, S. 48.

vertraglich erfasst werden soll. Solche Ansprüche der sog. „Zweiten Spur“ könnten mitgeregelt werden beim Notar, wenn eine schnelle Abwicklung ohne gerichtliche Terminierung gewollt ist. Zudem kann der Notar in Form eines Mediators eine Atmosphäre schaffen, die verhilft, einen Vertrag schneller zu gestalten als die hoheitliche dominierte Struktur eines Gerichtsverfahrens.[710]

Verschiedene Formen einer außergerichtlichen Konfliktbewältigung unter notarieller Mitwirkung sind denkbar und haben Vorteile, etwa die außergerichtliche Konfliktbewältigung im Rahmen von § 24 Abs. 1 S. 1 BNotO. Damit ist der Notar an all seine Amtspflichten gebunden und handelt in abgeleiteter staatlicher Form. Weiterhin kann ein Notar das Ergebnis seiner Tätigkeit zugleich in eine vertraglichen Vereinbarung fassen und, sofern diese zu beurkunden ist, auch beurkunden. Ein Notar kann kostengünstiger, effizienter arbeiten und gleichzeitig einen Vollstreckungstitel schaffen.[711]

Um die Einigung zu beurkunden, muss sie der Notar nach § 17 Abs. 2 BeurkG auf ihre Wirksamkeit überprüfen und bei Zweifeln diese feststellen. Seine Tätigkeit ist somit ähnlich der eines unabhängigen Richters. Einem Richter wäre der Notar damit vorgeschaltet, ein so genannter „Richter im Vorfeld“. Ein Ablehnungsrecht hat der Notar allerdings nur in den Fällen erwiesener Unwirksamkeit. Die Kontrolle durch den Notar kann die gerichtliche Inhaltskontrolle nicht ersetzen.[712] Es besteht für den Notar aus § 17 Abs. 2 S. 2 BeurkG eine Distanzierungspflicht, dennoch kann er den Parteien seine Gerechtigkeitsvorstellungen nicht aufzwingen.[713]

Wenn der Schutz des Schwächeren nicht gewahrt wird, ist der Notar dazu angehalten, zur Verbesserung der Chancengleichheit aktiv einzugreifen.[714] Die Beteiligten werden durch die Beurkundung in ihrer Privatautonomie eingeschränkt, dennoch schafft diese Einschränkung erst die Voraussetzung zur Ausübung der Privatautonomie für besonders bedeutsame Rechtsgeschäfte, indem der Notar der mit dem Grundsatz der Privatautonomie verbundenen Gefahr der unrichtigen Rechtsgestaltung aus Rechtsunverstand begegnet. Dennoch ist eine notarielle Beurkundung nicht nur für sog. Ansprüche „Zweiter Spur“ entscheidend, die bei einer Scheidungsfolgenvereinbarung ohnehin mitgeregelt werden müssten.

Das Bundesjustizministerium hatte zunächst im Referentenentwurf (FamFG-E) ein notariell vorbereitetes Scheidungsverfahren ohne Anwaltszwang mit notarieller Verfahrenswahl vorgesehen. Damit sollten die Gerichte entlastet und der Verfahrensablauf beschleunigt und kostengünstig für die Scheidungswilligen ge-

---

710 Münch, in: NotRV 2008, S. 48.

711 Münch, in: NotRV 2008, S. 48.

712 Löwe, NJW 1974, 337 (338).

713 Braming, in: Festschrift für Helmut Heinrichs, 1998, S. 39/55; Schöttler, S. 46.

714 Schöttler, S. 46.

staltet werden. Die notwendige Einigung wäre außergerichtlich erfolgt und dem Gericht nachgewiesen worden. Dafür wäre der Anwaltszwang weggefallen.

Das notariell vorbereitete Scheidungsverfahren hätte neutrale, aber auch schlichtende und vermittelnde Funktion. Der Notar hat allerdings mehr Sachaufnahme, Vorklärung und Unterhaltsberechnungen zu betreiben im Gegensatz zu dem Fall, indem zwei Anwälte mit dem Fall betraut sind und mit einem aufbereiteten Fall vor den Notar treten.

Im Falle der anwaltlichen Vertretung von nur einem Ehegatten bei der Scheidung, die in der Praxis meist aus Kostengründen bevorzugt wird, würde eine notariell vorbereitete Scheidung dieser Asymmetrie, die meist zu Lasten des schwächeren Ehegatten geht, vorbeugen, denn vom Notar könnten beide Ehegatten vor Stellung des Scheidungsantrags rechtlich beraten werden.

Eine möglichst umfassende Einigung könnte vom Notar erzielt werden, indem er alle Scheidungsfolgen in seine Verhandlungen einbezieht. Zudem ist für die spätere gerichtliche Wirksamkeitskontrolle eine umfassende Präambel vor die Scheidungsvereinbarung zu formulieren. Dies würde zu einer Entlastung der Gerichte beitragen.

Allerdings kann eine notarielle Vereinbarung nicht den gesetzlichen nachehelichen Unterhaltsanspruch mit all seinen Kompliziertheiten aufgreifen, denn die Berechnungsprogramme sind schwierig, weil sie in vielen Komponenten Wertungsfragen beinhalten, wie z.B. überobligatorische und fiktive Einkünfte, Wohnvorteile und Billigkeit, über die der Notar nicht wie ein Richter entscheiden kann. Ein Notar sollte die Anspruchsbreite des nachehelichen Unterhaltsrechts unter Aufzeigen aller möglichen Streitpunkte ermitteln,[715] eine vertragliche Regelung entwickeln und den Vertragsparteien somit zu einer Einigung verhelfen. Somit könnten Planbarkeit und Sicherheit für die trennungswilligen Partner von dem Zeitpunkt der Trennung gewährleistet werden.

Ein Notar könnte den gesetzlichen Regelungen der §§ 1578 b, 1579 BGB effektiv vorgreifen und sie vertraglich im Sinne der Parteien regeln. Bei einer notariellen Regelung kommt hinzu, dass der Notar den Ehegatten unparteiischer gegenübersteht als zwei gegenseitige Rechtsanwälte und er für manche Regelungen sowieso hinzugezogen werden muss. Dennoch ist es nicht originär seine Aufgabe, familienrechtliche Streitigkeiten zu moderieren.

---

715 Braeuer, FPR 2007, 257 (259).

IV. Fazit

Für das nacheheliche Unterhaltsrecht und insbesondere die Härtefallklauseln sind Verträge über die Scheidungsfolgen unerlässlich. Die verstärkt individuellen Regelungen sind erforderlich, um auf die ehelichen Absprachen flexibel einzugehen. Die Rechtsprechung des Bundesgerichtshofes[716] hat sich dahingehend entwickelt, dass Umstände den Unterhaltsanspruch zunehmend beschränken können; darum besteht ein gesteigertes Interesse daran, Unterhaltszahlungen vertraglich festzulegen, die sich nicht ändern oder sich nur absehbar anpassen.

Durch vertragliche Regelungen kann den Härteklauseln gem. §§ 1578 b, 1579 BGB vorgegriffen werden. Allerdings ist das Risiko der Schlechterstellung des Schwächeren zu beachten. Bei den gesetzlichen Regelungen der Herabsetzung und/oder zeitlichen Begrenzung des nachehelichen Unterhalts werden die widerstreitenden Interessen hingegen abgewogen.

Diese Abwägung kommt bei der Scheidung „ultra-light“ sowie bei der anwaltlichen Vertretung lediglich eines Ehegatten zu kurz. Bei einem notariell begleiteten Scheidungsverfahren ist zu bedenken, dass es nicht die originäre Aufgabe eines Notars ist, familienrechtliche Streitigkeiten zu moderieren.

Als Frage stellt sich, ob nicht doch die Gerichte am ehesten befähigt sind, ein Übereinkommen zu finden, das die Interessen beider Ehegatten am besten widerspiegelt. Zu bedenken ist, dass zunächst versucht werden sollte, eine außergerichtliche Regelung zu treffen, bei der die Ehegatten gleichermaßen mitwirken. Denn nur die Ehegatten haben Einblick in die geführte Ehe, ihre Vorstellungen und Pläne. Die Gerichte müssen bei dieser Feststellung in die Privatsphäre der Ehegatten empfindlich eindringen.

F. Lösungsansatz: Kommunikation und Mediation

Ein Ansatz für eine außergerichtliche Lösung ist die Kommunikation und Mediation. Den Ehegatten sollte besonders daran gelegen sein, dass sie für den nachehelichen Unterhalt eine außergerichtliche Regelung finden. Die Gerichte müssen bei einer Herabsetzung oder zeitlichen Begrenzung in die Privatsphäre eindringen. Zudem können sie keine Zukunftsprognose sicher treffen. Doch auch diese Probleme stellen sich bei der Kommunikation und der Mediation. Oftmals ist es schwer für die Ehegatten, nach einer Ehe eine Lösung für die nachehelichen Folgen und insbesondere den nachehelichen Unterhalt zu finden. Ebenso wie bei § 1578 b BGB ist es wohl auch für die Ehegatten unmöglich, eine Zu-

716 BGH, FamRZ 2006, 683 ff.; DNotl-Report 2008, 78.

kunftsprognose zu treffen, dennoch haben sie am ehesten Einblick in deren Pläne und in die geführte Ehe.

Wenn ein Konflikt vor Gericht gebracht wurde, lässt sich der Streitgegenstand leicht bestimmen, weil rechtlich nur ein Ausschnitt betrachtet wird. Der Konflikt wurde zum Anspruch, den es nun durchzusetzen oder abzuwehren gilt. Vernachlässigt wird dabei ein erheblicher Teil an sozialen Beziehungen sowie das Handeln der Parteien und die Vergleichsbemühungen.[717]

Die Begrenzung oder Befristung des nachehelichen Unterhaltsanspruchs muss im Lichte sozialer Aspekte betrachtet werden. Vielmehr ist schon im Vorfeld einer Eskalation vor oder nach der Scheidung, die vor Gericht führt, einzugreifen und eine gemeinsame Regelung zu finden, die den Interessen beider Ehegatten entspricht.

Es gilt an einem früheren Zeitpunkt anzusetzen, um eine Einigung zu schaffen und eine gerichtliche Entscheidung zu vermeiden. Kommunikation, Mediation und das Schließen von Vergleichsverträgen eignet sich in besonderem Maße für Regelungen des nachehelichen Unterhalts, vor allem seine Begrenzung in Höhe und Dauer.

Der Begriff „Konflikt“ leitet sich von dem lateinischen Begriff „conflictus“ ab. „Conflictus“ bedeutet Zusammenstoß. Synonyme für den Begriff „Konflikt“ sind Auseinandersetzung, Spannung, Streit, Uneinigkeit und Verstimmung.[718]

Im Gegensatz dazu zielt das moderne Konfliktmanagement auf eine „win-win“-Situation, interpretiert den Konflikt und setzt die Mediation ein als Chance zur Nutzung der Kräfte bzw. der Synergie.

Zu bedenken ist, dass ein drohender Verlust – hier in Form des Unterhaltsanspruchsverlustes oder der Auferlegung der Unterhaltslast – Risikobereitschaft erfordert. Dem Verlust kommt ein stärkeres Gewicht zu als einer Gewinnmöglichkeit gleichen Ausmaßes. Ein guter Kooperationsvorschlag der einen Partei, der Verluste reduziert, statt Gewinne zu verteilen, und eine Entscheidung fordert, kann daher von der anderen Partei als nachteilig gewertet werden. Hohe Erwartungen führen zu negativen Ausgangshaltungen für die Bewertung der Angebote der Gegenseite. So birgt ein Kooperationsversuch auch die Gefahr, dass jede Partei risikoorientiert den Verlust vermeiden will und die Standpunkte bei einer Unterhaltsregelung somit noch weiter auseinanderdriften.[719]

In einer Konfliktsituation halten gemeinhin beide Parteien ihre eigene Auffassung für adäquat.[720] Die darauf beruhende, zu optimistische Sicht von der even-

717 Breidenbach, Mediation, S. 37.

718 Duden „Konflikt“ (http://www.duden.de/definition/konflikt; Stand: 15.2.2010).

719 Breidenbach, Mediation, S. 77 ff.

720 Mähler/Mähler, Mediation, S. 4.

tuellen Entscheidung vor Gericht lässt die Parteien in die Durchsetzung ihrer Position vertrauen und an ihrer Ansicht festhalten. Keiner der Parteien will nachgeben, der Kooperationsgewinn ist gehindert, die Positionen der Parteien formen sich und es läuft auf eine gerichtliche Auseinandersetzung hinaus. Um letztere zu vermeiden, wird versucht, von vornherein der Überschätzung des eigenen Urteilsvermögens entgegenzuwirken und den Parteien eine realistische Sicht ihrer Position zu vermitteln.[721]

Im Gegensatz zum kompetitiv geprägten gerichtlichen Verfahren könnte ein kooperativer Ansatz andere Lösungen mit den Parteien zur Regelung des nachehelichen Unterhalts finden. Durch Austausch von Interessenpositionen lassen sich Kooperationsgewinne erlangen. Wenn die Parteien sich um eine Interessenlösung bemühen, schwingt immer auch der „Schatten des Rechts“ („Bargaining in the shadow of the law“)[722] mit, d.h. dass die Gerichte durch die Möglichkeit einer bevorstehenden Gerichtsverhandlung einen indirekten Einfluss auf die Vertragsverhandlungen haben[723]. Dabei schafft oft eine Drohung mit gerichtlichen Konsequenzen erst die Basis für die Verhandlungsbereitschaft der Parteien.[724]

Bei einer Scheidung wollen die Partner zwar die Probleme in der Ehe nicht mehr lösen, sondern sich voneinander distanzieren. Doch auch diese Distanzierung bedarf der Kommunikation, denn es gilt, die Folgen einer Scheidung zu regeln.

I. Kommunikation

Beziehungsstörungen sind im alltäglichen Leben an der Tagesordnung. Beim Scheitern einer Ehe hat die Fähigkeit gefehlt, mit derartigen Störungen umzugehen und zwischenmenschlich auszukommen. Entscheidend für den nachehelichen Unterhalt und insbesondere für die Härteklauseln ist es, trotz dieser Störungen für beide Partner Regelungen zu finden, wobei eine richtige Kommunikation helfen kann.[725]

Konflikte sind der Höhepunkt von verdeckten Ursachen. Daher ist die Ursachenebene zu betrachten, um Gefühle zu ergründen, die in ein Konfliktgespräch

721 Breidenbach, Mediation, S. 77 ff.

722 Mnookin/Kornhauser, Bargaining in the Shadow of the Law – The Case of Divorce, Yale Law Journal, S. 950 ff. (1979).

723 Bimer, Das Multi-door Courthouse, S. 37.

724 Breidenbach, Mediation, S. 104 f.

725 Die folgenden Ausführungen entstammen dem Buch von Friedemann Schulz von Thun, S. 198 ff.

einfließen. In Form eines verhandlungsähnlichen Gesprächs werden die Gefühle ergründet, wo aus der Klärung der Gefühle konkrete Wünsche oder Appelle abgeleitet werden. Wenn man diese Gefühle ergründet und ausgesprochen hat, lösen sie wiederum bei dem Partner Gefühle aus, die die Beziehung auch ohne Abmachung und planvolles Eingreifen ändern.

Beziehungsklärungen sind heikel und unüblich. Eine neutrale Person sollte helfen, die atmosphärischen Bedingungen zu schaffen und die Ebenen zu entflechten, indem sie zu expliziten Beziehungsaussagen ermutigt, versteckte Ich-Botschaften hervorholt und eine Hilfestellung dazu gibt, Wünsche und offene Appelle auszudrücken.

Ursachen für Kommunikationsstörungen sind unausgedrückter Groll, verborgene Verletztheit, vermiedene Auseinandersetzungen, scheinheilige Diplomatie, feindseliger Zank, kleinliche Nörgelei und harte Argumentationskämpfe auf der falschen Ebene. Die Sachlichkeit kann nicht mehr vorliegen, wenn Sachgespräche mit „Beziehungs-Stecknadeln" gespickt sind und dadurch Spannung aufgebaut wird. Jede Ausssage wird als besserwisserisch, feindselig, als Rechtfertigungsversuch oder als Angriff ausgelegt. Wenn diese Verflochtenheit zwischen Sach- und Beziehungsebene zum Dauerzustand in einer Beziehung geworden ist, sollte man die Sachauseinandersetzung für eine Weile vermeiden und eine explizierte Beziehungsklärung vornehmen.

Wenn man die Kommunikation im Hinblick auf Konfliktsituationen analysiert, kann man viele Missverständnisse schon im Vorfeld einer solchen Regelung erkennen und vermeiden. Die Art und Weise des Kommunizierens ist dabei entscheidend. Teilweise ist es dem Sprechenden nicht bewusst, was er mit seinen Aussagen beim Empfänger auslöst. Die Interpunktion wird nicht mitgesprochen, sodass viel Raum zur Interpretation bei der anderen Partei bleibt und die Sequenzen ganz anders verstanden werden.

Dabei ist zu bedenken, dass eine gewisse Bereitschaft zur Kommunikation für eine erfolgreiche Konfliktlösung vorhanden sein muss. Es ist fraglich, ob geschiedene Ehegatten, die ihre Probleme in der Ehe nicht lösen konnten, nun eine Einigung in Bezug auf die Regelungen nach der Scheidung erzielen können.

Eine gemeinsam erarbeitete Lösung für den nachehelichen Unterhalt ist jedoch wohl effektiver und akzeptierter als eine einseitig von der Rechtsprechung auferlegte Regelung des nachehelichen Unterhalts und den Verwirkungsgründen.

II. Mediation

Die Mediation wird zunehmend, auch in der juristischen Ausbildung, angenommen.[726] Bislang bestanden keine gesetzlichen Regelungen zur Mediation und zum Mediationsverfahren. Dies soll sich mit dem Inkrafttreten des Gesetzes zur Reform des Verfahrens in Familiensachen und in den Angelegenheiten der freiwilligen Gerichtsbarkeit (FGG-Reformgesetz – FGG-RG) ändern.[727]

Mediation ist ein Weg, Konflikt durch Verhandeln zu lösen. Streitige Fragen können verbindlich geregelt werden. Die Mediation ist das vertrauliche Konfliktregelungsverfahren, bei dem streitende Parteien freiwillig und eigenverantwortlich eine einvernehmliche Lösung anstreben.[728]

So können auch Fragen des nachehelichen Unterhalts individuell geregelt werden, ohne dass auf die gesetzlichen Härtegründe zurückgegriffen werden muss und die Justiz durch die unklare Begrifflichkeit in die Privatsphäre der Beteiligten eindringt.

1. Eignung der Mediation

Zur Konfliktregelung bedarf es Offenheit und Ehrlichkeit, damit sämtliche, für das jeweilige Thema erforderlichen Informationen wechselseitig offengelegt werden.

Fraglich ist, ob eine Scheidung diese Voraussetzungen bietet. In den meisten Fällen ist wohl davon auszugehen, dass eine Partnerschaft zu dem Zeitpunkt einer Scheidung der Offenheit und Ehrlichkeit entbehrt. Die ehemaligen Ehegatten sind zumeist nach einer Scheidung Gegner, ihr Verhalten im Konflikt ist voneinander abhängig und reaktiv.

Dennoch hat die Mediation Methoden entwickelt, auch mit solchen verhärteten Positionen umzugehen. So werden z.B. zunächst Verletzungen aufgearbeitet, bevor Zukunftsinteressen erarbeitet werden. Es wird die Verständigungsdynamik beachtet und ein Weg gefunden, aus der Kommunikation, Kooperation und Integration Werte zu schaffen. Die Parteien sollen dazu gebracht werden, sich unab-

---

726 Schöbel, JuS 2000, 372 ff.

727 BMJ(http://www.bmj.bund.de/enid/5b52a6cc0cb472ab3c55e47fa8d6ce97,c1b2c85f747263696 4092d 0935323933/Mediation_-_au_ergerichtliche_Streitbeilegung/Mediation_als_Verfahren_ konsensualer_ Streitbeilegung_1iq.html; Stand: 28.7.2009).

728 Fröhlich, in: Scholz/Stein, Teil E, Rdnr. 25; BMJ (http://www.bmj.bund.de/enid/5b52a6cc 0cb472ab3c55e47fa8d6ce97,c1b2c85f 7472636964092d0935323933/Mediation_-_au_ergericht liche_Streitbeilegung/Mediation_als_Verfahren_ konsensualer_Streitbeilegung_1iq.html; Stand: 28.7.2009); Tochtermann, JuS 2005, 131 (131).

hängig und proaktiv zu verhalten, damit eine Lösung gefunden werden kann, die beide Standpunkte gleichermaßen vereint.[729]

Die Methode ist dabei, die Überschneidungspunkte oder Gemeinsamkeiten zu analysieren und Konfliktherde auszufiltern. Regelungsvorschläge werden vorgebracht und diskutiert. Teilweise werden auch direkte Verhandlungen vermieden und Einzelgespräche geführt, damit sich die Parteien nicht als Kontrahenten in der direkten Diskussion entgegenstehen.[730] Mediation ist sicherlich nicht für jeden Fall geeignet, sondern stellt neben anderen Methoden eine sehr geeignete Art und Weise der Konfliktbewältigung dar. Kenntnisse über Mediation sind in jedem Fall nützlich und gehören wohl zur anwaltlichen Praxis, insbesondere im Familienrecht.

Die Vorteile der Mediation liegen in der individuellen Beachtung der Standpunkte der beteiligten Parteien, der Vermeidung von einseitiger Standpunktaufgabe, der Erhaltung einer Basis für den nachehelichen Umgang, der Abwicklung in einer neutralen Umgebung durch eine neutrale dritte Person, geringer Gefahr durch Beeinflussung und der individuellen Berücksichtigung der Auffassungen und Wertevorstellungen des ehemaligen Ehepaares.

2. Mediationsverfahren im Vergleich zum Gerichtsverfahren

Mediation folgt einem kooperativen Ansatz, um einen Konflikt zu lösen. Dagegen hat das gerichtliche Verfahren eher einen kompetitiven Ansatz. Gegenüber stehen sich normatives Positionsdenken des gerichtlichen Verfahrens, bedürfnis- und leistungsbezogenes Interessendenken der Mediation, richterliche Drittentscheidung, persönliches Aushandeln, anwaltlich delegiertes Parteienmodell und kooperatives Verhandeln.[731]

Gerade für eine Regelung über den nachehelichen Unterhalt und insbesondere die Härteklauseln ist ein kooperativer Ansatz förderlich, um eine gemeinsame Lösung zu erarbeiten und damit die individuelle Ehegestaltung nachehelich auszugleichen.

Im Vergleich zum Gerichtsverfahren betrachtet die Mediation einen Konflikt zwischen zwei Parteien aus einem anderen Blickwinkel. Im Rahmen eines gerichtlichen Verfahrens wird der Konflikt auf der Basis des materiellen Rechts und des Verfahrensrechts durch ein Urteil gelöst. Der Konflikt wird vor Gericht zu einem „Rechtsstreit". Die Parteien müssen rechtliche Positionen annehmen, um der Justizförmigkeit des Zivilprozesses zu genügen. Rechtsnormen sind ab-

---

729 Tochtermann, JuS 2005, 131 (132 ff.).

730 Tochtermann, JuS 2005, 131 (132 ff.).

731 Mähler/Mähler, in: Krabbe, S. 154.

strakt, um eine Vielfalt von Lebenssachverhalten zu erfassen. So wird auch der individuelle Konflikt abstrahiert.[732]

Wie die Mediation hat auch die Rechtsordnung Instrumentarien, wie die Einzelfallabwägung, um auf individuelle Konfliktsituationen einzugehen. Dennoch wurde aufgezeigt, dass oft die Begriffe zu abstrakt sind. Es muss in die privatesten Angelegenheiten der Parteien eingedrungen werden, um Indizien zu finden. Die Mediation arbeitet mit den Parteien an sich. Mit ihnen und ihren Informationen soll eine Lösung gefunden werden, ohne sich auf rechtliche Begriffe zu versteifen.

Allerdings löst sich die Mediation nicht gleichsam vom Recht. In der Mediation gefundene Regelungen für den nachehelichen Unterhalt und dessen Verwirkungsgründe können mit potentiellen Urteilen verglichen und somit bewertet werden. Wenn die Verhandlungen scheitern, folgt der Weg zum Gericht. Mediation sollte als Chance zur individuellen Einigung, die die Ehegatten selbst gestalten, begriffen werden.

III. Fazit

Die Ursachen oder die Entstehung von Konflikten sind äußerst vielfältig. Darum gilt es, individuell lösungsorientiert bei Konflikten zu vermitteln. Kommunikation zwischen den Ehepartnern kurz vor oder nach der Scheidung kann eine zukunftsorientierte Lösung für die Folgen einer Scheidung erreichen.

Gerade für die Regelungen des nachehelichen Unterhalts und der Härteklauseln kann durch die Mediation auf die individuellen Vorstellungen der ehemaligen Ehegatten, insbesondere bezüglich der Ausgestaltung der Ehe, eingegangen werden.

Allerdings sollte die Mediation differenziert dargestellt werden.[733] Sie eignet sich für Konflikte, bei denen die Parteien eine gewisse Einigungsbereitschaft mitbringen, und ist als Chance zu begreifen, eigene individuelle Lösung zu finden. Dem gerichtlichen Verfahren wird vorgegriffen, es kann allerdings nicht ersetzt werden. Das Einigungsverfahren bewegt sich in den gesetzlichen Grenzen. Wenn jedoch keine Einigung erzielt wird, ist das Gerichtsverfahren unumgänglich.

Besonders relevant ist die Mediation im Rahmen der Härteklauseln. Gerade zur Bestimmung der Rechtsbegriffe ist sie hilfreich, denn individuelle Vorstellungen der Parteien können durch die Mediation ergründet werden und somit

732 Tochtermann, JuS 2005, 131 (131 f.).

733 Bergschneider, FamRZ 2000, 77.

festgelegt werden. Der Unterhalt kann damit aufgrund Vorstellungen begrenzt werden, die in der Ehe vorgeherrscht haben.

3. Teil: Schlussbetrachtung

Die Unterhaltsbelastung hat für den Pflichtigen deutlich kumulativ zugenommen. Zum einen wird das Kindergeld anteilig in den unteren Einkommensgruppen der Düsseldorfer Tabelle angerechnet, zum anderen hatte die Abkehr von der Anrechnungsmethode bei Arbeitsaufnahme des Unterhaltsberechtigten nach Trennung und Scheidung zur Folge, dass sich der Unterhaltsanspruch nur noch um die Hälfte der Einkünfte des Berechtigten mindert.[734] Auch die Härteklauseln der §§ 1578 b und 1579 BGB können diese gesetzlichen Lücken nicht ausgleichen, zumal sie ihrerseits an weitere Voraussetzungen anknüpfen.

Bei Ehegatten mit geringerem Einkommen wird in der Regel der Bedürftige arbeiten müssen, weil die Unterhaltsleistungen nicht ausreichen, um sein Lebensunterhalt ganz zu finanzieren. Bei den Spitzenverdienern werden die Unterhaltszahlungen voll und ohne große Mühen abgeleistet werden können. Relevant werden die Unterhaltsregelungen daher vor allem in der Mittelschicht. Der „Rückfall" des Bedürftigen auf eine nicht angemessene Erwerbstätigkeit kommt dabei besonders zum Tragen.[735]

Zudem darf auch das Sozial- und das Steuerrecht, die mit dem nachehelichen Unterhaltsrecht verzahnt sind, nicht außer Acht gelassen werden, um die gesellschaftspolitisch erforderlichen Maßnahmen für wirtschaftliche Unabhängigkeit der Ehegatten zu ermöglichen.

Anhand einzelner herausgearbeiteter Aspekte sollen zum Schluss die ausgewählten Problemstellungen der Härteklauseln (§§ 1578 b, 1579 BGB) nach der Unterhaltsrechtsreform 2008 betrachtet werden.

A. Europäischer Vergleich

Für die Schlussbetrachtung kann man das Modell für die Begrenzung des Unterhaltsanspruchs in Deutschland im europäischen Vergleich betrachten.

Im niederländischen Modell ist bei einer kinderlosen Ehe vorgesehen, dass der Unterhaltsanspruch eine der Ehedauer angemessene Zeitspanne einnimmt, die zeitlich auf maximal fünf Jahre begrenzt ist. Die Höchstgrenze bei einer Ehe, aus

734 Grandel, FF 2004, 237 (237 f.).
735 Deubner, ZRP 1972, 153 (154).

der Kinder hervorgegangen sind, ist auf zwölf Jahre zu setzen. Der Grundsatz, dass der Unterhaltsberechtigte selbst für seinen Unterhalt sorgen kann, wenn das jüngste Kind ein entsprechendes Alter erreicht hat, ist dabei zu beachten. Bei der Befristung kann die Möglichkeit festgelegt werden, dass sie nachträglich verlängert wird, wenn sie sich als unangemessen erweisen sollte.[736]

Viele europäische Rechtsordnungen enthalten eine Befristung des nachehelichen Unterhalts, wie z.B. Griechenland, wo bei Arbeitslosigkeit ein Unterhaltsanspruch von höchstens drei Jahren vorgeschrieben ist,[737] Polen, wo fünf Jahre Unterhaltsanspruch gegen den nicht allein schuldigen Ehegatten festgelegt sind,[738] und Skandinavien, wo in Dänemark zehn Jahre als Höchstgrenze für den Unterhaltsanspruch gelten und in Norwegen die Höchstgrenze bei drei Jahren liegt.[739]

Eine Ähnlichkeit der europäischen Unterhaltsbegrenzungen besteht zu den Abfindungszahlungen in Frankreich. Wenn die „prestation compensatoire" (Abfindungszahlung) nicht in einem Betrag gezahlt werden kann, können für einen Zeitraum von acht Jahren Raten festgesetzt werden.[740]

Auch die Kommission für Europäisches Familienrecht empfiehlt als Regelfall in den „Prinzipien zum europäischen Familienrecht" eine zeitliche Begrenzung des nachehelichen Unterhalts.[741]

Eine Begrenzung des nachehelichen Unterhaltsanspruchs soll in Deutschland mit der Einführung des § 1578 b BGB und den Änderungen des § 1579 BGB gefördert werden durch die Unterhaltsrechtreform 2008. Der lebenslange Unterhaltsanspruch soll nur in Ausnahmefällen gewährt werden.

Ein ehebedingtes Ungleichgewicht in Bezug auf die wirtschaftliche Situation ist nicht nur bei der Erwerbsfähigkeit auszugleichen, sondern auch beim erworbenen Vermögen und der Altersvorsorge. Im Wege der getrennten Ausgleichsmechanismen (Unterhalt, güterrechtlicher Ausgleich und Versorgungsausgleich) werden die ehebedingten Nachteile versucht auszugleichen, wobei diese im Rahmen einer Ausgleichsform nicht über eine andere ausgeglichen werden können. Einfacher wäre eine Möglichkeit eines einheitlichen generellen finanziellen Ausgleichs nach der Scheidung der Ehe, wie es im englischen Recht[742] vorgese-

736 Schürmann, FPR 2005, 492 (496).

737 AnwK-BGB/Galanulis, Länderbericht Griechenland, Rdnr. 32.

738 AnwK-BGB/Ludwig, Länderbericht Polen, Rdnr. 28.

739 AnwK-BGB/Ring/Olsen-Ring, Länderbericht Skandinavien, Rdnr. 39 f.

740 Schürmann, FPR 2005, 492 (496).

741 Pintens, FamRZ 2005, 1597 (1603); Brudermüller, FF 2002, 37 (38); Scholz, FamRZ 2003, 265 (271 f.); Willutzki, in: Festschrift für Schwab, S. 730.

742 Brudermüller, S. 178, Fn. 534, zitiert: englisches Recht: Secs. 23, 24, 25 Matrimonial Causes Act 1973.

hen ist. Es genügt nicht, das Verhältnis von Solidarität und Verantwortung im nachehelichen Unterhalt neu festzulegen. Die Ausgleichsmechanismen müssen vielmehr umfassend reformiert werden.

B. (Un-)Zumutbarkeit i.S.d. § 1579 Nr. 2 BGB

Die neue gesetzliche Rechtslage ist unklar. Die Reform arbeitet mit einer Vielzahl von unbestimmten Rechtsbegriffen, wie Billigkeit u.a. Sachliche Kontroversen werden damit angereichert und unterschiedliche Interpretationen des neuen Rechts generiert. Das Unterhaltsrechtsreformgesetz selbst ist das Ergebnis eines politischen Kompromisses und bietet vielfach Raum für sehr unterschiedliche Interpretationen.[743]

Fraglich ist, welche Maßstäbe man für die Zumutbarkeit bzw. die Unzumutbarkeit findet.

Deubner[744] erläuterte 1972 das Problem der Bestimmung der Zumutbarkeit bzw. Unzumutbarkeit folgendermaßen: Den Pflichtigen trifft das volle Unterhaltsrisiko auch dann, wenn der Bedürftige die Ehe aufgegeben hat und er an der Ehe festhalten wollte. Die Unbilligkeit besteht dabei darin, dass die Gleichbehandlung der Ehegatten sich nicht in der Regelung der Anspruchsvoraussetzungen und in der Bemessung des Unterhalts niederschlägt. Das Maß des Unterhalts bestimmt sich nach den ehelichen Lebensverhältnissen (§ 1578 Abs. 1 S. 1 BGB). Der Pflichtige muss den von ihm geschaffenen sozialen Status dem Berechtigten erhalten, wohingegen dieser nicht jede mögliche, sondern nur die ihm angemessene Erwerbstätigkeit ausüben muss (§ 1575 Abs. 1 BGB).

Als Beispiel könnte also eine Frau, die nicht auf dem Niveau des Mannes beruflich tätig sein kann, weil ihre Fähigkeiten oder ihre Energie dafür nicht ausreicht, wenn sie längere Zeit verheiratet waren (bedingt dadurch, dass eheliche Verhältnisse mit zunehmender Dauer der Ehe an Gewicht gewinnen), den Mann bis an ihr Lebensende in Anspruch nehmen, auch wenn er an dem Scheitern schuldlos ist.[745]

Es wird zwar nicht mehr auf die Schuld abgestellt, aber nun arbeitet der Mann und finanziert die Frau, obwohl sie in einer neuen Partnerschaft lebt. Der Mann muss vielleicht sogar noch den neuen Freund seiner Exfrau mitfinanzieren und kann deshalb keine eigene neue Familie aufbauen. Auf diese Konstellation legt

743 Schwab, in: NotRV 2008, S. 68 (71 ff.).
744 Deubner, ZPR 1972, 153 (154).
745 Deubner, ZPR 1972, 153 (154).

die Reform des Unterhaltsrechts einen Schwerpunkt, indem sie die verfestigte Lebensgemeinschaft im Gesetz in § 1579 Nr. 2 BGB festgeschrieben hat.

Unzumutbar ist es i.S.d. § 1579 Nr. 2 BGB für den Pflichtigen, die Unterhaltslast zu tragen, wenn der geschiedene Ehegatten in einer neuen verfestigten Lebensgemeinschaft lebt. Dagegen ist es auch unzumutbar, nach einer langen Ehe, in der man sich für die Familie aufgeopfert und seine Bedürfnisse zurückgestellt hat, auf staatliche Unterstützung angewiesen zu sein, obwohl der pflichtige Ehegatte die finanziellen Mittel des Unterhalts aufbringen könnte.

Vor der Unterhaltsrechtsreform wurden die Fälle einer neuen Lebensgemeinschaft unter der Auffangklausel des § 1579 Nr. 7 BGB a.F. behandelt. Die Festschreibung der verfestigten Lebensgemeinschaft in § 1579 Nr. 2 BGB trägt zwar zur Klarheit und Verdeutlichung bei, dennoch bleibt die Anwendung schwierig, weil keine einheitlichen Maßstäbe festgelegt wurden.

C. Ehebedingte Nachteile i.S.d. § 1578 b BGB

Ein modernes, rechtlich begründetes Unterhaltsrecht basiert auf der Annahme, dass nach der Scheidung nur solche Unterhaltsansprüche gerechtfertigt sind, die ehebedingte Nachteile auszugleichen, also Nachteile, die ohne Eheschließung und die während des Bestehens der Ehe praktizierte, gemeinsam zu verantwortende Aufgabenteilung und tatsächliche Lebensgestaltung nicht eingetreten wären.[746]

Das Unterhaltsrecht sollte durch die Begründung des nachehelichen Unterhalts mit dem Ausgleich der ehebedingten Nachteile vereinfacht werden. Die Vielzahl von Unterhaltstatbeständen und Einsatzzeitpunkten wurden mit der Einführung des § 1578 b BGB kombiniert. Nun bietet eine Vorschrift die Möglichkeit einer Begrenzung und Befristung des nachehelichen Unterhaltsanspruchs. Der Anspruch auf Ausgleich ehebedingter Nachteile umfasst jeden finanziellen Nachteil und somit auch die bisher unter den Vertrauensschutz subsumierten Fälle.[747] Das bloße Vertrauen in den dauerhaften Fortbestand der ehelichen Lebensverhältnisse wird nicht mehr geschützt, denn in der Rechtsprechung sollte zunehmend auf die ehebedingten Nachteile und deren Ausgleich abgestellt werden. Grundsätzlich ist eine Befristung auch bei einer Ehe von langer Dauer nicht mehr abzulehnen.[748]

---

746 Brudermüller, S. 168 ff.

747 Schumann, FF 2007, 227 (233 Fn. 26).

748 Brudermüller, S. 168 ff.

Ob der Gesetzgeber allerdings dem angestrebten Ziel, nämlich der Abkehr vom unbefristeten Unterhalt als Regelfall, mit der Einführung des § 1578 b BGB entspricht, bleibt fraglich. Es bedarf klar gesetzlich geregelter Fristen als Orientierungsrahmen, die die Rechtsanwendung für die Gerichte erleichterten und der Willkür entgegenwirkten.

Im Einzelfall kann abgewogen werden, ob eine kürzere Frist zulässig ist. Die Härtefallklausel bietet die Möglichkeit der Angemessenheitsprüfung, um unbillige Ergebnisse zu vermeiden. Dem Grundsatz der Eigenverantwortung wird Geltung verliehen. Der Bedürftige steht in der Pflicht, Gründe hervorzubringen, um weiterhin Unterhalt zugestanden zu bekommen.[749]

Allerdings ist bei der Befristung und Begrenzung nach § 1578 b BGB weniger auf Fristen zu drängen, sondern auf die Bestimmung der ehebedingten Nachteile. Wenn Fristen sich z.B. nach der Dauer der Ehe bestimmen würden, wäre zu beachten, dass eine Ehe von langer Dauer nicht zwangsläufig ehebedingte Nachteile bedingt, sodass aus einer langen Ehe nicht lebenslanger Unterhalt folgen muss. Es läuft wohl darauf hinaus, dass keine allgemeingültigen Fristen festgelegt werden können und die Entscheidung in jedem Einzelfall im Hinblick auf die ehebedingten Nachteile individuell zu treffen ist. Allerdings sind die derzeitigen arbeitsmarkt-, wirtschafts- und gesellschaftspolitischen Rahmenbedingungen zu bedenken, sodass ein Erwerbsverzicht während der Ehe schwerlich durch einen eingeschränkten nachehelichen Unterhalt ausgeglichen wird.

Alle Unterhaltsansprüche können durch § 1578 b BGB befristet oder der Höhe nach begrenzt werden. Unter stärkerer Betonung der ehebedingten Nachteile, aber innerhalb des bestehenden Systems nachehelicher Unterhaltsansprüche sind der Bestand und der Umfang durch das Regulativ nicht verändert. Mit der Neueinführung des § 1578 b BGB können zwar die Folgen des ausufernden, nicht mehr zeitgemäßen Unterhaltsrechts in einigen Fällen eingegrenzt werden, die Ursachen der Reformbedürftigkeit der anspruchsbegründenden Normen bleiben aber auch nach der Unterhaltsrechtsreform 2008 bestehen.

D. Ist die Befristung und Begrenzung des Unterhaltsanspruchs in der Höhe eine zeitgemäße Form?

Die Frage ist, ob die Befristung und Begrenzung des Unterhaltsanspruchs in der Höhe eine zeitgemäße Form ist.

Lebenslange Verpflichtungen gibt es ausschließlich im Schadensersatzrecht oder im Unterhaltsrecht, bei allen übrigen rechtlichen Verbindungen im Zivil-

749 Schürmann, FPR 2005, 492 (496).

recht sind bei der Beendigung langfristiger Beziehungen Übergangsregelungen vorgesehen, welche dem bisherigen Partner eine Anpassung seiner persönlichen Verhältnisse an die neue Situation ermöglichen und eine gewisse Transparenz erzeugen.

Auf der einen Seite hat der Pflichtige eine Verantwortung für seine ursprünglich eingegangene Verpflichtung durch das Eheversprechen dem Berechtigten gegenüber und auf der anderen Seite steht die Obliegenheit des Bedürftigen, seinen Lebensbedarf eigenständig zu erwirtschaften. Um der Obliegenheit der Eigenverantwortung nach der Ehe realistisch nachzukommen, muss der Grundsatz der Eigenverantwortung allerdings schon während der Ehe bestehen.

Man soll die mit dem Scheitern der Ehe verbundenen Zukunftsrisiken auch während der Ehe nicht verdrängen und seine gemeinsame Lebensführung in der Ehe danach gestalten. Dies ist zumeist nur dann der Fall, wenn beide Ehegatten durch eigenes Einkommen zum Familienunterhalt beitragen und somit eine nachhaltige Verschlechterung ihres Einkommens nach der Scheidung vermeiden. Wenn ein Ehegatte erst nach der Scheidung wieder erwerbstätig wird, reicht das Einkommen in den meisten Fällen nicht aus, um den Lebensbedarf selbstständig erwirtschaften zu können. Eine Pause während der Erwerbstätigkeit kann oft durch Unterhaltszahlungen nicht kompensiert werden, denn die Nachteile, die durch eine Pause entstehen, sind schwerlich messbar. Sozialleistungen sollen nicht als Ersatzeinkommen einspringen, das gesellschaftliche Modell soll sich vielmehr dahingehend entwickeln, dass neben einem kurzen Erziehungsurlaub besonders die Kinderbetreuung gefördert wird.[750]

Ein grundlegender Wandel muss dahin gehen, dass beide Ehepartner erwerbstätig sind. Dieses grundlegende Muster ist auch in den unterhaltsrechtlichen Tabellen wiederzufinden, die als wirtschaftliche Basis der eigenen Existenz an die Erwerbstätigkeit anknüpfen.[751] Das Leitbild des allein verdienenden Ernährers ist gesellschaftlich überholt und somit auch der unbefristete Unterhaltsanspruch. Allerdings müssen auch die gesellschaftlichen Rahmenbedingungen, wie ein Arbeitsplatz und Kinderbetreuung, dafür vorliegen.

In der Realität verlieren die an einen Arbeitgeber gebundenen „Normalarbeitsverhältnisse“ zunehmend an Bedeutung. Als Folge davon überfordert der Gesetzgeber den Unterhaltspflichtigen damit, dass er ihm dauerhaft die alleinige Verantwortung zuweist, das nicht ausreichende Einkommen seines früheren Ehegatten auszugleichen.[752]

---

750 Schürmann, FPR 2005, 492 (495).
751 BT-Drucks. 7/650, S. 121.
752 Schürmann, FPR 2005, 492 (495).

Nach einer Scheidung soll die Verantwortung des Pflichtigen sich im Laufe der Zeit verringern und die Eigenverantwortung des Bedürftigen steigen, sodass früher oder später der Bedürftige für sein Leben selbst sorgen kann. Diesen Balanceakt zu regeln, ist Aufgabe des Unterhaltsrechts. Der Bedürftige begibt sich in eine Passivität, wenn er sich der Verantwortung für seine eigene Lebensführung durch Unterhaltszahlungen entzieht.[753]

Empirische Untersuchungen belegen, dass in erster Linie Frauen von den wirtschaftlichen Folgen von der Scheidung betroffen sind. Zwei Jahre nach der Trennung hatten Frauen ein Drittel weniger Einkommen zur Verfügung als in der Ehe. Dabei ist die Gefahr, wirtschaftlich Verluste zu erleiden, am größten bei Frauen mit kleinen Kindern, die nach der Trennung alleinerziehend sind und während der Ehe nicht oder nur geringfügig erwerbstätig waren.[754]

Zwar ist die weibliche Erwerbstätigkeit durch den sozialen Wandel viel selbstverständlicher als noch in den Siebziger Jahren, dennoch stellt heutzutage die hohe Arbeitslosenrate ein nicht zu unterschätzendes Problem dar. Eigenverantwortung nach der Ehe funktioniert nur nahezu reibungslos, wenn beide Ehepartner eigenständiges und dem anderen gleichkommendes Einkommen haben.

Die Vorstellung von Gerechtigkeit in der ehelichen Rollenverteilung ist der nüchternen Einsicht gewichen, dass das System des Unterhalts die Nachteile, die in der Ehe entstanden sind, nicht ausgleicht. Der Ausgleich wird sogar vereitelt, weil viele Frauen während des Zusammenlebens der Illusion der Absicherung im Scheidungsfall erliegen. Eine Existenzsicherung wird nicht durch gut gemeinte Fiktionen, sondern durch individualisierte monetäre Fakten erreicht.[755]

Man könnte sich auf den Standpunkt stellen, dass das Eheversprechen allein die zukünftige Versorgung für den wirtschaftlich schwächeren Partner sichert, denn die Ehe ist auf Lebzeit angelegt. Daher könnte das Institut der Ehe nicht mit dem Grundsatz der Eigenverantwortung vereinbar sein.

Dagegen ist anzuführen, dass durch die Möglichkeit der Scheidung eine Ehe nicht bis ans Ende des Lebens bestehen muss und somit auch eine Versorgung bis an dieses nicht gewährleistet werden sollte, insbesondere wenn keine Nachteile durch die Ehe entstanden sind.

Die Ehe sollte jedoch nicht in eine Passivität führen, denn im Grundsatz hat jeder Ehegatte eigenverantwortlich für seinen Lebensunterhalt zu sorgen. Diese Vorstellung wird jedoch dann in der Umsetzung schwierig, wenn Kinder aus der Ehe entstehen.

---

753 Schürmann, FPR 2005, 492 (495).

754 Berghahn/Wersig, FPR 2005, 508 (509).

755 Berghahn/Wersig, FPR 2005, 508 (509).

Das Institut der Ehe soll nicht entwertet werden, dennoch ist die Ehe keine Vorsorgungssicherung bis an das Lebensende. Das individuelle Lebensmodell und die Wertevorstellungen in der Ehe müssen bei der Befristung oder der Begrenzung in der Höhe des nachehelichen Unterhaltsanspruchs berücksichtigt werden. Es muss auch dem Modell Rechnung getragen werden, in dem ein Elternteil die Kinderbetreuung übernimmt und nicht anderweitige Kinderbetreuung in Anspruch nehmen will. Ein Verweisen auf fehlende Kinderbetreuungsmöglichkeiten und kürzeren Elternurlaub ist in diesem Fall nicht zuträglich.

Auch wenn die Unterbringung der Kinder in einer Betreuungseinrichtung ermöglicht ist, lässt sich nicht alles delegieren. Ein Betreuungsbedarf ergibt sich auch in unterschiedlichem Umfang zu Hause nach einer ganztägigen Betreuung. Ziel der Reform ist die Stärkung des Kindeswohls, daher sollte nicht – wegen der Verpflichtung der eigenständigen Erwirtschaftung des Lebensbedarfs – auf Kosten der Kinder eine Betreuung durch ein Elternteil verwehrt werden.

Auch wenn man davon ausgeht, dass aus verschiedenen Gründen, wie nicht ausreichendes Geld oder erstrebte Unabhängigkeit, eine Doppelverdienerehe vorgezogen wird, muss auch der Hausfrauenehe Rechnung getragen werden. Wird eine Frau, die nach langer Ehe, in der sie die Kinder betreut und den Haushalt geführt hat, nun in fortgeschrittenem Alter keine Arbeit findet, auf Sozialleistungen verwiesen, so ist dies kein gewünschtes Ergebnis.

Entscheidend zu betrachten sind auch die äußeren Einflüsse, wie die derzeitigen arbeitsmarkt-, wirtschafts- sowie gesellschaftspolitischen Rahmenbedingungen. Diese widersprechen einer lebbaren Eigenverantwortung. In der Realität ist damit ein Unterhaltsanspruch nur erschwert zu befristen oder zu begrenzen.

E. §§ 1578 b, 1579 BGB – zwei unterschiedliche Wege mit dem Umgang mit Zukunftsentwicklungen

Bei § 1578 b BGB wird eine Prognose der Zukunft vorausgesetzt, nach der der Unterhaltsanspruch begrenzt werden soll. § 1579 BGB reagiert hingegen auf Entwicklungen und lässt den Unterhaltsanspruch bei deren Eintreten entfallen. Dabei sind sowohl eines dem Unterhaltsberechtigten vorwerfbares Verhalten, wie auch ihm nicht vorwerfbare Gegebenheiten und Entwicklungen der beiderseitigen Lebensverhältnisse der geschiedenen Ehegatten, umfasst.

Umstritten ist die Frage, ob die Nachhaltigkeit der Unterhaltssicherung rückschauend oder im Wege einer Prognose beurteilt werden sollte.

Statt der Prognose des „Betrachters im Zeitpunkt des Ereignisses“ ist einer Beurteilung „ex post im Rahmen einer Gesamtschau“ der Vorzug zu gewähren.[756] Der Unterhalt ist nachhaltig gesichert, wenn der Berechtigte sich aus der Gesamtschau des rückblickenden Betrachters über einen zur Annahme der Dauerhaftigkeit genügenden Zeitraum eigenständig unterhalten hat.[757]

Die Rechtsprechung des Bundesgerichtshofs[758] zum Wiedergutmachungsrecht, in der der Begriff der „Nachhaltigkeit" nach objektiven Maßstäben und allgemeiner Lebenserfahrung vom „damaligen, nicht vom gegenwärtigen Standpunkt" zu beurteilen ist, ist zu eng gefasst. Eine nachträgliche objektive Betrachtung führe zu einer nicht abgrenzbaren Erweiterung, die systemwidrig und sachlich bedenklich sei, denn jedes Scheitern des Berechtigten in der Übernahme seiner Eigenverantwortung, wenn es nicht offensichtlich verschuldet sei, könne nachträglich erklärt werden.[759]

Die Schwierigkeit besteht darin, den Unterhaltsanspruch nach § 1578 b BGB zu befristen oder zu begrenzen, wenn die Situation am Ende der Frist nicht vorhergesehen werden kann. Da niemand verlässlich die Zukunft vorhersagen kann, könnte man im Wege einer Art Ausübungskontrolle nach § 242 BGB eine fortlaufende Anpassung fordern, die allerdings dem Interesse der Planbarkeit und Sicherheit entgegensteht.

Man könnte weitergehend ein Aufleben der Unterhaltsansprüche i.R.d. § 1578 b BGB fordern. Ein Aufleben der Unterhaltsansprüche würde allerdings ebenfalls der Planungssicherheit entgegenlaufen.

Dagegen weist § 1579 BGB eine andere Lösung auf. Es wird an ein Verhalten angeknüpft, was dem Unterhaltsberechtigten vorwerfbar ist oder mit nicht vorwerfbaren Gegebenheiten und Entwicklungen der beiderseitigen Lebensverhältnisse der geschiedenen Ehegatten verbunden wird. Dennoch werden auch dabei zahlreiche Fragen aufgeworfen, die eine Befristung oder Begrenzung der Höhe nach nicht einfach gestalten.

In der Rechtspraxis wird sich wohl § 1578 b BGB aufgrund der Voraussetzung nicht durchsetzen können, dass eine Zukunftsprognose erstellt werden muss. Obwohl § 1579 BGB viele Probleme, insbesondere in der Begriffsbestimmung aufweist, scheint es besser, auf eingetroffene Ereignisse oder Gegebenheiten zu reagieren und den Unterhaltsanspruch aus diesen Gründen zu begrenzen, als vorauszusetzen, die Zukunft vorherzusagen.

---

756 Wenz, in: Göppinger/Wax, Rdnr. 270; Vogt, FamRZ 1977, 105; Schwab, FamR, Rdnr. 263; Kniebes, DRiZ 1976, 329.

757 Wenz, in: Göppinger/Wax, Rdnr. 270.

758 BT-Drucks. 7/650, S. 127.

759 Rolland, 1. EheRG, § 1573 Rdnr. 18.

F. Rückschritt zur Verschuldensscheidung?

In der Gesamtschau aller Aspekte könnte man fragen, ob die Reform des Unterhaltsrechts einen Weg zurück zur Verschuldensscheidung geht.

I. Historische Entwicklung

Seit dem 1. EheRG 1976 beruht das Scheidungsrecht nicht mehr auf dem Schuld-, sondern auf dem Zerrüttungsprinzip.

Bis zum 1. EheRG konnte sich ein Ehegatte scheiden lassen, wenn der andere die Ehe gebrochen (§ 42 EheG) oder sie in anderer Weise schuldhaft zerrüttet hatte (§ 43 EheG). Wenn eine Wiederherstellung der ehelichen Lebensgemeinschaft wegen einer tiefgreifenden, unheilbaren Zerrüttung der Ehe nicht zu erwarten war, war es möglich, die Ehe nach dreijähriger Aufhebung der häuslichen Gemeinschaft scheiden zu lassen (§ 48 Abs. 1 EheG). Dies war allerdings nur zulässig, wenn der Begehrende die Zerrüttung nicht ganz oder überwiegend verschuldet hatte. Die Zerrüttung war zwar Voraussetzung im früheren Recht, dennoch wurde darauf abgestellt, wer die Zerrüttung zu verschulden hatte. Im Gegensatz dazu ist nach heutigem Recht nur noch das Scheitern der Ehe maßgeblich.[760]

Weder die Ehegatten noch das Gericht sind in den meisten Fällen in der Lage, alle Ursachen für die Zerrüttung zu benennen und eine zutreffende Einschätzung zu geben, inwieweit sie für die Scheidung der Ehe ausschlaggebend waren.[761] Die den Gerichten zur Verfügung stehenden Instrumentarien ermöglichen nur in Ausnahmefällen einen vollständigen Einblick in die Ereignisse.[762]

Zu Zeiten der Verschuldensscheidung wurden zumeist nur einzelne ehewidrige Verhaltensweisen vor Gericht benannt aus Beweisschwierigkeiten, die höchstens Ausdruck eines längeren Zerrüttungsprozesses waren.[763] Der Entwicklungsprozess war nicht einmal den Ehegatten selbst bewusst, sodass Außenstehende schlechthin aus den Wirren von Wahrem und Unwahrem des Vorgebrachten der Parteien die wirklichen Gründe des Scheiterns schlechterdings nicht feststellen konnten. Oftmals wurden nur Gründe benannt, die nicht die Ursache der Zerrüttung klärten, sondern vielmehr ihre Folgen darstellten.[764]

---

760 Schlüter, Rdnr. 168.

761 BT-Drucks. 7/4361, S. 8; Schlüter, Rdnr. 168.

762 Deubner, ZPR 1972, 153 (153); Schlüter, Rdnr. 168.

763 Schlüter, Rdnr. 168.

764 Deubner, ZPR 1972, 153 (153).

Es besteht zumeist ein Verschulden am Scheitern einer Ehe, auch wenn man unterschiedliche Definitionen für Verschulden zugrunde legen kann. Bei jeder Scheidung kann man Verhaltensweisen aufzählen, die geeignet sind, die eheliche Lebensgemeinschaft zu zerstören und von einem Ehegatten verursacht wurden.[765]

Bei der Diskussion im Zuge des 1. EheRG gab es Stimmen, die dem Verschuldensgrundsatz Einzug in das Unterhaltsrecht verschaffen wollten. Wenn und soweit die Inanspruchnahme des Verpflichteten grob unbillig war, wollte der Bundesrat in § 1580 BGB festschreiben, dass die Unterhaltspflicht ganz oder teilweise entfällt.[766]

In § 1580 Abs. 1 BGB sollte eingeführt werden, dass der Pflichtige die Unterhaltszahlung verweigern kann, wenn der Berechtigte Schuld am Scheitern der Ehe hat, denn dann würde die Unterhaltsforderung gegen Treu und Glauben verstoßen.[767]

Zudem wurde vertreten, dass greifbare Verschuldenstatbestände bestehen sollten. Dazu sollte in § 1580 Abs. 1 Nr. 5 BGB ein Passus eingeführt werden, nach dem nur ein der Billigkeit entsprechender Unterhalt gezahlt werden sollte, wenn der Berechtigte sonstige schwere Eheverfehlungen begangen und trotz Widerspruchs des Pflichtigen nicht unterlassen hat.[768]

In der Praxis versagte der Einfluss des Verschuldens in das Unterhaltsrecht wegen des Umwegs über Treu und Glauben, denn die Gerichte waren nicht befähigt, die Ursache und den Verantwortlichen für das Scheitern der Ehe zu finden. Zudem wurde dadurch in die Privat- und Intimsphäre der Ehegatten eingegriffen.[769]

II. Überprüfung des Verschuldens

Fraglich ist, ob die Verschuldensprüfung, von der im Scheidungsprozess abgesehen worden ist, im nachehelichen Unterhaltsprozess wieder auflebt und sogar durch die Reform verstärkt wurde.

Durch die Abkehr vom Verschuldensgrundsatz wurde der unterhaltsberechtigte geschiedene Ehegatte pauschal begünstigt, denn er hat auch einen Unterhaltsanspruch, wenn er die Scheidung verschuldet hat. Die dadurch geschaffene Unbilligkeit kann nicht durch Einzelfallgerechtigkeit beseitigt werden. Darum ist die pauschale Begünstigung so zu reduzieren, dass das Anliegen des Unterhalts-

765 Deubner, ZPR 1972, 153 (153).
766 BT-Drucks. VI/2577, Anl. 2, S. 146.
767 Ott, FamRZ 1971, 500.
768 Friesecke-Tackenberg, FamRZ 1972, 5 (7).
769 Deubner, ZRP 1972, 153 (155).

rechts, nämlich den Lebensbedarf des Berechtigten zu sichern, unter Berücksichtigung der Billigkeit nachgekommen wird. Der geleistete Unterhalt muss ausreichen, um die durchschnittlichen Lebensbedürfnisse des Empfängers zu befriedigen. Dabei ist lediglich auf die Höhe und nicht auf die Frage der Unterhaltsgewährung abzustellen. Wenn der geschiedene Ehegatte für seinen Lebensunterhalt nicht selbst aufkommen kann, ist er unterhaltsbedürftig.[770]

Deubner[771] war schon 1972 der Ansicht, dass es sinnvoll sei, eine eheähnliche Beziehung hinsichtlich des Erlöschens des Unterhaltsanspruchs einer neuen Ehe gleichzustellen. Dabei sei kein Rückgriff auf das Verschuldensprinzip erforderlich. Es müsse lediglich der gegenwärtige Zustand der Verbindung durch die Gerichte festgestellt werden und damit stünden sie vor keiner unlösbaren Aufgabe.

Allerdings zeigt die Praxis, dass sich erhebliche Probleme bei der Feststellung der verfestigten Lebensgemeinschaft i.S.d. § 1579 Nr. 2 BGB ergeben.

Das Verschuldensprinzip findet auch nach dem 1. EheRG Einfluss in Unterhaltsprozesse. Die Billigkeitsprüfung des § 1579 BGB basiert auf einer Verschuldensanalyse des gesamten ehelichen Konfliktgeschehens. Diese Prüfung unterscheidet sich nicht von der Prüfung des Verschuldens zu Zeiten der Zerrüttungsscheidung.[772]

Auch ein auf dem Zerrüttungsprinzip basierendes Scheidungsrecht kommt nicht ohne Verantwortlichkeitserwägungen bei den Scheidungsfolgen und insbesondere beim nachehelichen Unterhalt aus, sonst entstünde die Gefahr, allgemeine Gerechtigkeitserwartungen nicht einzuhalten.[773]

Das nacheheliche Unterhaltsrecht entstammt dem Prinzip der Verschuldensscheidung und nicht der Zerrüttungsscheidung. Basierend auf der Verschuldensscheidung wird der nacheheliche Unterhalt demzufolge immer zum Teil von diesem Prinzip geprägt sein und damit gewisse Probleme aufweisen. Selbst durch eine Änderung des Rechts durch eine Reform kann man nicht nur die guten Seiten behalten und alle Probleme lösen. Es sollten klare privatrechtsethische Grundsätze für das nacheheliche Unterhaltsrecht benannt werden.[774]

Durch die Unterhaltsrechtsreform 2008 wurden klare Grundsätze im Hinblick auf die Härteklauseln nicht geschaffen. Es bleibt die Frage bestehen, unter welchen Voraussetzungen ein bedürftiger Ehegatte nach der Scheidung den Pflichtigen verantwortlich machen darf und wann er sich mit weniger zu begnügen hat.

Eine Sache ist es, den Ehegatten, der die Ehe wegen eines anderen Partners aufs Spiel setzt, keinen Vorwurf zu machen und ihn zu beschuldigen. Eine ande-

---

770 Deubner, ZRP 1972, 153 (155).

771 Deubner, ZRP 1972, 153 (155).

772 Wiegmann, NJW 1982, 1369 f.

773 Voelskow, in: Johannsen/Henrich, EheR, § 1579 Rdnr. 1.

774 Dieckmann, FamRZ 1984, 946 (952).

re ist es jedoch, einen Partner mit wirtschaftlichen Folgen der Ehe zu belasten, womöglich lebenslang. Der Grundsatz sollte sein, dass sich die Partner selbst und einander für ihr Handeln verantwortlich sind.

Durch die Verschuldensprüfung war nicht einzuschätzen, welche Wahrheit ans Licht kam und ob nicht in erster Linie aus Verletztheit schmutzige Wäsche gewaschen wurde.

Eine Schuldfeststellung verschafft den Ehegatten allerdings Genugtuung und könnte die Basis für die Regelung der Scheidungsfolgen sein.[775] Diese Ansicht ist überholt. Von der Frage nach der Schuld ist die Frage nach der Verantwortlichkeit und deren Folgen zu trennen. Mit einer Ehe gehen die Partner eine Existenzialgemeinschaft ein, „die zu einem Lebenswagnis im Personsein schlechthin führt".[776]

III. Fazit

Das Unterhaltsrecht ist an der Lebensform der Ehe als Hauptmodell ausgerichtet, was auch durch die Unterhaltsrechtsreform 2008 beibehalten wurde. Auf der anderen Seite wird mit dem Inkrafttreten des Gesetzes über das Verfahren in Familiensachen und in den Angelegenheiten der freiwilligen Gerichtsbarkeit (FamFG) am 1.9.2009 die Ehescheidung erleichtert und beschleunigt, was eine Entwertung der Ehe darstellt. Die hohe Scheidungsrate spricht gegen die Tauglichkeit der Ehe als Grundmodell für den nachehelichen Unterhalt. Gerade Frauen reichten vorher deutlich vermehrt die Scheidung ein; heute sind sie eher zurückhaltend. Als Hintergrund gilt es, das neue Unterhaltsrecht zu betrachten, das nach der Scheidung einen absehbaren Verlust des ehelichen Lebensstandards und des nachehelichen Unterhalts vorsieht.

Man könnte einen Vergleich zu der Zeit vor der Eherechtsreform ziehen, als Ehefrauen sich wegen ihrer wirtschaftlichen Abhängigkeit von ihrem Ehemann aus der gescheiterten Ehe nicht lösen konnten.[777] Ob das neue Unterhaltsrecht somit zur Erhaltung der Ehe beiträgt und ob diese beabsichtigt war, sei dahingestellt.

Dennoch geht die Unterhaltsrechtsreform 2008 keinen Weg zurück zur Verschuldensscheidung. Viele Indizien sind zwar für die Feststellung einer verfestigten Lebensgemeinschaft beizubringen, jedoch wird nicht auf das Verschulden abgestellt.

---

775 DJ 1938, 1110.

776 Dieckmann, FamRZ 1984, 946 (953).

777 Raket-Dombek, DRiZ 2009, 172 (172 f.).

G. Persönliche Verantwortung der Ehegatten

In der persönlichen Verantwortung der Ehegatten steht es, Regelungen über insbesondere die Herabsetzung und/oder zeitliche Begrenzung des nachehelichen Unterhalts zu treffen. Damit kann ein Eindringen der Justiz in die Privatsphäre der Ehegatten vermieden werden. Die außergerichtliche Streitbeilegung ist in der Praxis angekommen, was von Formularbüchern und literarischen Behandlungen bestätigt wird.[778] Kurz vor dem ersten Gerichtstermin werden 90% der Rechtsstreite beigelegt.[779] Die Schritte der Vergleichsverhandlungen und der Vorbereitung zu einer Gerichtsverhandlung sind sich ähnlich.[780] Für einen Vergleich muss von Seiten der Anwälte die gleiche Informationsarbeit betrieben werden wie für eine Gerichtsverhandlung, denn die Chancen im Falle einer möglichen Gerichtsverhandlung müssen beurteilt und eingeschätzt werden.[781]

Die Intervention Dritter, solange sich diese nicht parteilich zeigt, kann zu mehr Kooperationsbereitschaft führen und insgesamt ein kooperativeres Konfliktverhalten erzeugen, was eine kooperative Ausrichtung der Konfliktbehandlung unterstützt.[782]

Die Vertragspraxis ist aufgerufen, die blassen Konturen der Unterhaltsrechtsreform 2008, insbesondere im Falle der Härteklauseln des nachehelichen Unterhalts, mitzugestalten und Konkretisierungen vorzunehmen. Bei höchstpersönlichen Rechtsverhältnissen – wie die der Ehe – liegt es vielmehr an den Eheleuten selbst, Unterhaltseinschränkungen im Hinblick auf ihre gemeinsame Lebensgeschichte, auf ihre ethischen Grundauffassungen, auf ihre Interessenlage und nicht zuletzt auf die Interessen ihrer Kinder festzulegen. Das Recht, was den Ehegatten in §§ 1353, 1356 BGB vom Gesetzgeber eingeräumt wird, kann durch die Vertragsfreiheit, die auf die Scheidungsfolgen bezogen wird, ergänzt werden. Es obliegt den Ehegatten, die ehelichen Lebensverhältnisse abweichend von den gesetzlich geregelten Scheidungsfolgen und eigenverantwortlich nach ihren individuellen Vorstellungen und Bedürfnissen vertraglich zu gestalten. Dieses Recht wird durch Art. 6 GG gewährt. Die Vertragsgestaltung, durch die das individuelle Ehebild der Ehegatten festgelegt werden kann, sollte gefördert werden. Eine Scheidungsvereinbarung gibt den Ehegatten Planungssicherheit und wird den individuellen Bedürfnissen gerecht.

---

778 Münch, in: NotRV 2008, S. 49.

779 Galanter, 31 UCLA L.Rev. 4, 27; Galanter/Cahill, 46 Stan.L.Rev. 1339, 1346 ff.

780 Mnookin/Kornhauser, Bargaining in the Shadow of the Law – The Case of Divorce, Yale Law Journal, S. 950 ff. (1979).

781 Bimer, Das Multi-door Courthouse, S. 37.

782 Roger, 18 Mediation Q., 62 ff.

Es ist wünschenswert, im Falle der Scheidung möglichst für beide Ehegatten den erreichten Lebensstandard rechtlich abzusichern und einen plötzlichen sozialen Abstieg zu verhindern. Im Beispiel einer Frau, die nach 30-jähriger Ehe im Vertrauen auf die lebenslange Dauer ihrer Ehe und im Einvernehmen mit ihrem Mann auf eine Erwerbstätigkeit verzichtet hat, ist ein sozialer Abstieg unbillig.

Ebenso sollte der Unterhalt einer Mutter nicht signifikant geringer ausfallen als der ihr für die Betreuung des Kindes zur Verfügung stehende Unterhalt.

Die Unlösbarkeit der aus der Scheidung resultierenden Probleme auf der juristischen Ebene ist nicht gleichbedeutend mit der unzulässigen Festschreibung eines allgemeinen Rechtsanspruchs auf die Sicherung eines Lebensstandards aus rechtlicher Sicht. Problemkomplexe sollten vertraglich in individueller Vereinbarung zwischen den Ehepartnern geregelt werden. Die Regelungen über den nachehelichen Unterhalt und insbesondere die Härteklauseln sollten nicht allein auf den normativen gesetzlichen Vorgaben ungeachtet der individuellen Vorstellungen von der Rollenverteilung in der Ehe beruhen.[783]

Die Ehe soll weder individualistisch begriffen noch vollständig auf eine vertragsrechtliche Angelegenheit reduziert werden. Durch eine vertragliche Regelung soll der Umfang der unterhaltsrechtlichen Normenvorgaben entsprechend des rechtsethischen Maßstabes definiert und in den Bereichen ergänzt werden, in denen von den Ehegatten vertragliche Vereinbarungen gewollt sind. Gerade im Bereich der Härtefallklauseln im nachehelichen Unterhaltsrecht sind solche Regelungen notwendig, weil die individuelle Vorstellungen zumeist abweichen.

Entscheidend ist es, dass privatvertraglichen Gestaltungen im Bereich des Unterhaltsrechts ein entsprechend erweiterter Spielraum eingeräumt wird, sodass man die soziale Realität erkennt, in der der Wille zur lebenslangen Partnerschaft nicht mehr ohne weiteres mit dem Willen zur Übernahme bestimmter Rollen- und Verhaltensmuster identisch ist. Im Rahmen eines Vertrages können die Ehegatten, abgesehen vom Kernbereich, über ihre nachehelichen Verpflichtungen eigenständig entscheiden. Es bleibt in ihrer persönlichen Verantwortung, ob und in welchem Maße sie sich über die geschuldete Solidaritätspflichten hinaus als Ehegatten wechselseitig in der Rolle des Versorgers, des Erziehers oder einer Doppelrolle sehen und Vorsorge für ihre finanzielle Vorsorge treffen.

783 Brudermüller, Geschieden und doch gebunden?, S. 146.

I. Schwächung des Lebenszeitprinzips der Ehe

Die Neufassung der unterhaltsrechtlichen Normenvorgabe und der Härteklauseln in Verbindung mit einer Ausweitung des privatvertraglichen Handlungsspielraums schwächt das Lebenszeitprinzip der Ehe. Das Scheitern einer Ehe wird durch die gesetzlichen Normenvorgaben legitimiert, obwohl das Lebenszeitprinzip als Vertrauenstatbestand der Ehe gilt. Mit einer Verschlankung des Unterhaltsrechts kann die Bereitschaft gefördert werden, eine dauerhafte Paarbeziehung wieder in der Rechtsform der Ehe zu leben. Die Ehe soll keinesfalls als wirtschaftliche Versorgungsinstitution begriffen werden, die selbst nach ihrer Auflösung von der Verpflichtung zur eigenverantwortlichen Sorge und von der Erwirtschaftung des Lebensunterhalts entbindet. Dazu kann beitragen, dass ausufernde und rechtsethisch nicht begründbare nacheheliche Unterhaltsansprüche mit Bezug auf die Rechtspflicht der Solidarität oder den Ausgleich gemeinsam zu verantwortender Nachteile egalisiert werden. Im Übrigen ist es den Ehegatten selbst überlassen, ihre wechselseitigen Rechte und Pflichten im Falle der Auflösung der Ehe zu gestalten.

Ein nach rechtsethischen Kriterien ausgerichtetes Unterhaltsrecht führt dazu, dass die ehelichen Normenvorgaben des Bürgerlichen Gesetzbuches verschiedenen Ehemodellen Rechnung tragen. Eine lebenslange Partnerschaft soll ihre Wertigkeit unabhängig vom individuellen Gestaltungsbegriff der Partner besitzen. Auf Lebensdauer angelegte Partnerschaften sollen nicht an ihrem materialen Gehalt und in ihren über die Ehe hinauswirkenden Einstandspflichten festgelegt sein.

Der Institutionsschutz umfasst allein den Schutz der bürgerlichen Ehe in Verbindung mit dem Unterhalts- und Steuerrecht. Statt dessen soll der Willen zu einer lebenslangen Partnerschaft gestärkt werden, ansonsten bleibt die Gesetzgebung einer material bestimmten überindividualistischen Auffassung verhaftet, die ausgehend von der Rechtsidee so nicht zu legitimieren ist.

Das Lebenszeitprinzip scheint überholt zu sein. Niemand kann und sollte gezwungen werden, an einer Ehe festzuhalten, wenn sie nicht mehr gelebt wird. Dennoch wäre ein Umdenken notwendig, dass eine Ehe ebenso kein lebenslanges Versorgungsinstitut ist.

II. Verhältnis von alternativen Verfahren zu einem Gerichtsprozess

Es soll keinen Vergleichszwang für die Parteien geben. Man kann das Verhältnis von alternativem Verfahren und dem Gerichtsverfahren als Exklusivität des alternativen Verfahrens gestalten. Berührungspunkte wären damit zwischen den jeweiligen Verfahren ausgeschlossen. Somit könnten die Stärken und Schwächen der beiden Verfahren nicht untereinander ausgeglichen werden.

Man könnte die Ausgestaltung des alternativen Verfahrens als obligatorische Zusatzvoraussetzung zum Gerichtsverfahren erwägen. Zwingend müsste ein außergerichtlicher Streitbeilegungsversuch unternommen werden; erst nach dessen Scheitern wäre der Gerichtsweg eröffnet. Ein zwingendes Element ist dabei die kritische Bewertung bei Vergleichsverhandlungen, denn eine Basis für Gespräche müsste vorhanden sein.

Beide Verfahrensansätze sollten allerdings gleichberechtigt nebeneinander stehen. Das gerichtliche Verfahren ruht während der informellen Streitbeilegung. Auf diesem Wege können beide Verfahren kombiniert werden.[784]

Sowohl das gerichtliche als auch das informelle Verfahren hat Stärken und Schwächen; um diese in den bestmöglichen Ausgleich zu bringen, ist eine gleichberechtigte Nebeneinanderstellung zu bevorzugen.

H. Beurteilung

Teilweise sind die Neuregelungen der Unterhaltsrechtsreform 2008 überfällig, allerdings sachangemessen oder zumindest eine gute Grundlage, um in die notwendige rechtspolitische Diskussion einzuleiten und Lösungen zu erzielen.

Die Begründung des Gesetzesentwurfs der Bundesregierung zur Änderung des Unterhaltsrechts[785] nimmt Bezug auf die gesellschaftlichen Veränderungen und den Wandel der Wertvorstellungen. Als Gründe sind die steigenden Scheidungszahlen, die Rollenverteilung, die sich innerhalb der Ehe geändert hat, und neu strukturierte Familien aufzuführen. Weiterhin werden die Zunahme von Zweitfamilien, die steigende Zahl von Mangelfällen und die höhere Akzeptanz der unterhaltsrechtlichen Eigenverantwortung ab der Scheidung angegeben.

Es bleiben im Regierungsentwurf die Fragen offen, gegenüber welchem Zeitpunkt die Zahlen der Scheidung anstiegen, seit wann verheiratete Frauen häufiger berufstätig sein, die Zahl neuer Familienstrukturen und die von Zweitehen anstiegen, wirtschaftliche Eigenverantwortung nach einer Scheidung in zunehmendem Maße akzeptiert wurden und seit welcher Zeit Mangelfälle zunehmen sind.

Wenn man die Scheidungszahlen in Deutschland betrachtet, stellt man fest, dass die Anzahl von Scheidungen in Deutschland stets unterschiedlich war. Vom Jahr 1913 bis 1920 verdoppelte sich die Zahl der Scheidungen. Im Jahre des

784 Birner, Das Multi-door Courthouse, S. 38 f.
785 BT-Drucks. 16/1830, S. 1.

Ausbruchs des Zweiten Weltkriegs (1939) wurden 61.789 Ehen geschieden. Dies war die höchste Zahl seit 1900. Nach Ende des zweiten Weltkriegs stieg die Zahl erheblich an, und zwar auf 87.593 Scheidungen im Jahre 1948. Bis hin zu den 1960er Jahren sank die Zahl wieder auf unter 50.000 Scheidungen pro Jahr. Dann stieg die Zahl der Scheidungen wieder an, wobei 1967 die Zahl der Scheidungen vor dem Zweiten Weltkrieg (61.789) erreicht wurde.[786] Bis 1977 stieg die Zahl der Scheidungen erheblich an. Durch Inkrafttreten der Ehescheidungsreform erlebten die Scheidungszahlen einen kurzen Rückgang, von da ab stiegen sie wieder deutlich an. 1993 lag die Zahl der Ehescheidungen bei 165.425 pro Jahr, wohingegen es gut zehn Jahre (2004) danach 213.975 Ehescheidungen pro Jahr waren.[787]

Der erhebliche Anstieg im Vergleichsraum von 1993 bis 2004 ist jedoch nicht zu generalisieren, denn die Scheidungszahlen lassen eine Stetigkeit vermissen. Wenn man eine verallgemeinernde Aussage treffen will, könnte man feststellen, dass in Zeiten der Not und der politischen oder wirtschaftlichen Umwälzung mehr Ehen geschieden werden als in Friedenszeiten.[788]

In der Reform des Unterhaltrechts 2008 wird überwiegend auf die wirtschaftliche Situation des Unterhaltsverpflichteten nach der Scheidung abgestellt. In der Presse wird von geplünderten männlichen Scheidungsopfern berichtet.[789] Die nacheheliche Solidarität soll beschränkt werden und der Grundsatz der Eigenverantwortung gestärkt. Damit soll sich die Unterhaltsbelastung für den Pflichtigen verringern.[790]

Die Literatur beschäftigt sich seit einigen Jahren zunehmend mit dem Grundsatz der Eigenverantwortung und der Möglichkeit einer Beschränkung des nachehelichen Unterhalts, wohingegen die Rechtsprechung erst in jüngster Zeit diese Gedanken aufgriff und die bestehenden gesetzlichen Instrumente zur Beschränkung nachehelichen Unterhalts zurückhaltend anwendet. Eine zurückhaltende Anwendung ist auch geboten, wenn der Grundsatz der Eigenverantwortung nicht schon das Leben während der Ehe beeinflusst hat.

Die Scheidungsfolgen müssen vorhersehbar sein, um das Prinzip der Eigenverantwortung zu einem verbindlichen Programmsatz zu machen. Dazu sollen die Regelungen der Befristung und/oder Begrenzung des nachehelichen Unterhalts in der Höhe dienen. Die Einzelfallgerechtigkeit soll durch die Billigkeitsabwägung gewährleistet sein.

---

786 Eherechtskommission beim Bundesministerium der Justiz, 1970, S. 25.

787 Peschel-Gutzeit, ZPR 2005, 179 (177).

788 Peschel-Gutzeit, ZPR 2005, 179 (177).

789 Der Spiegel, Die Scheidungsraten erreichen Rekordwerte: Die Hölle danach, 49/2004 – 29.11.2004.

790 BT-Drucks. 16/1830, S. 1 f.

Mit Reformen wird in die Zukunft vorgegriffen; es werden nicht Verhältnisse aus der Vergangenheit gelöst.[791] Als Orientierungshilfe ist zwar auf die Vergangenheit zurückzugreifen, dennoch ist es Aufgabe der Gesellschaft, die „Familienarbeit in jeder Hinsicht als eine der Erwerbsarbeit gleichstehende Arbeit anzuerkennen".[792]

Durch die Unterhaltsrechtsreform 2008 wird aber gerade das Gesetz der Rechtsprechung angeglichen. Sie ist nicht zielführend und wegweisend. Durch die erweiterten Möglichkeiten, zeitlich und höhenmäßig den Unterhaltsanspruch in Dauer und Höhe zu beschränken, wird die Tendenz deutlich, dass das Unterhaltsrecht als erweitertes Sozialrecht die Aufgabe haben soll, den wirtschaftlich abhängigen Ehegatten für einen begrenzten Zeitraum den Schritt in die Eigenständigkeit zu erleichtern.[793] Wenn sich eine vermehrte Begrenzung des Unterhaltsanspruchs durchsetzt, wäre zu beachten, dass im Umkehrschluss nicht die Frauen durch die Reform verlieren, indem sie nach der Scheidung ohne Unterhalt auskommen müssen. Eheliche Nachteile sind schwer festzustellen. Ebenso erschwert eine Pausierung während der Arbeit die Wiederaufnahme einer Berufstätigkeit, besonders bei der heutigen schlechten Situation auf dem Arbeitsmarkt. Auch dem Modell einer Hausfrauenehe ist trotz des Trends zur Doppelverdienerehe Rechnung zu tragen.

Für die hohe Erwerbstätigenquote von Müttern gibt es wirtschaftliche und kulturelle Gründe. Deutschland liegt damit im internationalen Trend. Die durchschnittlich relativ kurze Ehedauer bedingt, dass es eine große Anzahl von Zweitehen oder Drittehen gibt, aus denen wiederum Kinder entstehen. Dies wiederum verursacht das Phänomen der Mangelfälle, d.h. dass aufgrund mehrerer Ehen das Einkommen nicht ausreicht, um alle Unterhaltsansprüche zu decken, die aus den vorherigen Beziehungen resultieren.[794]

Das Unterhaltsrecht sollte durch die Reform vereinheitlicht und widerspruchsfrei werden. Allerdings sucht man bisher vergeblich nach festen Richtlinien und übergreifenden Prinzipien. Mit der Entscheidung im Einzelfall trägt man der Individualität der Ehe Rechnung, dennoch sind dadurch die Folgen eines Prozesses für die Betroffenen schwerer einzuschätzen.

Durch die Reform des Unterhaltsrechts ist das Recht des nachehelichen Unterhalts noch komplizierter geworden. Eine höchstrichterliche Rechtsprechung zu den neu aufgetretenen Problemen muss sich erst festigen.[795] Allerdings ist keine Neuerung der Rechtsprechung zu erwarten, da größtenteils auf die vorhergegan-

---

791 Schürmann, FPR 2005, 492 (496).

792 Brudermüller, FF 2005, 121 (122).

793 Palandt/Brudermüller, § 1578 b Rdnr. 1.

794 Peschel-Gutzeit, ZPR 2005, 179 (177).

795 Bergschneider, DNotZ 2008, 95 (107).

gene Rechtsprechung durch die Unterhaltsrechtsreform 2008 verwiesen wurde. Allerdings können die Ehegatten vorsorgen und vertragliche Regelungen über den nachehelichen Unterhalt treffen.

Die Frage ist, ob das geplante Recht nicht nur Mängel des geltenden Rechts durch neue Mängel ersetzt. So sollte das Unterhaltsrecht durch die Reform zeitgemäßer und moderner geworden sein, aber auch die heutige gesellschaftliche Realität widerspiegeln. Die Reform des Unterhaltsrechts 2008 hat allerdings nicht die dogmatischen Unebenheiten des nachehelichen Unterhaltsrechts bereinigt, sondern vielmehr sogar den Schutzauftrag in problematischer Weise relativiert.

I. Fazit

Solange der Bundesgerichtshof keine wegweisenden Urteile abfasst, verbleibt die Unsicherheit im Zuge der Reform, die eine hohe Vergleichsbereitschaft der Parteien bei Scheidungsfolgevereinbarungen und Haftungsgefahren der beteiligten Anwälte nach sich zieht. Allerdings hätte schon das neue Unterhaltsgesetz Klarheit bringen müssen und nicht die Auslegung der Rechtsprechung überlassen sollen.

Die Vereinfachung des Unterhaltsrechts ist durch die Reform nicht erreicht worden. Je nach Einzelfall ist die Befristung oder die Begrenzung des nachehelichen Unterhalts völlig unterschiedlich zu entscheiden.

Die bereits ergangenen Urteile zu den geänderten Härteklauseln zeigen gegenüber der bisherigen Rechtsprechung überwiegend keine Änderung im Ergebnis. Die Begründung ist allerdings eine andere und aufwändiger. Wenige Urteile stellen den Grundsatz der Eigenverantwortung heraus und befristen oder begrenzen den nachehelichen Unterhaltsanspruch. Es ist jedoch absehbar, dass die neue Rechtsprechung die alten Linien der vorgegangenen Rechtsprechung beibehält.

Das geänderte Gesetz klärt keine Streitfragen, sondern hat allenfalls eine klarstellende Funktion. Jedoch bleibt es bei begrifflichen Bestimmungen ungenau und verlagert die Auslegung auf die Rechtsprechung.

Die Unsicherheit in der Anwendung des neuen Unterhaltsrechts ist sehr hoch. Das neue Unterhaltsrecht vermittelt nur eine scheinbare Gerechtigkeit, während die Materie komplexer geworden ist.

Das Abstellen auf den Einzelfall lässt zu, dass eine Einigung mit den Parteien im persönlichen Kontakt kooperativ erarbeitet werden kann. Dennoch ist dagegen die Vereinfachung des Systems des nachehelichen Unterhalts zu setzen, die eine Vernachlässigung der Besonderheit des konkreten Konflikts zwischen zwei

Parteien nach sich ziehen würde. Der Rechtssicherheit steht die eintretende Ungerechtigkeit durch die Vereinfachung in zahllosen Fällen entgegen.

Die gesellschaftlichen Umstände, wie die schlechte Erwerbsintegration von Frauen, der Mangel an Kinderbetreuungseinrichtungen mit der erforderlichen Qualität und die Steuergesetzgebung, die das Modell der „Hausfrauenehe" fördert, widerspricht dem Grundsatz der Eigenverantwortung. Hinzu kommt, dass der Grundsatz der Eigenverantwortung beim nachehelichen Unterhalt erst nach der Ehe zum Tragen kommt. Voraussetzung für die Eigenverantwortung ist aber, dass während der Ehe durchgehend eine wirtschaftliche Basis dafür besteht. Man muss daher den Grundsatz der Eigenverantwortung schon während der Ehe etablieren, damit unterhaltsbedürftige Ehegatten aus Ehen von langer Dauer oder aus Hausfrauenehen nicht die Verlierer der Reform sind.

Viele unbestimmte Rechtsbegriffe, die durch die Reform ins Gesetz eingeführt wurden, gilt es auszufüllen. Teilweise muss für die Feststellung der Voraussetzungen die Sichtweise und Lebensumstände der Parteien genau ergründet werden, um den Gerichten ein umfassendes Bild zu vermitteln. Dies führt zum unerwünschten Eindringen der Justiz in die intimste Privatsphäre.

Die Rechtsprechung muss sich erst entwickeln können; allerdings ist zu hoffen, dass eine einheitliche Leitlinie gefunden und nicht auf alten Grundsätzen verharrt wird. Dennoch bleibt es bei nachehelichen Unterhaltsrechtsentscheidungen je nach Blickwinkel, wenn die Entscheidung über den Unterhalt von Gericht auferlegt wird, immer bei einer subjektiven Ungerechtigkeit.

Es ist nicht zu erwarten, dass nach der bisherigen befristungs- und begrenzungsfeindlichen Rechtsprechung zum nachehelichen Unterhalt sich ein Wandel durch die Unterhaltsrechtsreform 2008 einstellt.

Literaturverzeichnis

Alternativkommentare Reihe (Hrsg.: Wassermann, Rudolf)	Kommentar zum Bürgerlichen Gesetzbuch, Band 5 Familienrecht (§§ 1297 – 1921), 1981
Arbeitsgemeinschaft der katholischen deutschen Frauen	Zum Ehescheidungsrecht, FamRZ 1970, S. 76
Anwaltkommentar (Hrsg. Kaiser, Dagmar / Schnitzler, Klaus / Friederici, Peter)	BGB, Band 4 Familienrecht, 2005 (zit.: AnwK-BGB/Bearbeiter)
Beck´scher Online Kommentar BGB (Hrsg.: Bamberger, Heinz Georg / Roth, Herbert)	Stand: 1.1.2008, Edition 10 (zitiert: BeckOK/Bearbeiter, BGB)
Beck´scher Online Kommentar Grundbuchordnung (Hrsg.: Hügel, Stefan)	Stand: 1.10.2008, Edition 5 (zitiert: BeckOK/Bearbeiter, GBO)
Beck´scher Online Kommentar, Strafprozessordnung (Hrsg.: Graf, Jürgen Peter / Volk, Klaus)	Stand: 15.11.2008, Edition 2 (zitiert: BeckOK/Bearbeiter, StPO)
Beckmann, Thomas	Kein Ehegattenunterhalt wegen „grober Unbilligkeit“ (§ 1579 I BGB) – dann aber Unterhaltsanspruch gegen die Verwandten?, FamRZ 1983, S. 863-866

Berghahn, Sabine / Wersig, Maria — Wer zahlt den Preis für die Überwindung der „Hausfrauenehe"? FPR 2005, S. 508-511

Bergschneider, Ludwig — Mediation in Familiensachen, FamRZ 2000, S. 77

– — Der Tod des Unterhaltsverpflichtenten – Praktische Anmerkung zu § 1586b BGB, FamRZ 2003, S. 1049-1057

– — Das Unterhaltsrechtsänderungsgesetz – Einige Überlegungen zur Vertragsgestaltung, DNotZ 2008, S. 95-107

Börger, Ulrike — Erfahrungen mit der Anwendung des neuen Rechts –Plädoyer für die Entwicklung von Anwendungskriterien zur Schaffung von Rechtssicherheit, mehr Vertrauensschutz für Altfälle und die Berücksichtigung nicht nur ehebedingter Nachteile, sondern auch ehebedingter Vorteile, FPR 2009, S. 71-75

Born, Winfried — Zu Unrecht totgesagt: Der Bedarf nach den ehelichen Lebensverhältnissen, NJW 2007, S. 26-29

– — Das neue Unterhaltsrecht, NJW 2008, S. 1-8

– — Keine Befristung des Betreuungsunterhalts ohne sichere Prognose; Nutzungsvorteil eines Firmenfahrzeugs, FPR 2009, S. 62-63

– — Beschränkung und Befristung des Krankenunterhalts trotz 23-jähriger Ehe, FPR 2009, S. 138-139

Bosch, Rainer	Die wesentlichen Änderungen im neuen Unterhaltsrecht, FF 2007, S. 293-307
Braeuer, Max	Pflichten des Notars bei der Beurkundung einer Scheidungsfolgenvereinbarung im Hinblick auf die bevorstehende Ehescheidung, FPR 2007, S. 257-260
Breidenbach, Stephan	Mediation – Struktur, Chancen und Risiken von Vermittlung im Konflikt, Universität München, Habil.-Schrift 1993/94
Brosius-Gersdorf, Franke	Bedarfsgemeinschaften im Sozialrecht – Nichteheliche und nichtlebenspartnerschaftliche Lebensgemeinschaften als Verantwortungs- und Einstandsgemeischaften in den Not- und Wechselfällen des Lebens, NZS 2007, S. 410-418
Brudermüller, Gerd	Neue Rechtsprechung von BGH und BVerfG, Familiengerichtstag und Rechtspolitik, Reformvorschläge, FF 2002, S. 37-41
–	Geschieden und doch gebunden? – Ehegattenunterhalt zwischen Recht und Moral, 2008
Büchting, Hans-Ulrich / Heussen, Benno	Beck´sches Rechtsanwaltshandbuch, 9. Auflage 2007
Bumiller, Ursula / Harders, Dirk	FamFG, Freiwillige Gerichtsbarkeit, Gesetz über das Verfahren in Familiensachen und in den Angelegenheiten der freiwilligen Gerichtsbarkeit (FamFG), 9. Aufl. 2009

Büte, Dieter – Begrenzung und Herabsetzung des nachehelichen Unterhalts, FPR 2005, S. 316-320

Büttner, Helmut – Die Härteklauseln (§§1578 b, 1579 BGB) im geplanten Unterhaltsrecht, FamRZ 2007, S. 773-778

Büttner, Helmut / Niepmann, Birgit – Die Entwicklung des Unterhaltsrechts seit Mitte 2001, NJW 2002, S. 2283-2292

– Die Entwicklung des Unterhaltsrechts seit Mitte 2008, NJW 2009, S. 2499-2507

Deubner, Karl – Der Weg in die Unterhaltsknechtschaft, ZRP 1972, S. 153-155

Dieckmann, Albrecht – Die Unterhaltsansprüche geschiedener und getrenntlebender Ehegatten nach dem 1. EheRG vom 14. Juni 1976, FamRZ 1977, S. 161-172

– Rückkehr zum Verschuldensprinzip im nachehelichen Unterhalt?, FamRZ 1984, S. 946-954

– Zur Einschränkung des nachehelichen Unterhaltsanspruchs nach dem UÄndG für „Berufstätigenehen", FamRZ 1987, S. 981-990

Duve, Christian – Rechtsberatung durch Mediatoren im Spiegel der Rechtsprechung, BB 2001, S. 692- 693

Ehinger, Uta – Eine erste Übersicht der Rechtsprechung zu §§ 1578b und 1570 BGB seit Inkrafttreten des UÄnd, FPR 2009, S. 105-111

Els, Hans von — Nacheheliche Solidarität,
FamRZ 1992, S. 625-629

Engisch, Karl — Die Idee der Konkretisierung in Recht und Rechtswissenschaft unserer Zeit,
2. Aufl. 1968

Erman, Walter — Bürgerliches Gesetzbuch: Handkommentar,
12. Aufl. 2008

Friesecke-Tackenberg, Gisela — Die negative Härteklausel im neuen Scheidungsfolgenrecht,
FamRZ 1972, S. 5-7

Gerhardt, Peter — Eheliche Lebensverhältnisse bei Kinderbetreuung und Haushaltsführung,
FamRZ 2000, S. 134-137

Gernhuber, Joachim — Familienrecht,
3. Aufl. 1980
6. Aufl. 2009

– — Der Richter und das Unterhaltsrecht,
FamRZ 1983, S. 1069-1079

Gernhuber, Joachim / Coester-Waltjen, Dagmar — Familienrecht,
5. Aufl. 2006

Göppinger, Horst / Wax, Peter — Unterhaltsrecht,
9. Aufl. 2008

Graba, Hans-Ulrich — Unterhalt nach den ehelichen Lebensverhältnissen,
NJW 1989, S. 2786-2793

– — Die Entwicklung des Unterhaltsrechts nach der Rechtsprechung des Bundesgerichtshofs im Jahr 2002,
FamRZ 2003, S. 577-583

– Auf dem Weg zu einem Ehegattenunterhalt nach Billigkeit, FamRZ 2008, S. 1217-1223

Grandel, Mathias — Die ewige Unterhaltslast, FF 2004, S. 237-245

– Warum werden die Herabsetzungsmöglichkeiten aus dem Unterhaltsrechtsänderungsgesetz von 1986 so wenig angewandt? – Brauchen wir eine Gesetzesänderung?, FPR 2005, S. 320-323

Grziwotz, Herbert — Nichteheliche Lebensgemeinschaften, 4. Aufl. 2006

Gutdeutsch, Werner — Was sind wandelbare eheliche Lebensverhältnisse?, FamRB 2008, S. 218-221

Hahne, Meo Micaela — Zur Auslegung der §§ 1578 Abs. 1 Satz 2 und 3 und 1573 Abs. 5 BGB i. d. F. des Unterhaltsänderungsgesetzes vom 20. Februar 1986, FamRZ 1986, S. 305-310

Hampel, Herbert — Aktuelle Fragen zur Bemessung des nachehelichen Unterhalts – Zur Problematik der jüngsten BGH – Rechtsprechung, FamRZ 1989, S. 113-123

Haußleiter, Martin — Unterhaltsansprüche gegen den Nachlass, NJW Spezial 2005, S. 535-536

Holle, Albert — Das Recht des nachehelichen Unterhalts nach dem 1. EheRG, Inaugural-Dissertation, 1986

Hoppenz, Rainer / Hülsmann, Bernhard	Der reformierte Unterhalt, Kommentar des neuen und alten Rechts, 2008
Jahnke, Jürgen	Angehörigenprivileg im Wandel, NZV 2008, S. 57-66
Johannsen, Kurt Herbert / Henrich, Dieter	Eherecht: Trennung, Scheidung, Folgen, Kommentar, 4. Aufl. 2003
Kalthoener, Elmar / Büttner, Helmut / Niepmann, Birgit	Die Rechtsprechung zur Höhe des Unterhalts, 7. Aufl. 2000
Klein, Anne / Schechta, Bettina	Will die Unterhaltsrechtsreform den Wert der Frau auf ihre Gebärtüchtigkeit reduzieren?, FPR 2005, S. 496-502
Knieber, Sigrid	Das Erste Gesetz zur Reform des Ehe- und Familienrechts (1. EheRG) – Die Neuregelungen auf dem Gebiet des materiellen Zivilrechts, DRiZ 1976, S. 323-331
Krause, Lambert	Gemeinsame anwaltliche Beratung und Vergütungsanspruch, FamRB 2008, S. 12-13
Kroppenberg, Inge	Die unterhaltsrechtliche Eigenverantwortung des geschiedenen Ehegatten, JZ 2006, S. 439-445
Langenfeld, Gerrit	Handbuch der Eheverträge und Scheidungsvereinbarungen, 5. Aufl. 2005

Löwe, Walter — Richterliche Inhaltskontrolle von notariell beurkundeten Verträgen? – Gedanken zum geltenden Recht und zu den rechtspolitischen Bestrebungen nach mehr Verbraucherschutz,
NJW 1974, S. 337-384

Luthin, Horst — Zur „objektiven Unzumutbarkeit“ einer Leistung von nachehelichem Unterhalt in der Rechtsprechung des Bundesgerichtshofs,
FamRZ 1986, S. 1166-1169

Maier, Winfried — Möglichkeiten einer Begrenzung des Unterhalts bei bedarfserhöhenden Surrogatseinkünften,
NJW 2003, S. 1631-1635

Maurer, Hans - Ulrich — Ersatzhaftung von Verwandten bei Ausschluss des Ehegattenunterhalts nach § 1579 BGB?,
FPR 2005, S. 331-335

– — Der nacheheliche Unterhalt nach dem UÄndG 2007 – ein Zwischenbericht,
FamRZ 2008, S. 2157-2168

Medicus, Dieter — Schadensersatz bei Verletzung vor Eintritt in das Erwerbsleben,
DAR 1994, S. 442-451

Mikat, Paul — Scheidungsrechtsreform in einer pluraistischen Gesellschaft,
FamRZ 1970, S. 333-348

Müller, Rembert — Die „eheähnliche Gemeinschaft“ Gleichgeschlechtlicher, Härtegrund nach § 1579 Nr. 7 BGB?,
FuR 2002, S. 441-443

Müller-Freienfels, Wolfram	Ehe und Recht, 1962
Münch, Christof	Trennungs- und Scheidungsvereinbarungen aus notarieller Sicht, NotRV 2008, hrsg. von: Limmer, Peter, Scheidung, Trennung – Scheidungs- und Trennungsvereinbarungen, Band 8, S. 27-67
Münchener Kommentar	BGB, Band 7, Familienrecht I, §§ 1297-1588, VAHRG, VAÜG, HausratsV, 4. Aufl. 2000 Band 8, Familienrecht II, §§ 1589-1921, Ergänzungsband, 4. Aufl. 2004 SGB VII, 5. Aufl. 2008 zit.: MüKo/Bearbeiter
Münchener Prozessformularbuch (Hrsg.: Gottwald, Peter)	Münchener Prozessformularbuch, Bd. 3, 3. Aufl. 2009
Münchner Anwaltshandbuch	Familienrecht, 2. Aufl. 2007
Münder, Johannes	Sozialrechtliche Aspekt bei Trennung und Scheidung, NJW 1998, S. 5-12
–	Sozialgesetzbuch II, Grundsicherung für Arbeitsuchende, Lehr- und Praxiskommentar, 2. Aufl. 2007
Oppermann, Birgit	Das Zusammenleben mit einem neuen Partner im Unterhalts- und Sozialrecht, Dissertation, Köln 1997

Ott, Martin — Treu und Glauben im Scheidungsfolgenrecht, FamRZ 1971, S. 500-502

Palandt, Otto — Bürgerliches Gesetzbuch,
64. Aufl. 2005
67. Aufl. 2008
zit.: Palandt/Bearbeiter Aufl.
68. Aufl. 2009
zit.: Palandt/Bearbeiter

Peschel-Gutzeit, Lore Maria — Unterhaltsrecht aktuell: die Auswirkungen der Unterhaltsrechtsreform auf die Beratungspraxis, 2008

Pintens, Walter — Harmonisierung im europäischen Familien- und Erbrecht – Ein Dokumentationsaufsatz, FamRZ, S. 1597-1712

Rat der Evangelischen Kirche in Deutschland/Familienkommission — Zur Reform des Ehescheidungsrechts in der Bundesrepublik Deutschland: eine Denkschrift der Familienrechtskommission der Evangelischen Kirche in Deutschland, 1969

Rechtsausschuss der Evangelischen Frauenarbeit in Deutschland — Zur sozialen Situation der Ehefrau bei Einführung des Zerrüttungsprinzips im Scheidungsrecht, FamRZ 1970, S. 74-76

Riegner, Klaus — Die Leitlinien der Oberlandesgerichte im Spiegel des neuen Unterhaltsrechts und ihre Umsetzung in der Rechtsprechung, FPR 2009, S. 76-82

Rolland, Walter — Das neue Ehe- und Familienrecht, 1.EheRG, Kommentar zum 1. Eherechtsreformgesetz, 2. Aufl. 1977

Saenger, Ingo	Zivilprozessordnung, Handkommentar, 2. Auflage 2007
Schindler, Andreas	Problem der Vererblichkeit der Unterhaltspflicht nach § 1586b I S. 3 BGB, FamRZ 2004, S. 1527-1533
–	Erbrecht und Unterhalt – Probleme der §§ 1586 b und 1579 Nr. 7 BGB, FPR 2005, S. 121-125
Schlüter, Wilfried	BGB-Familienrecht, 12. Aufl. 2006
Schnitzler, Klaus	Die verfestigte Lebensgemeinschaft als selbstständiger Härtegrund im neuen § 1579 Nr. 2 BGB, FPR 2008, S. 41-44
Schöbel, Heino	Verhandlungsmanagement und Mediation in der Juristenausbildung, JuS 2000, S. 372-377
Scholz, Harald	Von der Anrechnungs- zur Dofferenzmethode – Wirft das Urteil des BGH v. 13.6.2001 neue Gerechtigkeitsprobleme auf?, FamRZ 2003, S. 265-272
Scholz/Stein (Hrsg.: Scholz, Harald / Kleffmann, Norbert / Motze, Stefan)	Praxishandbuch Familienrecht, 17. Aufl. 2009
Schulze, Reiner / Dörner, Heinrich	Bürgerliches Gesetzbuch: Handkommentar, 5. Aufl. 2007 zit.: Bearbeiter, in: Schulze/Dörner
Schumann, Eva	Zur Gleichbehandlung ehelicher und nichtehelicher Eltern – Kind – Verhältnisse, FF 2007, S. 227-234

Schürmann, Heinrich	Generelle Befristung des nachehelichen Unterhalts – eine überfällige Reform?, FPR 2005, S. 492-496
Schwab, Dieter	Handbuch des Scheidungsrechts, 5. Aufl. 2004
–	Unterhaltsbemessung zwischen Gesetz, Richtlinien und freier richterlicher Entscheidung, FF 2004, S. 164-173
–	Zur Reform des Unterhalts, FamRZ 2005, S. 1417-1508
–	Familienrecht, 15. Aufl. 2007
–	Trennungs- und Scheidungsvereinbarungen vor dem Hintergrund der Unterhaltsrechtsreform, NotRV 2008, hrsg. von Limmer, Peter, Scheidung, Trennung – Scheidungs- und Trennungsvereinbarungen, Band 8, S. 27-67
Schwab, Dieter / Hahne, Meo-Micaela	Familie im Brennpunkt – Fachkongress zum 50-jährigen Bestehen der FamRZ vom 22.-24.4.2004 in Bonn, 2004
Soergel, Hans Theodor	Bürgerliches Gesetzbuch, Band 4, Familienrecht (§§ 1741 – 1921), 13. Aufl. 2000 Band 7, Familienrecht I (§§ 1297 – 1588), 12. Aufl. 1987 Band 8, Familienrecht II (§§ 1589 – 1921), 12. Aufl. 1989 zit.: Soergel/Bearbeiter

Starck, Christian | Der demokratische Verfassungsstaat, 1995

Staudinger, Julius v. | Kommentar zum Bürgerlichen Gesetzbuch, Buch 4: Familienrecht, §§ 1601 – 1615o, 2000
Buch 4, Familienrecht, §§ 1741 – 1772 (Adoption),
2007
zit.: Staudinger/Bearbeiter

Steinert, Ralph | Zeitschriftenübersicht Zivilrecht, NZV 1995, S. 177-180

Strätz, Hans-Wolfgang | Rechtsfragen des Konkubinats im Überblick, FamRZ 1980, S. 301-308

Strohal, Friedrich | Die Rechtsprechung des BGH zum Unterhaltsrecht in 2007/2008, FPR 2009, S. 87-91

Tochtermann, Peter | Alternative Dispute Resolution – Einführung in die alternative Streitbeilegung, JuS 2005, S. 131-135

Triebs, Michael | Begrenzung und Befristung des Ehegattenunterhalts nach § 1578b BGB n.F., FPR 2008, S. 31-35

Vogt, Josef | Zur „Nachhaltigkeit" der Unterhaltssicherung im künftigen Unterhaltsrecht, FamRZ 1977, S. 105-106

Wellenhofer-Klein, Marina | Unterhaltsrechtliche Risiken in der Lebensgestaltung bei Trennung/Scheidung für den Unterhaltsbedürftige, FPR 2003, S. 163-167

– | Die Unterhaltsrechtsreform nach dem Urteil des BVerfG zum Betreuungsunterhalt, FamRZ 2007, S. 1282-1289

Wendl, Philipp / Staudingl, Siegfried | Das Unterhaltsrecht in der familienrichterlichen Praxis, 7. Aufl. 2008

Wiegmann, Barbelies | Verschuldensprinzip für Hausfrauen?, NJW 1982, S. 1369-1370

Wilhelm-Lenz, Birgit | Verwirkungseinwand gegen Unterhaltsanspruch durch Erben, FPR 2005, S. 295-299

Willutzki, Siegfried | Neuordnung des Unterhaltsrecht – Das Konzept und seine neuralgischen Punkte, ZPR 2007, S. 5-8

Zentralkomitee der deutschen Katholiken | Zur Reform des Scheidungsrechts, FamRZ 1970, S. 364

– | Zur Reform des Ehescheidungsrechtes, FamRZ 1970, S. 616

FSC
www.fsc.org
MIX
Papier | Fördert gute Waldnutzung
FSC® C083411

Kolibri 360 GmbH
Ferdinand-Jühlke-Straße 7
99095 Erfurt, Deutschland
produktsicherheit@kolibri360.de